문화콘텐츠와 트랜스미디어

어벤져스에서 오즈의 마법사까지

문화 콘텐츠와 트랜스 미디어

김기홍 · 김신엽 · 김희경
남정은 · 박치완 · 신광철
신정아 · 유제상 · 임동욱
조소연 공저

T R A N S M E D I A C O N T E N T S

어벤져스에서 오즈의 마법사까지

HU:iNE

머리말

플라톤은 아무리 그가 대철학자라고 해도 그리스 시대를 벗어나지 못하고, 데카르트나 칸트 역시 근대라는 주어진 시대를 크게 벗어나지 못한다. 베르그송과 훗설, 프로이트와 마르크스 역시 19세기에서 20세기에 걸쳐 제기된 시대 상황적 물음들을 초월할 수 없다. 대개의 철학적 물음들은 이렇듯 해당 시대와 연관해서 늘 담론의 장을 달구고 또 그 시대가 요구하는 대답을 제시하는 데 그치는 것이 현실이다. 하이데거식으로 말해, 이것이 바로 '존재의 역운(歷運)'이자 '진리의 발생사건'인 셈이다. 따라서 우리가 시대와 무관한 철학, 이른바 '초시대적이고 보편적인 철학'을 상상한다는 것이 말처럼 그렇게 쉬운 일도 가능한 일도 아닌 것 같다. 비트겐슈타인의 언어분석철학이 우연의 소산이 아니듯, 데리다의 해체주의나 들뢰즈의 유목주의, 레비나스의 타자의 윤리학 등도 모두 그들이 살다간 당대와 대면하며 거둔 철학적 결실이라고나 할까.

이런 기준에 따르면 모든 인문학자는 그가 살았던 시대의 자식이며, 그가 실존했던 시대적 상황에 의해 학문적 물음과 대답이 조건

지워질 수밖에 없었다고 감히 말할 수 있다. 철학을 필두로 해서 인문학은 이렇듯 지리·문화적 공간에 대한 상대성을 극복하는 것이 쉽지 않은 만큼 시대를 초월한다는 것도 거의 불가능한 일에 가깝다는 것을 알 수 있다. 다른 유기체와 마찬가지로 인문학 역시 생성·소멸을 원리로 하는 자연의 이치를 크게 벗어나지 못한다고나 할까. 제아무리 '영원의 상'에 매달려 보아도 영원한 인문학이란 존재하지 않는다는 뜻이다. 문화적 공간의 요구 못지않게 시대의 변화에도 민감하게 대응하면서 자기변화를 꾀하지 않을 수 없었던 것이 인문학의 본래 모습이라고나 할까.

인문학은 이렇듯 변화와 운동, 구성과 재구성의 과정 속에서 후대에 살아남는 행운을 누리기도 하지만 대부분은 흔적도 없이 사라지기도 한다. 그러하기에 현재라는 시간대에 만일 과거에 주어진 철학적 대답들에 갇혀 있다거나 그것들에 현재의 옷을 입혀, 다시 말해 현대적 해석을 그 과거의 대답들에 덧대는 것으로 인문학자가 자신의 현재적 소임을 다했다고 착각한다면, 이는 자신의 눈앞에서 전개되는 시대적 물음들을 회피하는 것과 하등 다를 바 없다.

그렇다면 우리는 이제 이렇게 물을 수 있다. 우리가 처한 '현재'는 과연 어떤 시대이며 이 시대의 긴요한 철학이고 인문학적 물음은 과연 무엇인가? 라고. 이 시대가 요구하는 물음의 요체가 과연 고대처럼 실체일까? 중세처럼 신일까? 근대처럼 주체일까? 아니면 최근 들어 널리 회자되고 있는 창조경제며 인공지능일까? 문화융합이며 첨단기술일까? 급하게 말해, 우리가 살고 있는 21세기는 디지털 기술을 장착한 스마트 매체가 현대인의 삶 속에서 가히 '절대적 지배력'을 행사하고 있는 시대라 해도 과언이 아닐 것이다. 즉 '디지털'과 관련한 물음이 현대 인문학의 핵심 화두일 것이란 뜻이다.

주지하듯, 디지털의 고유논리와 문법은 이 세상에 존재하는 모든 것을 0과 1로 전화(轉化)시킨다. 이렇게 극단화된 이원론적 세계관이 곧 디지털 기술을 통해 전파해가고자 하는 이 시대의 이데올로기요 세계관이다. 디지털 기기(器機)에 의지해 뭇 이미지들이, 실재나 실재의 본질은 멀리한 채 횡행활보하고 있는 게 우리의 현실이다. 이 시대가 요구하는 정신이며 몸통이 곧 디지털 이미지라고나 할까.

디지털화된 이미지들로 가득 찬 현대이기에 과거의 문자나 의미가 누렸던 권위는 더 이상 찾아볼 수도 요구할 수도 없다. 한마디로 문자를 통한 메시지 전달의 기능이 무의미를 자칭(自稱)하는 '날 이미지'의 뒷전으로 나앉을 수밖에 없는 상황이 된 것이다. 아니, 더 정확히 말하면 디지털 기기 위에서 자신을 드러내 보일 수 있는 것, 즉 시각화가 가능한 것들만이 대중의 관심을 전유(專有)하고 있는 셈이다. 역설적으로 말해, 보이지 않는 것, 손가락으로 '터치'할 수 없는 것은 아예 존재하지 않는 것으로, 아무런 의미나 가치가 없는 것으로 치부되는 시대가 도래한 것이다.

그래서 모두가, 모든 것을 "밖으로 끌어내어 앞에 놓고(Her-vor-bringen)" 전시해야 하는 것인가?(마틴 하이데거, 1993: 33) 하지만 재삼 숙고해보라. 전시되지 않는 것은 정작 존재하지 않는 것이라 치부해도 되는 것인가? 디지털화될 수 없는 것은 모두 역사 속으로 사라져야 하는 것인가? 기존의 문자적 의미나 가치는 더 이상 유용성이 없단 말인가? 더 잘 전시하고 더 잘 광고해서 소비자로부터 구매가 발생해야만 시장에서 살아남을 수 있는 것인가? 자유무역의 시대이자 무한경쟁의 시대에 지식시장에서 살아남을 수 있는 길은 공존(共存)이 아니라 독식(獨食)이고 독존(獨存)이란 말인가? 이것이 바로 현대의 디지털 기술이 겨냥하는, 현대의 시장경제가 탐탐(眈眈)하는 바이며, 현대인이 처한 '디지털 세계(Digital Weltbild)'의 검은 그림자인가?

디지털 기술은 곧 전시기술이며, 인간에게까지 가진 것을 모두 내보이라고 강요한다. 그러한 전시, 자기연출과 자기과시에 대해 '좋아요'를 눌러달라며 시도 때도 없이 기계음을 울려대는 것이 디지털 기술이다. 불행하게도 이것이 바로 세르(Michel Serres)가 말한 '신인류의 대화법'이다.(미셸 세르, 2014) 신인류는 디지털 기기와 함께 태어난 세대를 일컫는다. 이들에게는 뇌의 활동과 엄지 또는 검지의 움직임 간에 편차가 없다. 엄지 세대는 뇌로 사고하지 않고 컴퓨터나 스마트폰 위의 문자판을 활용해 '손가락으로' 사고한다. 곧 90세에 접어든 노익장 세르의 말이 그렇다.

세대격세지감(世代隔世之感)이라고나 할까! 과거에 인문학적 탐구의 대로(大路)에서 늘 판관 역할을 했던 문자(lettre)나 의미(sens)의 권위가 이제 아무런 의미도 메시지도 없는 전시이미지(image signifiant-insignifié)에게 자리를 양보해야 할 판이다. 들뢰즈와 가타리의 표현대로라면 저자의 창작물로서 작품, 고전적 의미의 텍스트인 "뿌리-책(livre-racine)"은 이제 "리좀(rhizome)이라 불리는 얽히고설킨 '책'에게 자리를 물려주어야 한다.(Gilles Deleuze & Félix Guattari, 1980: 11-12) 아예 자리를 내놓으라며 '저자의 죽음'까지 선포된 지 오래다. 문제는 콧등까지 다가선 리좀화된 이미지들, 시뮬라크르들이 과거의 문자와 텍스트를 마치 피고인을 다루듯 홀대하기까지 한다는 점이다.(박치완, 2016) 한마디로, 과거에 문자와 텍스트가 누렸던 특권이 오늘날엔 역으로 심문의 대상으로 전락하고 만 것이다.

싫든 좋든, 긍정하든 부정하든, 이렇게 우리 시대에 이르러 문자와 텍스트는 철저히 심문과 해체의 대상이 되었다. 깊이가 아닌 가벼움, 의미나 내용이 아닌 볼거리, 만질 거리의 유혹 앞에서 자신의 위치가 어디에 있는지도 묻지도 않은 채 그저 유희하며, '좋아요' 게임에 영육(靈肉)을 던지는 것이 호모 디지피엔스(homo digipiens)요, 디지털 노마드이다. 이들 디지털 아나키스트는 디지털화된 이미지들에 자신들이 종속되어 있다는 사실 자체를 자각하지 못하고 있다. 그럴수록 시뮬라크르, 스펙터클은 점증(漸增)해갈 것이다. 한마디로 '봄', '만짐', '느낌'이 이성의 기능 자체를 마비시키고 있는 것이다.

이러한 시각, 촉각의 유혹은 과거 어떤 시대와도 비견할 수 없을 정도로 일상의 전 영역에 전파돼 있다. 뿐만 아니라 그런 피상성을 예찬하는 학자까지 등장해 있는가 하면,(플루서, 2004) 스펙터클을 방불케 하는 상품들을 마치 기호를 소비하는 것처럼 소비하라고 장권(奬勸)하기도 한다.(Jean Baudrillard, 1970) 설상가상으로 의사소통에 있어서까지도 내용보다 수사가 지배력을 행사하는 시대로 변모했다.(Ignacio Ramonet, 1999) 일찍이 드보르가 예견한 바 있듯, 현대사회 전체가 스펙터클 하에 포위되어 있다고 해도 과언이 아니다.(Guy Debord, 1967) 그렇게 스펙터클에 포위될수록 자본가는 배를 불린다. 스펙터클은 단지 스펙터클로 생성되었다가 사라지는데 그치지 않는다는 것이다. 스펙터클은 심지어 일상의 놀이로, 여가로, 기억으로, 지식으로, 메시지로 생산되고 재생산되기를 반복한다. 또한 스펙터클은 일개인을 사로잡는데 그치지 않고 소비자 집단, 즉 공동체를 사로잡는 전략으로까지 연구되고 있는 실정이다. 이 모든 것들이 디지털 기술 혁명이 몰고 온 가시적 결과며, 그 누구도 이러한 변화로부터 자유롭지 못하다.

디지털 기술 혁명은 근대의 모든 담론을 탈지층화, 탈영토화시키는 장본인이다. 다시 말해 뿌리-책으로 구축된 모든 세계가 생존을 이유로 이합집산(離合集散)해야 하는 상황이 전개되고 있다. 들뢰즈와 가타리가 언급한 '리좀'으로서 책의 특징은 그 어디에도, 그 누구에게도 정박하지 않는다. 역으로 말하면 어디에도, 누구에게라도 다 가갈 수 있다. 다양한 소비자와 다양한 미디어를 거치면서 리좀으로서 책은 무한 증식한다. '좋아요'를 눌러대는 사람이 늘면 '팬덤(fandom)'을 형성하기도 한다. 미국의 팬덤 문화에 대한 분석을 통해 젠킨스가 『컨버전스 컬처』에서 제시한 '미디어 소통론'도 결국은 디지털 신인류의 일상사를 이론화한 것에 다름 아니다.(Henry Jenkins, 2006) 라인골드(Howard Rheingold)는 젠킨스를 '21세기의 마샬 맥루한'이라 추켜세운 바 있다. 라인골드가 젠킨스를 이렇게 추켜세운 이유가 어디에 있겠는가? 그것은 소위 서로 다른 미디어를 구분없이 넘나드는 노마드 세대와 시대를 적절히 해명하고 있다고 판단해서일 것이다. 과거의 전자미디어 시대적 사유패러다임으로는 작금의 디지털미디어 시대의 다대다(many-to-many)의 소통 방식을 설명할 수 없다는데 라인골드가 젠킨스를 추켜세운 결정적 이유일 것이다. 더 정확히 말하면 미디어가 이제 인간과 미디어를 넘나드는 시대가 되었다. 그뿐인가. 미디어 위에서(또는 안에서) 개인과 집단이 모이고 흩어지기를 반복하는 시대가 되었다. 한마디로 현대인은 미디어들 간, 개인과 집단 간, 인간과 디지털 기술 간의 수렴과 분화는 도처에서, 다각도로 체험하고 있다. 바로 이를 젠킨스가 『컨버전스 컬처』에서 통찰력 있게 담아냈다는 것이다.

한마디로 이러한 신(新)문화의 현상을 이해하지 못하고서는 현대문화의 작동 방식, 소통방식, 생산-소비 방식을 이해했다고 보기 어렵다. 재삼 강조하지만 현대인이 이러한 '탈경계성', '탈영토성' 앞에 노출된 것은 물론 디지털 기술의 급속한 발달이 전제된 것이다. 하지만 이는 단지 기술적인 차원의 변화에 그치지 않고 하나의 사회·문화 현상을 주도하는가 하면 기술기반 경제의 핵심을 이루고 있기도 하다. 앤더슨(Christopher Andersen)도 직시하듯, '웹 2.0시대의 경제'는 기본적으로 '융복합(convergence)'에 기초한다. 문화콘텐츠학 역시 공급자와 소비자 간(프로슈머), 미디어와 미디어 간(트랜스미디어), 개인과 집단 간(집단지성)의 융복합의 과정을 끝없이 탐색해야 하는 상황이다. 결국 현재 진행형으로서 컨버전스 컬처가 미래 문화를 추동해갈 것이라는데 이의를 제기하기는 쉽지 않을 것이다. 아니 현재 우리는 이미 일상에서 트랜스-융복합 문화들을 무시(無時)로 경험하고 있다.

본 연구서는 바로 이러한 문제의식을 공유한 집필진들이 2015년 봄 앵두가 익을 때쯤 시작해 사과가 붉게 익을 때쯤 1차 원고를 마무리지었고, 수정과 보완을 거듭하는 사이 첫눈이 내리는 것을 지켜보아야 했고, 급기야 2016년으로 해도 바뀌었다. 원고 집필보다 내용을 수정하고 보완하는 데 더 많은 시간을 할애해야 했으며, 이는 결국 보다 폭넓은 독자를 배려하기 위한 시간의 투자였다고 감히 말할 수 있다. 국내의 현장 전문가들을 인터뷰해서 독립적인 장을 마련한 것도, 주요 키워드를 추출해 풀이하는 지면을 할애한 것도 모두 독자들과 트랜스미디어 그리고 트랜스미디어 콘텐츠에 대해 이해하고 그 핵심 내용이 무엇인지를 설명하기 위한 집필진의 노력의 결과이다.

간략히 본문에서 전개될 내용을 소개하면 다음과 같다. 1부에서는 '트랜스미디어 시대의 등장'이라는 제목 아래 트랜스미디어가 등장한 시대적 배경과 개념 설명에 주안점을 두었으며, 본 연구서의 전체적 길잡이 역할을 하게 될 것이다. 2부에서는 '국내 트랜스미디어 콘텐츠의 현주소'를 점검하기 위하여 현장 전문가들 중 광고, 방송, 웹툰, 드라마 종사자들의 인터뷰를 수록하고, 한국형 트랜스미디어 콘텐츠 개발 현황과 방향을 소개하였다. 3부는 '트랜스미디어 콘텐츠의 유형과 사례'를 체계적으로 분석한 것으로, 미디어 분화 / 이야기 분기 / 분야별 적용 특징 / 국가별 특징 등을 세분화해서 다루었다. 끝으로 4부는 '트랜스미디어 스토리텔링의 특성'이란 제하에 트랜스미디어 콘텐츠 마케팅 / 트랜스미디어 스토리텔링과 세계구축 / 트랜스미디어의 사용자 참여와 이야기 공유에 대해서 살펴보았다. 아울러 이 책의 말미에는 트랜스미디어 콘텐츠를 이해하는데 있어서 필수적인 개념 정의와 예시를 제시해 트랜스미디어 콘텐츠 연구자나 학문 후속 세대에게 도움이 될 수 있도록 조치했다.

주지하듯, '트랜스미디어'라는 용어는 문화연구가 킨더(Marsha Kinder)가 1991년 한 작품의 캐릭터가 여러 플랫폼에 걸쳐 나타나는 현상을 설명하면서 처음 사용한 것이다.(이재현, 2013: 80) 즉, 영화와 같은 하나의 문화상품이 가지고 있는 속성들을 다양한 미디어 특성에 맞게 활용하는 경향 또는 현상을 설명하면서 학계에 소개된 것이다. 물론 이 개념이 학계에 정식으로 소개되기 전부터 트랜스미디어적 특징을 보인 〈셜록 홈즈(Sherlock Holmes)〉, 〈오즈의 마법사(The Wizard of Oz)〉 등과 같은 작품이 없었던 것은 아니다. 하지만 본격적으로는 1999년 〈블레어 윗치 프로젝트(The Blair Witch Project)〉와 〈매트릭스(Matrix)〉의 등장에서부터 트랜스미디어에 대한 대중적 이해가 하나의 담론으로 자리 잡게 된다. 특히 트랜스미디어 스토리텔링은 원 소스 멀티 유즈(One Source Multi Use, 이하 OSMU)와 변별점이 있다. 트랜스미디어 콘텐츠는 기존의 콘텐츠들처럼 단순하고 수동적인 관람자가 아닌 적극적인 콘텐츠 참여자가 되어 전체 내용 전개에 지대한 영향을 미치거나 심지어는 대체현실 게임(Alternate Reality Game, ARG)에서처럼 참여자가 등장인물이 되기도 한다는 점이 OSMU에서와 크게 다른 점이다. 이러한 소비자 참여 방식은 '혼종 공간'을 생성하기도 하는데, 영화나 드라마, 소설 등과 같은 허구나 가상 세계에서 일어난 일이 현실 세계에 존재하는 사용자가 스토리 전개에 참여함으로써 가상세계로의 침입이 일어나고, 관람자(viewer)가 아닌 플레이어(player)로서 영향을 미치기도 한다. 뿐만 아니라 트랜스미디어 콘텐츠가 이미 종료되었음에도 커뮤니티를 형성하거나 개인적으로 새로운 이야기를 생성하는 창작자(creator)가 등장하는 사례도 많다.

이런 견지에서 보면 트랜스미디어 콘텐츠는 분명 기존의 콘텐츠들과 확연한 차이가 있다는 것이 확인된다. 무엇보다도 콘텐츠 향유 방식의 변화가 가장 큰 차이라 할 수 있다. 그리고 트랜스미디어 콘텐츠는 기본적으로 다(多)장르를 서로 다른 방식으로 넘나들기 때문에 다양하게 분기된 미디어와 콘텐츠를 보다 거시적 시각으로 관찰·분석하지 않으면 안 되는 매우 복합적이고 유동적인 면이 있다. 문화콘텐츠 비평이 다장르 비평이어야 하는 이유도 여기에 있다.(박치완 외, 2013: 61-64) 문화콘텐츠 연구를 개인 연구보다 집단지성을 발휘해 여러 전공을 한 연구자들이 한 자리에 모여 공동 작업을 할 때 더 좋은 결과를 얻을 수 있는 것도 마찬가지 이유에서다.

하지만 과연 트랜스미디어와 트랜스미디어 콘텐츠가 온 인류를 위해 기여하고 지구촌 시민을 위한 희망의 전도사 역할을 할 것인지에 대해서는 그 누구도 장담할 수 없다. 미디어 뒤에 숨은 자본의 정치학을 간과해서는 안 된다는 뜻이다. 이 거대한 기술적이고 상업적 기획에 적극 가담하고 있는 자들은 자연세계는 물론이고 인간의 일상

세계까지도 기술적 가상세계의 문법으로 치환해야 한다고까지 주장한다. 하지만 우리가 결코 잊어선 안 되는 것이 있다. 호모 디지피엔스가 지배하게 될 세계에서는 공자님께서 말씀하신 "때에 맞추어 배우고 익히는 일(學而時習)"의 가치가 전무하다는 사실을! 호모 디지피엔스가 오직 "모든 것을 붙잡고, 모든 것을 약탈하고, 모든 것을 게걸스럽게 먹어치우고, 모든 것을 조작하는 것"을 목표로 한다는 보드리야르의 일갈도 그 진의를 새겨볼 필요가 있는 것이다.(Jean Baudrillard, 1985) 이런 의미에서, 트랜스미디어 콘텐츠들은 어쩌면 이러한 거대한 기술적이고 상업적인 기획의 전도자(前導者)인지 모른다. 사후약방문(死後藥方文)이라 했던가? 우리의 이러한 염려는 지식의 생산과 소비까지도 디지털미디어가 장악해가고 있는 현실을 가벼이 여겨서는 안 된다고 보기 때문이다.(박치완 외, 2015: 302-327) 디지털 기술과 글로벌 시장의 지배가 강화될수록 '인간'과 '인본주의'에 대한 물음은 계속 제기될 것이란 뜻이다.

본 연구에 참여한 집필진 모두는 이러한 시대적 변화에 대해 무감할 수 없는 내부자이다. 따라서 트랜스미디어를 마냥 '좋아요'라고만 할 수 없는 형편이라는 것은 주지의 사실이다. 진정한 문화콘텐츠 연구자라면 시장의 확대나 기술의 증진보다 대중의 문화 향유에 대해 더 많은 고민의 시간을 할애할 필요가 있다. '필요'라는 하나를 설명했지만 '위험'이라는 또 다른 하나를 과제로 떠안았기 때문이다. 역설적으로 얘기하자면 트랜스미디어라는 화두를 붙들고 음지와 양지에 대해 계속 더 고민해야 한다는 뜻이다.

인간은 누구도 '현재'라는 시간을 자신의 손아귀에 넣을 수 없다. 현재는 이렇게 인간의 손아귀를 빠져나가며 자신의 존재를 사람들에게 통지한다. 이런 점에서 이번 공동 작업은 '완성된 책'일 수 없다.

본 집필진이 수개월 간 대면했던 트랜스미디어의 두 번째 역설이 바로 여기에 숨어 있다. 각 집필진이 주어진 시간 내에 최선을 다했지만, 불가피하게 같은 콘텐츠에 대한 분석이 중복되기도 하고, 트랜스미디어 개념을 학계와 달리 확대해석한 현장의 목소리를 수용해야 하는 측면도 있었으며, 사례분석의 경우도 지면의 한계 때문에 특정 국가의 콘텐츠만을 다루는데 그친 경우도 있다. 이는 앞서 언급한 바와 같이 향후 과제다.

이 책이 세상에 빛을 보기까지 애써주신 모든 집필진에게 감사의 말을 전한다. 김희경 박사, 남정은 박사, 조소연 박사는 수레를 앞장서서 끌며 연구의 방향을 제시하고 분석 콘텐츠의 범위를 한정하는데 조정자 역할을 해주었다. 신정아 박사, 김희경 박사, 김신엽 소장은 현장의 목소리를 깊이 있게 담아내 전문이론서가 일반적으로 가질 수 있는 한계를 극복하는데 큰 역할을 해주었다. 아울러 김기홍 박사, 임동욱 박사, 유제상 박사는 책의 얼개와 이론을 보강하는데 큰 도움을 주었다. 그리고 무엇보다도 강효정, 정민채, 이시향, 오형승 조교는 이 책이 독자대중과 소통하는데 있어 필수적이라고 생각되는 키워드를 조사·정리하고 주요 트랜스미디어 콘텐츠들을 소개하는 수고를 아끼지 않았다. 모쪼록 이 책이 집필자들의 소중한 시간과 노력 그리고 열정이 독자들에게 잘 전해져, 문화콘텐츠학의 외연과 내실을 다지는데 기여할 수 있기를 기대해본다.

2016년 여름

저자들을 대표하여

박치완

문화콘텐츠와
트랜스미디어

차례

1

트랜스미디어 시대의 등장

문화콘텐츠와
트랜스미디어

1

트랜스미디어의 등장 배경

트랜스미디어 콘텐츠는 트랜스미디어라는 큰 줄기 현상에서 파생된 하나의 가지로 이해해 볼 수 있다. 따라서 트랜스미디어를 이해하면 트랜스미디어 콘텐츠 또한 쉽게 혹은 깊이 이해할 수 있으리라 기대해 볼 수 있을 것이다. 그러나 트랜스미디어 현상의 등장 이면에는 간단하게 기술할 수 없는 복잡하고 심원한 이론적, 역사적 배경이 있다. 대체로 기술 발달, 사람들의 재미추구 욕망, 기업의 부가가치 창출이라는 삼박자가 어우러져 나타난 결과라고 정리 할 수 있겠으나, 자세히 들여다보면 컨버전스, N스크린, 멀티 플랫폼, 크리슈머, 경험가치 등 다양한 변인들이 줄기차게 생성되며 개입하는 복잡한 현상임을 알 수 있다. 이런 의미에서, 본 장에서는 트랜스미디어의 등장을 문화적 배경, 기술적 배경, 산업적 배경으로 나누어 살펴보며 트랜스미디어의 본성에 대해 고찰해 보도록 하겠다.

1. 문화적 배경: 컨버전스 시대의 도래

컨버전스의 어원은 라틴어 콘벤투스(conventus)에서 유래하는데 이것은 '가까이 다가감', '접근', '집회', '모임', '일치' 등을 뜻한다. 컨버전스란 용어를 미디어 영역에서 처음 사용한 사람은 18세기 초에 활동했던 영국인 과학자 더햄(William Derham)이다. 그는 1713년 그의 저서 『물리신학: 또는 창조적 작품을 통한 신의 존재와 속성에 대한 실증』에서 빛의 수렴과 발산을 의미하는 'convergence & divergence'에 대해 언급한 바 있는데, 이때의 'convergence'가 진화생물학과 같은 자연과학뿐만 아니라, 정치학이나 글로벌 융합경제학 등 타 분야로 쓰임새를 확장해 가게 된 것이다.

이후 컨버전스는 TV, 컴퓨터, 인터넷, 스마트폰 등 다양한 미디어와 플랫폼, 그리고 어플리케이션과 네트워크가 광범위하게 확산 및 융합되면서 새로운 개념과 가치를 창출하는 현상을 의미하게 된다. 이는 기술, 기법의 융합을 말하기도 하고, 서로 다른 분야나 장르의 문화적 융합을 의미하기도 한다. 기술영역에서 의미하는 융합은 서로 다른 기술이나 제품들이 합쳐지면서 영역 간의 경계가 불분명해지는 현상으로 소비자가 기술이나 미디어의 종류에 관계없이 다양한 형태의 정보나 콘텐츠를 자유롭고 복합적으로 사용할 수 있는 것을 말한다. 이렇게 되다 보니 방송과 통신이 융합되고, 과학과 예술이 결합하는 등 이질적인 것들의 섞임이 활발하게 되었다. 문화영역에서 융합은 기술과 문화의 융합 혹은 서로 다른 분야와의 융합을 말하는 것으로 소비자가 곧 생산자가 되는 프로슈머의 탄생을 의미한다. 이렇게 되다 보니 오늘날의 컨버전스는 기술영역에서의 컨버전스를 뛰어 넘은 하나의 거대 현상으로 인식되고 있다.

젠킨스(헨리 젠킨스a, 410, 413, 419, 421)는 4가지 컨버전스를 주장하였다. 첫째는 기술적 컨버전스로 미디어 콘텐츠가 디지털로 전환되고 통합될 수 있게 하는 것이다. 이를 통해 현재 미디어 콘텐츠가 다양한 플랫폼을 통해 유통될 수 있다는 것을 말한다. 둘째는 사회적 또는 유기적 컨버전스로 소비자들이 멀티태스킹 능력을 갖추게 됨으로써 새로운 정보환경에서 여러 플랫폼을 넘나들며 자유롭게 정보를 검색하고 활용할 수 있게 되는 것을 말한다. 셋째는 문화적 컨버전스로 미디어 기술·산업, 소비자와 생산자 등이 서로 연계되면서 참여를 통한 새로운 창의성이 만들어지고, 이야기가 여러 플랫폼에 걸쳐 전개되는 트랜스미디어 스토리텔링 현상이 나타나기도 한다고 하였다. 넷째는 글로벌 컨버전스로 음악, 영화, TV 프로그램이 국제적으로 유통되면서 문화적 혼종성이 나타나는 것을 뜻한다.

트랜스미디어 콘텐츠와 관련된 컨버전스로는 기술적 컨버전스와 더불어 문화적·유기적 컨버전스를 들 수 있다. 오늘날의 수용자는 생산자가 일방적으로 생산한 콘텐츠만을 즐기는 것이 아니라 멀티태스킹과 멀티역할을 수행하면서 여러 플랫폼을 넘나드는데 주저함이 없다. 넘나드는 것뿐만 아니라 탁월한 미디어 리터러시 능력으로 이야기에 개입하거나 새로운 이야기를 창작하는데도 무리가 없다. 생산자는 오늘날 수용자의 이러한 능력을 간파하고, 기존과는 다른 방식의 콘텐츠를 생산해 낸다. TV 드라마만 보여주는 것이 아니라 다음 시즌이 나올 때까지의 공백기에 게임이나 애니메이션을 삽입하여 전 시즌에서 궁금했던 내용이나 조연으로 등장한 인물의 이야기만 따로 만들어 전개한다. 제작자는 다양한 경험에 바탕을 둔 수용자의 의견을 반영하여 다음 시즌을 기획함으로써 상호작용적인 기획 과정이 이루어진다.

이러한 컨버전스 환경에서 수용자의 미디어 이용 특성은 첫째, 다수의 이용 가능한 미디어나 플랫폼이 있다고 하더라도 이것들을 무조건 이용하는 것이 아니라 자신의 목적에 부합하는 플랫폼을 선택적으로 이용한다는 것이다. 정확히는 플랫폼이나 미디어가 제공하는 콘텐츠를 이용하는 것으로 결국, 콘텐츠를 이용하기 위하여 미디어와 플랫폼을 선택적으로 이용한다고 할 수 있다. 둘째, 이를 위해 스스로 다중이용행동을 함에 있어서 주저함이 없다. 필요한 것을 검색하고, 수집하고, 공유하며, 생산한다. 셋째, 수용자들은 복수의 미디어를 순차적으로 교차하거나 동시에 이용하기도 한다.(이혜미, 38)

결국 컨버전스는 미디어의 확산과 분기, 스토리의 분화를 가져와 미디어마다 다른 내용을 보여주고, 수용자가 어떤 행동을 할 수 있도록 유도하는 형태를 취하게 되었다. 다시 말하면, 각각 다른 내용을 합쳐 하나의 스토리 세계가 형성됨으로써 다이버전스와 컨버전스의 반복 작용이 일어나는 것이 트랜스미디어 현상이며, 그 결과가 트랜스미디어 콘텐츠로 탄생하는 것이다.

2. 기술적 배경: N스크린과 멀티 플랫폼의 등장

트랜스미디어라는 용어가 등장하기 전부터 콘텐츠에서 트랜스적 시도가 있었기 때문에 N스크린의 도래가 트랜스미디어 콘텐츠를 등장시켰다고 할 수는 없다. 그러나 N스크린이 트랜스미디어 콘텐츠 개발의 가속화와 다양화에 이바지한 것은 확실하다.

N스크린은 좁은 의미로는 하나의 장치에 저장되어 있는 콘텐츠를 다른 장치로 이동시켜 공유 및 소비하는 것을 말하며, 넓은 의미로는

네트워크를 통해 연결된 여러 개의 스크린인 TV, PC, 스마트폰 등을 통해 콘텐츠를 제공하는 서비스를 의미한다. N스크린 서비스는 미국의 최대 통신사업자인 AT&T가 3스크린플레이 서비스라 하여 TV, PC, 휴대전화를 인터넷으로 연결해 콘텐츠를 동기화하여 이용할 수 있게 해 주는 서비스를 제공한 것이 그 시작이라고 할 수 있다. 이어서 2007년 애플사에서 선보인 애플 TV도 N스크린 전략의 일환으로서, 애플의 아이튠즈를 중심으로 휴대폰에서 즐기던 서비스를 TV 화면으로 옮겨서 즐길 수 있도록 하였다. 그러나 두 서비스 모두 서비스의 수직적인 통합에 불과하여 콘텐츠가 풍부해도 TV나 PC를 사용하기 위해 검색해야 하는 번거로움 때문에 크게 성공하지는 못하였다.(오재은·이승진·이선영, 59) 이후 스마트폰 중심의 N스크린으로 발전하면서 미디어 콘텐츠 구현에 있어 N스크린이 하나의 기반이 되었다.

N스크린으로 인해 시청행태에도 변화가 생겼는데 기존의 시청행태가 TV에서 내보내는 콘텐츠를 소파나 벽에 기대어 일방적으로 보기만 했던 수동적인 것이었다면, N스크린 시대에는 사용자가 단순히 앉아서 러닝타임 동안 하나의 프로그램을 시청하지도 않아 소위 말하는 '본방사수'의 의미가 점점 사라지고 있다. 예를 들면, IPTV를 통해서 자신이 보고 싶은 방송이나 미처 보지 못한 영화를 선택해서 보기도 하고, 집이 아닌 거리에서, 버스에서, 지하철에서 모바일을 통해, DMB나 앱을 통해 콘텐츠를 시청하는 등 유동적인 시청행태가 나타나고 있다. 뿐만 아니라 사용자와 N스크린 간의 상호작용이 일어나(TV 시청 중 인터넷 검색, TV 시청 중에 TV에서 보여주지 않는 콘텐츠를 다른 스크린에서 시청, SNS 서비스 사용 등) 능동적인 시청행태를 유발하기도 한다. 또한 N스크린 장치들은 콘텐츠의 저장,

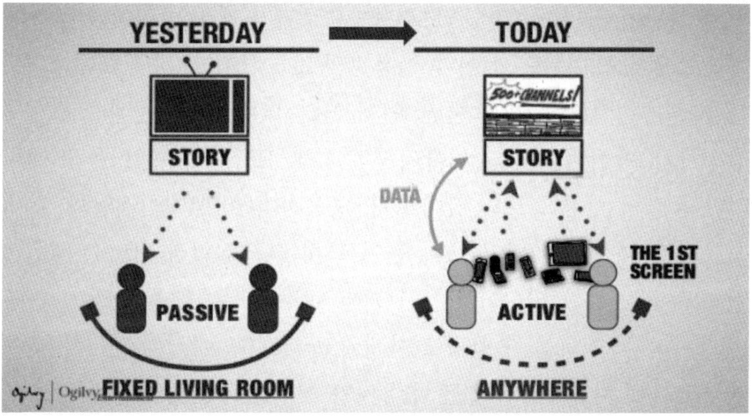

[그림 1] 과거/현재의 시청행태 변화

편집 기능을 통해 이를 수용자가 유용하게 활용할 수 있도록 데이터화하는 역할도 수행한다.(김희경, 9)

N스크린이라는 용어가 등장하기 전에 우리의 콘텐츠 소비 행태는 하나의 콘텐츠가 하나의 플랫폼으로만 서비스되는 OSOU(One Source One Use)였다. 예를 들면, 소설이 영화, 드라마로 분기되지 않고 소설로만 머무는 것을 말했는데(다른 장르도 동일), 이후 하나의 콘텐츠를 여러 플랫폼을 통해 볼 수 있게 된 OSMU(One Source Multi Use) 방식이 대두되면서 '동(同)스토리, 이(異)플랫폼' 서비스가 되었다. 최근에는 특정 주제에 관한 다양한 정보를 접할 수 있는 ASMU(Adaptive Source Multi Use)로 진화하고 있다. ASMU는 이용자가 동일한 콘텐츠를 다양한 기기를 통해 이용할 수 있으며 각 기기의 특성에 맞는 콘텐츠를 이용할 수 있게 된다는 것을 말한다. 이렇게 봤을 때 OSOU와 OSMU는 생산자 중심의 방식인 반면, ASMU는 수용자 중심의 방식이다. OSOU와 OSMU는 기존 수용자

의 충성도에 기대는 반면, ASMU는 수용자가 기존 방식의 서비스와 콘텐츠에서 아쉬웠던 점이나 이용자의 요구사항을 파악하여 그 부분을 충족시켜준다. 예를 들면, 언제 어디서나 하나의 콘텐츠 세계에 접속하기, 가상과 허구의 이야기를 현실에서도 접해 보기, 특정 캐릭터와 공간의 배경 스토리 알아보기, 수용자가 이야기에 개입해 보기, 수용자가 등장인물 되어 보기 등이 그것이다.(김희경, 10-11) N스크린 서비스는 전통 미디어 가치사슬인 '네트워크-플랫폼-단말기-콘텐츠'의 수직적 결합을 수평 구조화시키고 있으며, 이러한 가치사슬 수평구조화에 따라 N스크린은 수용자가 콘텐츠에 끊임없이 접근할 수 있도록 다양한 플랫폼과 단말기를 서로 연계, 교차, 그리고 통합시켜 놓은 서비스 이용환경이라 할 수 있다.(최세경, 7-28)

여기에서 우리는 N스크린 서비스의 세 가지 특성(김정아, 18)을 파악할 수 있다.

첫째, 공간 확장성이다. 이는 다시 플랫폼의 확장이라는 측면에서의 공간 확장과, 현실과 가상의 혼재라는 측면에서의 공간 확장으로 나누어 생각해 볼 수 있다. 플랫폼의 확장은, 예컨대 TV를 보면서 스마트폰이나 태블릿 PC에서 제공되는 TV와 다른 콘텐츠를 즐길 수 있다는 것이고, 현실과 가상의 혼재라 함은 온라인이나 디지털에서 관람한 콘텐츠를 오프라인이나 아날로그로 직접 경험할 수 있음을 의미한다. 대체현실게임을 대표적인 사례로 들 수 있다. 이는 가상의 사건이 현실에서 일어났다는 가정 하에 네티즌들이 사건을 해결하는 게임을 말하는데, 물리적 공간과 디지털 공간의 하이브리드로 인해 물리적 공간이 확장됨을 알 수 있다.

둘째, 시간 확장성이다. 이전의 콘텐츠는 정해진 공간과 시간에 사용자가 시청 혹은 관람해야 콘텐츠 향유가 가능하여 시간이 지나면

해당 콘텐츠를 즐길 수 없었다. 그러나 N스크린 환경은 플랫폼을 연결해줌으로써 공간적 제약뿐만 아니라 시간적 제약도 뛰어넘게 해주었다. 네트워크가 연결되고 스크린이 있는 곳이면 지나간 콘텐츠를 보거나 집이 아닌 곳에서도 방송을 볼 수 있게 되었다. 영화의 경우에도 무료 다운로드와 스트리밍 서비스가 확대되면서 모바일 기기에 저장하여 시간에 구애받지 않고 관람할 수 있게 되었다.

셋째, 사용자 중심성이다. 앞에서 언급한 대로 기존 서비스의 일방향성 때문에 기존 서비스에는 사용자가 개입할 여지가 없거나, 있더라도 고작해야 해당 홈페이지에 댓글을 쓰는 정도의 제한적 참여만이 가능했다. 하지만 N스크린 환경은 각 스크린의 특징을 최대한 살리고 수용자가 궁금하다고 여겨지는 내용을 분기하는 것뿐만 아니라 상호작용적 요소를 넣어 사용자를 참여시켜 서비스 형식 및 내용의 변화를 유도하고 있다.

이처럼 N스크린 서비스는 수용자에게 시청과 관람의 자유를 가져다준다고 할 수 있다. 과거처럼 인기 드라마 '모래시계'를 제 시간에 보기 위하여 퇴근을 서두른다거나 약속을 취소할 필요가 없고 적절한 조건 하에서 자유롭게 콘텐츠를 즐길 수 있는 시대가 되었다.

N스크린에서 언급한 대로 용어의 등장 이전에 이미 콘텐츠의 트랜스미디어적 시도가 있었는데 아날로그에서 디지털로의 변화 역시 트랜스미디어의 활성화에 기여하였다. 왜냐하면 디지털로의 변화가 트랜스미디어의 기본 조건인 멀티 플랫폼을 탄생시켰기 때문이다. 흔히 디지털 혁명이라고 불리는 환경 하에서 멀티 플랫폼은 아날로그 시대의 출판 플랫폼, 영화 플랫폼에서 나아가 인터넷 플랫폼, 모바일 플랫폼, 게임 플랫폼, 디지털 방송 플랫폼, 디지털 음원 플랫폼, 가상현실 플랫폼까지 확대됨과 동시에 이 플랫폼에서 구동되는 콘텐츠를

생산하였다. 또한 이러한 수평적 확산뿐만 아니라 아날로그 플랫폼과 디지털 플랫폼이 함께 구동되는 병렬적 혼합도 있다.

앞에서 언급한 OSMU의 경우 멀티 플랫폼에서 하나의 콘텐츠를 반복적으로 구현하지만, 트랜스미디어 콘텐츠의 경우 멀티 플랫폼에 적합한 개별 콘텐츠가 내용을 달리하여 구현된다. 즉, 플랫폼의 멀티화가 콘텐츠의 멀티화로 이어진 것으로 볼 수 있다. 콘텐츠의 멀티화는 특정한 트랜스미디어 콘텐츠의 세계를 구성하기 위한 각각의 모듈이 된다. 예를 들면, 〈해리포터〉라는 세계를 구축하기 위해 소설, 영화, 게임, 테마파크, 포터모어 등 각각이 하나의 독립된 모듈이자 개별체로 기능하고, 합치면 통합체가 된다.

멀티 플랫폼의 등장과 사용은 플랫폼끼리 경쟁하여 낡은 미디어가 새로운 미디어로, 아날로그 미디어가 디지털미디어로 대체된다는 개념이 아니다. 트랜스미디어 콘텐츠의 개념과 사례에서 보듯이 미디어가 진화하고, 멀티 플랫폼의 사용이 빈번해 지면서 오히려 미디어 플랫폼끼리 서로 의존하고 공존하여 진화한다는 미디어모포시스(mediamorphosis)의 특성을 갖는다. 새로운 미디어는 자연발생적으로, 혹은 독립적으로 생겨나는 것이 아니라 기존의 미디어로부터 점진적으로 변형을 일으켜 진화한 것이다. 피들러(Roger Fidler, 1997)는 기존의 매체는 대체로 끊임없이 진화하고 적응하는 과정을 거쳐 살아남는다고 주장한 바 있다. 그는 미디어 변형의 기본 원칙을 '공진화와 공존', '변형', '확장', '생존', '기회와 필요', '채택의 지연' 등 여섯 가지로 제시한 바 있는데, 그 내용은 다음과 같다.

첫째, '공진화와 공존'은 새로운 미디어가 다른 미디어와 상호작용을 하면서 공존하고 공진화하는 것을 가리킨다. 둘째, '변형'은 새로운 미디어의 진화가 기존 미디어의 변형 형태로 점진적으로 이루어지는 것을 의미하며, 셋째, '확장'은 새로운 미디어가 기존 미디어의 지배적인 특성을 확장해나간다는 것이다. 넷째, '생존'은 기존의 미디어는 살아남기 위해 반드시 새로운 환경에 적응해야 한다는 것이며, 다섯째, '기회와 필요'는 새로운 미디어 형태를 요구하는 사회적 필요와 요구가 있다는 것이다. 마지막으로 여섯째인 '채택의 지연'은 새로운 미디어가 성공적으로 존립하기 위한 기간은 예상했던 것보다 더 오래 걸리는 경향이 있다는 것이다.(김진영, 39-40) 미디어 발달사로 보면 라디오의 등장은 신문의 미래에, 텔레비전의 등장은 라디오와 영화의 미래에 관심이 모아졌던 것에서 미디어모포시스의 의미를 파악할 수 있다.

멀티 플랫폼 시대의 또 다른 특징은 미디어의 세분화와 수용자 자율성이다. 세분화는 미디어 환경이 증가된 콘텐츠 전달 플랫폼들의 규모와 미디어 콘텐츠 그 자체의 분절 정도, 수용자 관심이 늘어난 일련의 이용 가능한 콘텐츠 옵션들에 분포하는 정도 등을 포괄한다. 수용자 자율성은 현재 미디어 환경이 수용자에게 어떤 미디어를 선택할 것인가에 대해 결정짓게 하고, 언제, 어디서, 어떻게 미디어를 소비할 것인가에 관해서도 통제력을 제공해 준다는 의미이다. 그리고 수용자가 점차 일방적인 미디어 소비자 이상의 능력을 갖게 되면서 미디어 환경에 영향을 미치는 존재가 되어 가는 정도 등도 포괄한다.(윤여광, 45-46)

따라서 미디어 플랫폼의 진화와 함께 수용자들이 기존 미디어와 새로운 미디어를 어떻게 조합해 사용하는지에 더 관심을 기울여야 할 것이다. 이것은 각 콘텐츠에 적합한 미디어를 선택하고 분기하는 문제뿐만 아니라 이야기의 분화, 그리고 사용자를 언제, 어떻게 개입시킬 것인가를 기획하는데 있어서 중요하다고 할 수 있다.

3. 산업적 배경: 컨슈머에서 크리슈머로, 기능가치에서 경험가치로

오늘날의 소비자는 과거의 수동적 역할에서 벗어나 적극적 참여자로 바뀌었고, 경영의 가치를 함께 창조하거나 추출하는 기업의 협력자, 협력적 개발자, 경쟁자 등 소비 가치의 협동 창조자로 발전하였다. 다음 표에서처럼 1970년대에서 1990년대 초반까지의 소비자는 일반적으로 정해진 소비자의 역할을 수행하는 수동적인 구매자에 지나지 않았으나, 1990년대 중반 이후부터 현재까지의 소비자는 구매자이면서 동시에 기업과 협력하는 개발자이자 협력자로 변모하여 능동적인 참여자로서의 역할을 수행하게 되었다. 이에 따라 기업과 소비자의 커뮤니케이션 방식에도 변화가 있었다. 1980년대 초까지는 제품이나 서비스를 구매하는 집단을 규정하고, 그 범위 내에서 기업의 일방적인 푸쉬형 커뮤니케이션이 있었다면, 1980년대 후반부터 1990년대 초반까지는 쌍방향 커뮤니케이션, 1990년대 중반부터는 기업과 소비자가 지속적으로 관계를 맺어 제품과 서비스에 접근하게끔 유도하는 관계형 커뮤니케이션이 중심을 이루었다. 2000년대 이후에는 쌍방향, 관계형과 함께 다중형 커뮤니케이션을 통해 커뮤니케이션의 방법을 다각화하고 다양한 미디어와 기법을 활용하게 되었다.(Coimbatore Krishnarao Prahalad · Ramaswamy Venkatram, 79-87)

현대의 소비자는 협력자일 뿐만 아니라 토플러(Alvin Toffler)가 이야기한 프로슈머에 이어 오창호가 제시한 신프로슈머이기도 하다. 토플러는 저서 『제3의 물결』에서 일반적인 제품의 구입보다는 자신의 사용이나 만족을 위해 제품과 서비스 또는 경험을 스스로 생산하는 소비자를 가리켜 생산자와 소비자의 합성어인 프로슈머라고 하였다. 초기 프로슈머는 비경제적인 개인이나 집단에 초점이 맞춰져

[표 1] 소비자의 진화와 변모

구분	수동적 역할자로서의 소비자			적극적 참여자로서의 소비자
	이미 규정된 소비자의 설득	개인 소비자와의 거래	개인 소비자와의 지속적 계약	소비 가치의 협동 창조자
시기	1970년대-1980년대 초	1980년대 후반-1990년대 초	1990년대 중반	2000년대 이후
소비자의 역할	통상적으로 규정된 소비 역할을 하는 수동적 구매자		강화된 네트워크의 한 부분, 경영의 가치를 함께 창조하거나 추출. 기업의 협력자, 협력적 개발자, 경쟁자	
경영적 마인드셋	소비자를 단순한 평균적 통계자로 인식, 구매 집단은 기업에 의해 규정됨	거래에서의 소비자를 개별화된 통계수치로 인식	소비자와의 개별화와 인격화, 소비자로부터 신뢰와 관계를 발전시킴	개인을 넘어 사회적 문화적 신흥 조직임
상품 개발을 위한 고객과 기업의 상호 작용	피드백이 결여된 재화와 서비스의 개발	소비자를 통한 문제 식별, 소비자의 피드백을 기초로 한 재화와 서비스의 재설계	선도고객으로부터의 솔루션 도출과 고객의 깊은 이해를 통한 서비스와 재화의 재구성	기업과 선도 고객은 교육, 쇼핑 기대에 대한 공동 수행자이며 재화와 서비스의 시장 수용을 위한 협력적 창조자
커뮤니케이션의 목적과 흐름	규정된 구매자 집단의 표적접근, 일방적 의사소통	데이터 마케팅: 쌍방향 커뮤니케이션	관계 마케팅: 쌍방향 커뮤니케이션과 접근	기업과 소비자의 적극적 대화, 다중적 접근과 커뮤니케이션

있었으나, 그의 또 다른 책 『부의 미래』에서는 프로슈머를 단순한 자가 생산 집단이 아닌 경제활동에 적극적으로 참여하는 소비자로 언급하였고, 프로슈머가 기존 화폐경제의 가치와 맞먹는 경제적 가치를 지니고 있으며 잠재적인 경제활동에 적극적으로 참여하고 있다고 주장했다.

디지털 시대에 프로슈머에서 한걸음 더 발전한 신프로슈머는 생산뿐만 아니라 정보 공유와 행동에 참여하는 특성을 중요시해서, 이들을 크리슈머(cresumer)라고도 한다. 'creative'와 'consumer'의 합성어인 크리슈머는 광고대행사 HS애드의 「2006 서울 2033 트랜드 키워드 9」 보고서에서 처음 등장하는 용어로 자신에게 필요한 제품을 직접 만들어 소비하는 창조적인 소비자를 일컫는다. 이는 소비는 물론, 제품 개발과 유통 과정에도 소비자가 직접 참여하고 만들어서 스스로 제품을 사용하는 것까지를 말한다. 이들의 등장은 우리가 즐기는 콘텐츠 사용 행태에도 영향을 주었다. 소비자는 콘텐츠를 읽거나 보는 것으로, 프로슈머는 콘텐츠를 쓰거나 만들어 사용하는 것으로, 크리슈머는 생산자의 전 과정에 개입하고 생산자와 협력하여 콘텐츠를 창조하고 사용하는 것으로 연관 지을 수 있다.

이러한 크리슈머의 활약은 개성 있는 콘텐츠 선택과 향유, 그리고 다양한 미디어 플랫폼을 활용한 참여와 재생산, 미디어를 오가며 원 생산자가 미쳐 기획하지 않은 빈틈을 메우는 역할을 담당한다. 이는 트랜스미디어 콘텐츠를 무궁무진하게 확산시키고, 트랜스미디어만의 독특한 놀이를 양산하기도 한다.

변한 것은 콘텐츠 수용자의 역할 진화만이 아니다. 코틀러(Philip Kotler)는 "지금의 고객은 제품의 기능보다 경험을 중시한다"고 하였다.(허진, 200) 이제 사용자는 제품이나 콘텐츠 자체의 특징 보다는 그것을 통해 어떤 경험을 할 수 있는지, 그 경험이 얼마나 반복적이고, 또 다른 경험을 유도할 수 있게 연속적인지에 초점을 맞추고 있다. 이 경험은 제품이나 콘텐츠에 관한 사용(관람)후기와 같은 단순하고 소극적인 참여에서부터, 라이브 이벤트나 대체현실게임에 이르기까지의 복잡하고 적극적인 참여까지 다양하다. 콘텐츠 수용자들은 콘텐츠에 포함되어 있는 정보, 내용, 이야기 등을 통해 콘텐츠의 맥락을 형성한다. 이는 수용자가 어떤 콘텐츠이건 완성된 내용으로 인식하려는 경향이 있기 때문에, 불완전하고 완성되지 않은 콘텐츠가 제시되면 그에 대한 추가 정보나 관련 콘텐츠를 찾게 되고 자연스럽게 맥락을 연결 지으려 하기 때문이다.(안은미, 27-28) 이러한 수용자 특성은 트랜스미디어 콘텐츠를 개발하는데 좋은 조건이 된다. 수용자들이 불완선한 콘텐츠를 완전한 콘텐츠로 인식하기 위해 관련 콘텐츠를 찾고, 체험하고, 스스로 만들어보는 것 자체가 경험이고 재미이기 때문이다. 따라서 과연 수용자가 하나의 통합적 트랜스미디어 콘텐츠를 위해 개발된 개별적 콘텐츠가 어디에 있는지를 찾을 수 있을까 하는 걱정을 더 이상 할 필요가 없는 시대가 된 것이다.

또한 수용자가 선호하는 경험은 다 다르기 때문에 트랜스미디어 콘텐츠는 콘텐츠를 단순히 보기만 하는 3인칭 시점의 경험, SNS에 글을 쓰거나 게임을 플레이하는 1인칭 시점의 경험을 아우르는 멀티 시점의 경험을 제공한다. 이것은 결국 트랜스미디어 콘텐츠가 사용자를 참여시켜 기억에 남을 만한 경험을 제공하고, 그것이 특정 제품이나 콘텐츠와 연관되고 연속적인 느낌을 부여하는 데서 출발한 것으로 볼 수 있다. 멀티 시점 경험이 보편적이고 감각적인 경험을 이루게 될 때 경험자는 제품이나 콘텐츠에 대한 맥락적인 가치와 느낌을 오래도록 가지게 될 것이다.

4. 트랜스미디어 시대, 트랜스적 현상의 출현

이상과 같이 트랜스미디어 시대와 트랜스미디어 콘텐츠가 등장하게 된 배경, 그리고 트랜스미디어 현상이 가속화된 배경을 살펴보았다. 컨버전스, N스크린과 멀티 플랫폼, 컨슈머에서 크리슈머로 진화한 수용자의 콘텐츠 수용행태, 그리고 기능가치에서 경험가치를 추구하는 수용자의 인식 등이 핵심이다. 이와 같은 배경에서 트랜스미디어 콘텐츠를 구성하는 핵심 개념에 대해 논해볼 수 있는데, 콘텐츠 이동, 콘텐츠 조화, 콘텐츠 통제가 그것이다. 먼저 콘텐츠 이동은 콘텐츠를 두 개 이상의 플랫폼이나 미디어에서 연결하여 이용한다는 개념이다. 둘째로 콘텐츠 조화는 두 개 이상의 플랫폼이나 미디어에서 콘텐츠를 동시에 이용할 때, 각각 그 특성에 맞는 콘텐츠를 제공하여 전체적으로 보았을 때 콘텐츠를 조합하여 이용한다는 것을 말한다. 마지막으로 콘텐츠 통제는 수용자의 참여와 상호작용이 강한 콘텐츠에서 볼 수 있는 것으로, 두 개 이상의 플랫폼이나 미디어를 동시 이용할 때 주 콘텐츠를 제공하는 플랫폼이나 미디어가 있으면 다른 플랫폼이나 미디어에서 그것의 스토리를 강화하거나 게임 등의 방법으로 조작하는 것을 의미한다.(김정아, 35) 이렇게 보았을 때, 콘텐츠 이동, 콘텐츠 조화, 콘텐츠 통제는 시공간의 제약을 뛰어 넘어 생산자가 아닌 사용자가 시공간을 컨트롤 할 수 있게 되었다는 것을 뜻한다. 따라서 사용자는 시공간에 구애받지 않고 콘텐츠를 즐길 수 있는 것뿐만 아니라 콘텐츠를 직접 편집하거나 생성할 수도 있게 되었다. 이것은 생산자가 만든 콘텐츠와 사용자가 만든 콘텐츠가 연결되고 확장됨을 시사한다. 이러한 맥락을 가지고 이어지는 장에서는 트랜스미디어 개념에 대해 살펴보기로 하겠다.

[김희경]

문화콘텐츠와
트랜스미디어

2

트랜스미디어의 개념 이해

앞선 장에서 트랜스미디어의 등장배경과 그 현상에 개입하는 다양한 개념들에 대해 알아보았다. 트랜스미디어의 가장 기본적인 배경은 오늘날 인류가 다양한 미디어 기기를 통해 콘텐츠를 향유하고 있으며, 디지털 네트워크를 통해 다중적·동시다발적 소통의 삶을 살고 있다는 것이다. 이런 의미에서 현생 인류 '호모 디지털'의 존재론적 정황을 '미디어 인간'에서 찾을 수 있을 것이다. 미디어는 호모 디지털의 콘텐츠 향유를 '매개'한다.

여기에서 미디어와 콘텐츠가 엮이는 방식에 대해 주목할 필요가 있다. 호모 디지털은 필요와 상황에 따라 하나의 콘텐츠를 다양한 미디어를 통해 이용하는가 하면, 다양한 유형의 콘텐츠 이용을 단 하나의 미디어를 통해 해결하기도 한다.(전경란, 244) 이를 포획하는 용어가 '디지털 컨버전스'이며, 호모 디지털이자 미디어 인간으로서의 우리를 구성하는 핵심적인 배후로 자리하고 있다. 본 장에서는 특히 컨버전스와 트랜스에 대해 자세히 고찰하며 트랜스미디어의 개념에 좀 더 가까이 접근해 보도록 하겠다.

1. 디지털 컨버전스 시대의 트랜스미디어

미국 USC 대학 커뮤니케이션, 저널리즘, 영화예술학 교수인 젠킨스[1]는 디지털 컨버전스 시대의 미디어 문화를 참여문화로 정의한 바 있다.[2] 미디어를 넘나드는 항해(transmedia navigation), 네트워킹, 멀티태스킹, 콘텐츠의 전유 등의 활동을 통해, 참여와 공유가 활성화된 것이다.(이동후, 26)

디지털 컨버전스 시대의 참여 문화는 단순히 콘텐츠 소비에 머물지 않고, 참여-생산으로 확산된다. 이러한 참여-생산의 경향은 콘텐츠 담론의 혁신을 요청하고 있다. 이러한 정황에서 주목되는 담론이 바로 트랜스미디어이다. 트랜스미디어 개념에는 미디어간의 결합, 대체, 융합 등의 현상이 내재되어 있으며, 그러한 현상들은 디지털 컨버전스 과정과 긴밀한 연관 관계 속에 있다. 멀티미디어 트랜스코딩 기술의 발달이 가속화되면서 트랜스미디어 콘텐츠 현상이 두드러지게 되었으며, 이용자들은 트랜스미디어 즉 미디어 넘나들기 과정에서 다양한 미디어를 가로지르며 콘텐츠 경험을 새로이 할 수 있게 된 것이다.(전경란, 244)

본 장에서는 참여-생산 시대의 주요한 콘텐츠 담론으로 부상한 트랜스미디어 개념 혹은 현상의 지점을 포착함으로써, 디지털 컨버전

1 젠킨스는 남가주대학으로 옮기기 전에 MIT 인문학부에 오랫동안 있었으며, 그곳에서 미디어 비교 연구 프로그램(MIT Comparative Media Studies Program)을 창시하였다. 젠킨스의 블로그를 통해 스스로 정리한 이력 및 주요 관심사를 살펴 볼 수 있다.(henryjenkins.org/aboutmehtml)

2 이에 대해서는 다음의 책을 참조. Henry Jenkins, *Fans, Gamers, and Bloggers: Exploring Participatory Culture*, 정현진 옮김, 『팬, 블로거, 게이머: 참여문화에 대한 탐색』, 비즈앤비즈, 2008; Henry Jenkins, Convergence Culture: Where Old and New Collide, 김정희원·김동신 옮김, 『컨버전스 컬처』, 비즈앤비즈, 2008.

스 시대 콘텐츠 창출과 소통의 가능성에 대한 확장적 이해를 도모해 보고자 한다. 일차적으로는 현 단계 한국 미디어-콘텐츠 관련 학계에서 논의되고 있는 트랜스미디어 콘텐츠 및 트랜스미디어 스토리텔링의 개념과 위상을 천착하는 한편, 이차적으로 트랜스미디어 스토리텔링 개념과 비슷한 층위를 지닌 OSMU와 그로스미디어 개념과의 비교 고찰을 통해 '트랜스미디어'의 지점을 좀 더 명료히 해 보고자 한다.

2. '트랜스' 현상의 함의

디지털 컨버전스의 문화 및 사회 현상을 갈무리하는 용어로 트랜스가 다양하게 쓰이고 있다. 트랜스컬처(transculture), 트랜스컬추럴리티(-culturality), 트랜스미디어(-media), 트랜스 미디얼리티(-mediality), 트랜스리터러시(-literacy), 트랜스세마이오시스(-semiosis), 트랜스크리틱(-critique), 트랜스커뮤니케이션(-communication), 트랜스브랜딩(-branding), 트랜스디시플린(-discipline), 트랜스휴먼(-human), 트랜스젠더(-gender), 트랜스섹슈얼리즘(-sexualism), 트랜스리비도(-libido), 트랜스내셔널(-national), 트랜스로컬(-local), 트랜스이주(-migration), 트랜스아이덴티티(-identity), 트랜스액션(-action), 트랜스코딩(-coding) 등 실로 다양한 개념들이 이 시대의 문화·사회 징후를 해독하는 열쇠 단어로 사용되고 있다.

탈경계인문학(trans-humanities)의 이론적 체계를 구축하고 있는 조윤경은 '트랜스' 개념의 함의를 심층적으로 탐구한 바 있다. 조윤경에 따르면, 접두어 'trans-'는 가로지르고 초월하고 경계를 통과하는 과정을 지시한다. 동사의 접두어로서의 트랜스에는 전이하고(transfer), 초월하고(transcend), 침투하고(trespass), 위반하는(transgress) 등의 의미가 담겨져 있다는 것이다.(조윤경, 6)

한편, 이봉희·오승환은 트랜스의 의미를 초월, 변화, 이중결합으로 파악하면서, 인간이 인간의 한계를 넘기 위해 사용한 전통적인 방법 중의 하나로서의 '결합'에 방점을 찍었다. 그들이 디지털미디어 체험과 샤먼적 경험을 상호유추하고 있는 것도 이러한 관점의 연장선상에 있다.(이봉희·오승환, 494-496) 하지만 이들의 논의는 trance와 trans사이에서 혼선을 빚고 있는 것으로 보인다.

트랜스(trans)의 개념을 보다 명료히 하기 위해서, 멀티(multi)와 인터(inter) 개념과의 비교 고찰이 유용할 것이다. 최용호는 이 세 개념을 적절하게 비교한 바 있다. 그에 따르면, 트랜스가 시공간적인 움직임을 강조한다면, 인터는 관계를 중시한다. 트랜스가 한 행위자가 여러 공간을 주파하는 유목민적 방식으로 전개된다면, 인터는 최소한 두 행위자가 각각의 상이한 공간에 정착한 가운데 이루어지는 커뮤니케이션의 형태를 취한다. 한편, 멀티는 행위자들 간의 상호작용이나 관계보다는 이들의 복수성(다중적인 상태)에 초점을 둔다. '트랜스' 행위를 시공간을 주파하는 유목민적 행위로 읽어낸 점은 혜안이라고 본다. 한편, 임헌은 "두 접두어 '상호적(inter, 間) / 교차적(trans, 通)'의 의미론적 차이가 환기하듯이, 전자가 2차원적이며 평면적인 혹은 수평적 차원을 지칭하는 데 머문다면, 후자는 전방위적이며 나아가 시공간 복합 운동체로서 4차원적인 의미장을 포괄한다"고 말함으로써 인터와 트랜스의 차원을 변별한다.(임헌, 84) 그는 이러한 차원의 변별을 통해 공간적 이동성과 질량적 변화성을 강조하였다.

최재천도 도정일과의 『대담』에서 "이제 단순히 학제 '간(inter)' 연구로는 안 됩니다. 여러 학제를 단순히 통합하는 멀티(multi)학문으로도 부족합니다. 이제 인터, 멀티라는 단순한 조합을 넘어서 트랜스를 해야 할 때가 왔다고 생각합니다."라고 말한 바 있다.(도정일·최재천, 94) 트랜스는 이처럼 단순한 물리적 통합을 뛰어넘는 지점을 향해 치닫고 있는 것이다.

다시 조윤경의 논의로 돌아가 보자. 조윤경은 'trans-'의 개념을 횡단, 초월, 변형으로 갈무리하는 한편, 번역의 문제를 제기하고 있다. 조윤경은 종단(縱斷)이 아닌 횡단(橫斷), 수직적이나 위계적이 아닌 수평적이며 네트워크적인 이동을 지향한다는 점, 통시적이라기보다는 공시적이며 동시대적인 담론을 내포한다는 점 등을 구체적으로 언급하고 있다. 이러한 언급은 트랜스의 개념적 함의를 잘 짚어내고 있다. 다만, 트랜스가 지니는 넘나들기의 취지를 보완할 필요가 있다고 본다. 아울러, 종단이 아닌 횡단이라는 언급도 정확해 보이지는 않는다. 종단이 아닌 횡단이라기보다는 종횡무진(縱橫無盡) 쪽에 더 가까울 것이다. 조윤경은 또한 이 의미를 모두 포괄하는 트랜스라는 접두어에 대한 번역을 찾기가 어렵다는 점을 제기하고 있다. 통(通), 초(超), 횡단, 탈(脫)… 등의 번역어가 트랜스의 전체적인 의미의 일부만 대변하고 있다는 것이다.(조윤경, 7-8) 학문의 궁극이 '스스로의 언어로 뜻풀이하기', 보다 구체적으로 '우리말로 학문하기'에 있다는 점을 염두에 둘 때, 이러한 현실은 곤혹스러운 일로서, 비단 트랜스미디어 뿐만 아니라 주요한 문화콘텐츠 담론 혹은 개념에 대한 광범위하고 치밀한 연구사적 검토와 토론의 필요성이 제기된다 하겠다.

3. 트랜스미디어 스토리텔링과 트랜스미디어 콘텐츠

현 단계 한국학계에서의 트랜스미디어 담론을 살피다보면, 특이한 현상과 마주치게 된다. 트랜스미디어에 대한 개념 정립이라는 단계를 충분히 거치지 않은 채, 트랜스미디어 스토리텔링과 트랜스미디어 콘텐츠를 논하고 있는 것이다.[3] 미디어 넘나들기 혹은 매체-종횡무진 정도의 기초적 논의도 없이, 실제 현상을 논하거나 실제 적용 원리를 논하고 있는 셈이다. 이에 여기에서는 트랜스미디어의 개념을 해명하는 열쇠로 종-횡무진(縱橫無盡)을 제시한다. 縱-橫은 넘나듦을, 無盡은 콘텐츠의 연속-순환 생산이라는 현상을 각각 설명해줄 수 있다고 보기 때문이다. 나아가, 縱-橫과 無盡의 이어짐은 프로슈머라는 신인류의 참여-생산을 구현하는 생태계 구축의 가능성을 논할 수 있는 계기로 작용할 것이다.

현 단계 한국 콘텐츠 학계에서의 트랜스미디어 스토리텔링 논의는 대체로 젠킨스의 담론에서 발화 지점을 찾고 있는 것으로 보인다. 그에 따르면, 트랜스미디어 스토리텔링이라는 개념이 대중적 담론에 처음 등장한 것은 1999년 저예산 독립영화 〈블레어 윗치 프로젝트〉의 경이적인 성공부터라고 한다.(헨리 젠킨스a, 187) 〈블레어 윗치 프로

3 신동희·김희경의 경우, 트랜스미디어 현상을 포착해 낸 바 있다. 이들은 트랜스미디어가 여러 가지 의미로 해석되고 개념이 혼재되어 있다고 보면서, 그 유형을 OSMU의 한 종류로 보는 입장, 하드웨어 중심으로 해석하는 입장, 다양한 콘텐츠로의 변이로 보는 입장 등으로 정리하고 있다. 이들은 "문화콘텐츠적 입장에서 본다면 그러한 장르로의 변이는 트랜스미디어 콘텐츠라고 해야 하고, 하드웨어 중심의 트랜스미디어와는 다르게 해석해야 한다"고 주장함으로써, 트랜스미디어 콘텐츠와 트랜스미디어를 구별하고 츠있다.(신동희·김희경, 「트랜스미디어 콘텐츠 연구: 스토리텔링과 개념화」, 『한국콘텐츠학회논문지』 제10권 제10호, 2010, p.181) 문화콘텐츠적 입장을 전제한 것은 상당한 의미가 있지만, 하드웨어 중심의 트랜스미디어란 표현은 오해의 소지가 있다고 본다.

젝트〉는 영화를 극장에서 개봉하기 1년도 더 전에 인터넷상에서 팬들을 만들어 냈다. 팬들은 웹 사이트에 게시된 무수한 마녀 목격담을 통해 영화 줄거리의 핵심을 이루는 '버킷츠빌의 마녀와 영화 제작진의 실종' 이야기를 미리 익힐 수 있었던 것이다. 뿐만 아니라, 영화가 개봉된 뒤 출간된 만화를 통해 이야기가 더욱 확장되었다.

젠킨스는 그의 저서 『컨버전스 컬처』 3장에서 트랜스미디어 스토리텔링론을 구체적으로 펼쳤다. 젠킨스가 주목한 트랜스미디어 콘텐츠는 〈매트릭스〉이다. 그는 〈매트릭스〉를 '미디어 컨버전스 시대의 엔터테인먼트', '집단지성 시대의 엔터테인먼트'로서 규정하면서, 트랜스미디어 콘텐츠로서의 〈매트릭스〉 현상을 기술하고 있다. 구체적 기술에 앞서, 그가 내리고 있는 트랜스미디어 스토리 및 트랜스미디어 스토리텔링 개념에 대한 정의를 살펴보기로 하자.

> 트랜스미디어 스토리는 다양한 미디어 플랫폼을 통해 공개되며, 각각의 새로운 텍스트가 전체 스토리에 분명하고도 가치 있는 기여를 한다. 이상적인 형태의 트랜스미디어 스토리텔링에서, 각각의 미디어는 각자 최선의 역할을 수행한다. 즉 하나의 스토리가 영화로 소개되고, 텔레비전, 소설, 그리고 만화로 확장된다. 그 이야기의 세계는 게임 플레이를 통해 탐험될 수도 있고, 놀이공원의 명소로서 경험될 수도 있다. 각 프랜차이즈로의 진입은 자기충족적이어야 한다.(헨리 젠킨스a, 149)

위에 소개한 젠킨스의 개념 정의는 트랜스미디어 스토리텔링에 기반을 둔 트랜스미디어 콘텐츠의 위상을 생생하게 드러내고 있다. 먼저, "트랜스미디어 스토리는 다양한 미디어 플랫폼을 통해 공개되며, 각각의 새로운 텍스트가 전체 스토리에 분명하고도 가치 있는 기여를 한다"는 언급에 주목해보자. 특별히, 젠킨스가 이른바 소스(source)를 말하는 대신, 스토리(story)를 말하고 있음에 대하여 주목할 필요가 있다. 아울러, 이 스토리가 다양한 미디어 플랫폼을 통해 공개된다는 점, 그리고 각각의 새로운 텍스트가 전체 스토리에 분명하고도 가치 있는 기여를 한다는 점에 대해서도 주목해야 한다. 또한 각각의 미디어가 각자 최선의 역할을 수행하면서 확장된다는 점, 다양한 미디어 넘나들기(트랜스미디어) 체험을 통해 확장성이 강화된다는 점, 이를 위해서 각 프랜차이즈[4]로의 진입이 자기충족적이어야 한다는 점도 중요하다. 이 점에서, 트랜스미디어 스토리텔링은 서로 다른 영역이 결합한다는 의미가 아니라, 전이하여 그 성격을 바꾼다는 의미를 더욱 강력하게 내포한다는 조윤경의 지적은 일부 설득력을 지닌다. 각각의 미디어를 통해 스토리와 체험이 확장된다는 점에서, 그리고 단순한 결합이 아닌 전이를 지향한다는 점에서는 설득력을 확보할 수 있지만, 그러한 전이가 전체적 통합성을 전제한 것이라는 점, 다시 말해서 통일성을 전제한 다양성의 추구라는 점에서는 보완적 논의가 필요한 것이다. 젠킨스가 "점점 더 스토리텔링은 세계구축의 기술이 되고 있다"고 말한 까닭도 여기에 있다고 본다.(헨리 젠킨스a, 168) 젠킨스는 스토리텔링에 있어 세계구축의 기술의 중요

4 젠킨스는 미디어 집적의 매각 속에서 콘텐츠를 브랜딩하거나 마케팅하는 일련의 시도를 프랜차이즈로 정의하고 있다.(Henry Jenkins, 김정희원·김동신 옮김, 『컨버전스 컬처』, 41쪽.) 트랜스미디어 프랜차이즈 개념을 천착한 김희경은 "트랜스미디어 콘텐츠라는 용어를 쓰게 되면 트랜스미디어 방식으로 만들어진 결과물을 이야기하지만 트랜스미디어 프랜차이즈 용어의 사용은 결과물과 기획의 전개, 유통 방식을 아우르는 의미"임을 논하기도 하였다.(김희경, 「컨버전스와 트랜스미디어 프랜차이즈의 세계」, 『철학과 문화』 제26집, 2013, p.99 각주3.)

성을 강조하면서, 어떤 영화작가가 그에게 한 다음과 같은 말을 소개하고 있다.

> 내가 처음 시작했을 적에는 스토리를 먼저 세웠다. 좋은 스토리 없이는 영화를 만들 수 없기 때문이다. 그리고 속편이 만들어지면서는 캐릭터를 먼저 세우게 된다. 좋은 캐릭터 없이는 여러 개의 스토리를 이어갈 수 없기 때문이다. 그리고 이제는 세계를 먼저 세운다. 복수의 등장인물과 복수의 스토리를 복수의 미디어를 통해 이어가려면 세계가 필요하기 때문이다.(헨리 젠킨스a, 169)

위의 이야기는 트랜스미디어 콘텐츠의 방향에 대해 시사하는 바가 크다고 하겠다. 일반적인 스토리텔링과는 다르게 트랜스미디어 스토리텔링은 세계구축과 같은 통합적 스토리로의 수렴이라는 구조가 작동하는 셈이다. 물론, 그러한 수렴 구조는 다양하게 분화된 스토리들의 확장성을 전제하는 것이다. 나아가, 그러한 수렴이 전문 작가 그룹뿐만 아니라, 생비자 그룹을 중심으로 한 일반 대중들의 '참여-생산'을 통해서도 이루어진다는 점에서도 확장적이다.

이러한 점에서 볼 때, 신동희·김희경이 제시한 트랜스미디어 콘텐츠의 구성요소에 대한 논의는 주목할 만하다. 신동희·김희경은 트랜스미디어 콘텐츠의 구성요소를 다음과 같이 여섯 가지로 정리한 바 있다. 첫째, 핵심 스토리가 있어야 한다. 둘째, 핵심 스토리를 뒷받침하는 배경 스토리가 중요한 역할을 담당한다. 셋째, 부차적 플롯(subplot)이 있다. 싱글 콘텐츠에서 하나의 콘텐츠 안에서 핵심 스토리와 부차적 플롯이 존재한다면, 트랜스미디어 콘텐츠에서는 부차적 플롯이 독립된 콘텐츠로 만들어져서 콘텐츠 간 넘나들기가 이루어진다.

넷째, 영웅인 주인공 캐릭터와 그를 돕는 조력 캐릭터, 그리고 주인공 캐릭터에 맞서는 반대 캐릭터 등 여러 캐릭터들이 트랜스미디어 콘텐츠에서 주인공으로 탄생하게 된다. 다섯째, 트랜스미디어 콘텐츠는 다양한 관람객을 대상으로 하게 된다. 그들은 만화를 즐기는 독자이거나, 영화나 애니메이션을 관람하는 관객이거나, 게임을 즐기는 사용자이거나, TV 콘텐츠를 즐기는 시청자이거나, 테마파크 방문자이거나, 파생상품을 수집하는 수집가일 수 있다. 여섯째, 트랜스미디어 콘텐츠는 동시다발적으로 기획되므로 세계관의 설정이 무엇보다도 중요하다.(신동희·김희경, 183-184)

서성은은 신동희·김희경이 제시한 트랜스미디어 콘텐츠의 구성요소에 대한 논의에 대하여 이들 여섯 가지 요소가 일반 스토리텔링에도 적용된다는 점에서 변별적이지 못하다고 비판하였다.(서성은, 2015: 24) 필자가 보기에, 이러한 여섯 가지 요소의 위계적 구조에 대한 논의가 보충된다면 변별적 자질을 확보할 수 있다고 본다. 이와 함께, 조금 더 논의를 진전시켜야 할 대목으로, 부차적 플롯이 독립된 콘텐츠로 만들어져서 콘텐츠 간 넘나들기가 이루어진다는 점과 트랜스미디어 콘텐츠가 다양한 관람객을 대상으로 한다는 점을 들 수 있다. 부차적 플롯 A-1, A-2, A-3 … 들은 미디어의 속성에 따라 상대적 중요도를 획득할 수 있을 것이며, 그 과정에서 핵심 플롯의 역할로 전이할 수 있다는 점이 트랜스미디어 콘텐츠의 확장성을 보여주는 것이라고 하겠다. 다양한 유형의 관객의 지점 또한 능동적 참여-생산 과정을 수반한 트랜스미디어 콘텐츠의 확장성의 여지를 더욱 더 넓혀주는 계기가 될 것이다.

4. OSMU, 크로스 미디어, 트랜스미디어

트랜스미디어 스토리텔링의 개념은 문화콘텐츠 분야에서 활발하게 논의되고 있는 OSMU의 개념과도 맥이 닿아 있으며, 크로스미디어 스토리텔링과도 서로 통하는 지점이 있다. OSMU 및 크로스미디어 개념과 트랜스미디어의 비교 고찰은 트랜스미디어의 지점을 명확히 해 주는 효과가 있을 것이다.

OSMU란 원천 소스의 창구 다변화, 장르 전환, 관련 상품 판매, 브랜드 창출 효과 등을 통해서 부가가치를 극대화하는 마케팅 활동을 일컫는 말이다.(박기수, 156) OSMU는 현재 한국 콘텐츠 학계와 산업계의 주요 담론으로 자리 잡고 있다. 그런데, OSMU 담론 전개에 있어 다소간 오해가 있어 온 점에 대해 지적하지 않을 수 없다. 오해의 기반은 소스 개념에 있다. 소스가 곧이곧대로 이해되어 원천 자료로 이해되는 경향이 있어 온 것이다. 그러한 경향은 거의 모든 것의 멀티 유스로 오인되기까지 하였고, 뜻하지 않은 시간 및 자원 낭비의 계기가 되기도 하였다. OSMU라기 보다는 원 스토리 멀티 유즈, 나아가 원 콘텐츠 멀티 유즈(OCMU)로 설정하는 것이 보다 타당성을 확보할 수 있을 것이다. 한 걸음 더 나아가 멀티 콘텐츠 멀티 유즈(MCMU)의 가능성도 논할 수 있을 것이다.

여하튼, OSMU는 성공한 원작 콘텐츠를 기반으로 하면서, 그것의 특성에 맞게 순차적으로 다른 미디어로 옮기는 것을 의미한다. 반면에, 트랜스미디어 스토리텔링은 동시다발적으로 각각의 콘텐츠가 개별적 세계를 표현하는데, 그 과정과 결과를 전체적으로 보았을 때 통합적 세계로 수렴되는 것을 뜻한다. OSMU가 동일한 이야기를 다른 미디어에 반복해서 사용하는 것이라면, 트랜스미디어 스토리텔링은 각각의 미디어에 다른 이야기를 반영하면서도 서로 연결되어 하나의 완결된 구조를 지향하는 것이다.(신동희·김희경, 181-182)

다른 한편으로 볼 때, OSMU에 관한 논의가 마케팅 측면에 초점을 맞춘 것이라면, 트랜스미디어 스토리텔링은 창작 과정의 확장에 초점을 맞추고 있다고 할 수 있다. OSMU가 하나의 콘텐츠를 다양한 창구 혹은 시장에서 어떻게 이익을 실현할 것인가 하는 경제경영학적 관점에 주로 초점을 맞추고 진행되어 왔다면, 트랜스미디어 스토리텔링은 성공적인 콘텐츠를 만들어 내는 스토리텔링의 특성을 규명하는데 목적을 두고 있다.(류철균·서성은, 440-441) 트랜스미디어 스토리텔링이 단순히 콘텐츠의 재목적화 및 재활용이라는 경제적 차원을 넘어서는 무언가를 지향한다는 주장도 이러한 맥락에서 이해할 수 있을 것이다.(전경란, 246)

크로스미디어 스토리텔링이란 복수의 매체에 대한 교차 활용을 통해서 이루어지는 이야기하기 양식을 일컫는다. 유사하거나 같은 광고를 다양한 매체에 단순히 반복적으로 집행하는 것과는 달리, 기존 매체와 새로 등장한 매체의 특징을 상호 보완한 콘텐츠로 시너지 효과를 유도하는 커뮤니케이션 전략 크로스미디어 광고가 사례다.

크로스미디어 스토리텔링은 소비자의 마음을 깊이 사로잡아 그들의 능동적인 행동을 유발시키는 것을 중시한다. 이처럼 사용자의 능동적인 참여를 유도한다는 점에서 하나의 콘텐츠를 다양한 미디어의 특성에 맞게 변주하는 OSMU 전략과 구분된다. 크로스미디어 스토리텔링은 교차활용을 수행한다는 점에서 일종의 미디어 넘나들기 전략을 지니고 있다. 하지만, 크로스미디어 스토리텔링과 트랜스미디어 스토리텔링은 각 블록 간 관계에 있어 차이가 있다. 트랜스미디어 스토리텔링에 있어 각 텍스트 블록이 부분의 독자성과 내재적 완결성을 지니고 있는 반면에, 크로스미디어 스토리텔링에 있어 각 텍스트 블록은 부분의 독자성과 내재적 완결성이 약한 것이다. 오히려 복수의 매체를 효과적으로 결합시켜야만 전체 스토리를 향유할 수 있다.(서성은, 2011: 136) 결국, 크로스미디어 콘텐츠는 교차활용을 수반한 '매체-결합'의 지점에 서 있다고 할 수 있으며, 이는 트랜스미디어 콘텐츠가 지니는 전이의 지점과 구별되는 것이다. 서성은은 크로스미디어 스토리텔링과 트랜스미디어 스토리텔링의 이러한 차이점을 전자가 성공한 원작을 매체 특성에 맞게 다시 쓰기하는 방식이라면, 후자는 새로운 스토리를 덧붙여 쓰고, 새로 쓰기하는 방식으로 변별하였다.(서성은, 2015: 197) 여기에, 참여-생산 내지는 집단지성의 요소를 전제한 함께 쓰기 방식을 트랜스미디어 스토리텔링의 변별적 자질로 추가할 수 있을 것이다.

5. 트랜스미디어 연구의 미래

트랜스미디어 콘텐츠는 스토리의 단순한 재활용을 지향하지 않는다. 또한, 단순한 교차활용에 머물지도 않는다. 트랜스미디어 콘텐츠는 다양한 미디어에서 구동될 수 있음을 기본 전제로 하며, 나아가 전이 과정을 통해 콘텐츠의 내용이 변화할 수 있다는 가능성을 담지하고 있다.(전경란, 246) 이는 디지털 컨버전스 속에서 호모 디지털이 처한 존재론적 정황을 투영하고 있는 것이기도 하다.

트랜스미디어 콘텐츠의 이러한 속성은 디지털 컨버전스 시대 콘텐츠 향유 구조에 대해 시사하는 바가 크다. 이와 관련해서, 드에즈(Mark Deuze)가 제시한 브리콜라주 개념이 주목된다. 트랜스미디어 콘텐츠 향유를 통해, 이용자들은 다양한 콘텐츠 조각들을 이어 맞추는 한편, 팬 커뮤니티 등을 통해 스스로 콘텐츠와 소통하는 적극적이고 참여적인 미디어 이용 행위를 하게 된다. 드에즈는 이러한 체험 행위를 브라콜라주로 명명하면서, 재매개, 참여와 함께 디지털 문화의 독특한 특징으로 제시하였다. 전경란은 브리콜라주 개념을 통해, 트랜스미디어 콘텐츠 이용자들이 상황에 따라 적절한 융통성을 발휘하게 되는 현상을 강조하였다. 트랜스미디어 콘텐츠 이용자들이 상황에 따라 시청자, 이용자, 플레이어가 되어 자신의 인지적, 심리적 능력에 맞추어 콘텐츠를 소비한다는 것이다.(전경란, 247) 여기에서 중요해지는 것이 그러한 창조적 체험의 분위기 조성이다. 다양한 콘텐츠를 자유로운 맥락에서 향유하고 나눌 수 있는 문화적 토대가 구축되어야 한다는 말이다.

트랜스미디어 콘텐츠에는 빛과 함께 그림자의 측면도 없지 않다. 첫째, 기존의 방식으로 콘텐츠를 즐기던 사람들에게 트랜스미디어 콘텐츠는 불편하고 낯선 경험이 될 수도 있다. 이는 하나의 콘텐츠가 아니라, 패키지 콘텐츠를 향유하는 새로운 경험에 일종의 '디지털 격차'가 있을 수 있음을 암시하는 것이다. 이는 트랜스미디어 콘텐츠가 모두를 위한 콘텐츠가 아닐 수도 있음을 시사하는 것이라는 점에서 보완적인 논의를 요청하는 요소이기도 하다. 둘째, 트랜스미디어 콘텐츠는 개발 시에 상당히 많은 자본을 필요로 한다는 점이다. 현 단계에서 성공적 트랜스미디어 콘텐츠가 거대 자본에 기댄 것이 대부분이라는 점도 이러한 사실을 보여준다.

제한적 시장을 지닌 우리로서는 빛줄기만 추구하는 데 안위해서는 아니 될 것이다. 그림자적 측면에 대해 대안적 방향도 함께 모색해야 하는 것이다. 창조적 체험의 공공장화(公共場化)를 그 방안의 하나로 모색할 수 있을 것이다. 창조적 소통에 기반을 둔 프로슈머 그룹들의 동력을 수렴하는 일은 저비용 고효율 트랜스미디어 콘텐츠 창출의 사회적 토대를 구축하는 길이 될 수 있을 것이다. 집단지성에 의한 콘텐츠 창작 실험을 지원하는 일이 그 첫걸음이 될 수도 있을 것이다. 어쩌면 1인 창조기업보다는 다중 창조그룹을 창출해내는 일이 더 중요할지도 모른다. 다중 창조그룹의 창출을 위해서는 무엇보다도 트랜스미디어 콘텐츠 창조 생태계의 구축이 선행되어야 할 것이다. 이를 위해서는, 끊임없는 연구가 콘텐츠 생산-소통의 든든한 댐이 되어야 할 것이다. 콘텐츠 산업이야말로 R&D가 절실한 영역이다. 이 점에서, 예술에서 관객 연구를 하듯 트랜스미디어 콘텐츠에서도 다양한 관객 연구가 이루어져야 한다.

[신광철]

[연도별로 보는 트랜스미디어 국내 연구 현황]

트랜스미디어 관련 후속 연구를 위해 2004년부터 2015년까지 관련 단행본 및 논문을 포함한 국내 연구 현황을 연도별로 정리하면 아래와 같다.

[표 2] 트랜스미디어 국내 연구 현황

연도	제목	저자
2004	매체전환이후: 매체에 대한 비판적 성찰	이상복·이승진
2005	트랜스미디어 시스템을 통한 미디어의 효율성에 대한 연구	박진현
2006	트랜스미디어 스토리텔링	한혜원
	트랜스컬처를 향하여	허정아
2007	트랜스미디어에 관한 연구	이봉희·오승환
2008	경계해체 또는 '트랜스' 시대의 문화	김성곤
	온라인 게임의 트랜스미디어 스토리텔링 연구: 메이플스토리를 중심으로	류철균·서성은
2009	온라인 게임 중독에 대한 정책 분석 및 트랜스미디어 스토리텔링에 대한 비즈니스 분석: 시스템 다이내믹스와 구조방정식 모형의 적용	박봉원
	개인휴대단말기 스마트폰을 트랜스미디어로 활용한 체험전시 기획방안 연구	유인두·김현정
	미디어 환경, 트랜스리터러시, 그리고 디지털 주체의 양가성	이동후
	트랜스미디어 스토리텔링의 개념과 특성	이상민
	컨버전스 시대의 트랜스미디어 이용자 연구	이호영·박현유·백욱인·김예란·정준희
	'trans-Semiosis'와 독서행위 '돈키호테'를 중심으로	최용호

연도	제목	저자
2009	트랜스미디어 콘텐츠의 스토리텔링 구조 연구: 로스트 대체현실 게임을 중심으로	한혜원·남승희
2010	미디어의 탈경계화	백욱인
	트랜스미디어 콘텐츠 연구: 스토리텔링과 개념화	신동희·김희경
	제3의 구술성: 뉴 뉴미디어 시대 말의 현존 및 이용 양식	이동후
	트랜스미디어로서의 내러티브 디자인: 퍼스 기호학적 접근	이윤희
	트랜스미디어 콘텐츠의 텍스트 및 이용 특징	전경란
	접두어 trans-의 인문학적 함의: 탈경계 인문학 Trans-Humanities 연구를 위한 개념 고찰을 중심으로	조윤경
2011	지역방송인들의 콘텐츠 제작 제휴와 트랜스미디어적 활용에 대한 인식	김영수
	출판콘텐츠의 다중 미디어 확산 전략: 트랜스미디어와 크로스미디어 스토리텔링을 중심으로	남석순
	콘텐츠의 구현 구조에 대한 논의: 트랜스미디어 OSMU를 중심으로	배현주
	크로스미디어 스토리텔링의 온라인 구전 양상	서성은
	트랜스미디어와 콘텐츠	신광철
	트랜스미디어 콘텐츠: 담론의 현재 지점과 한계	이정재
	디지털미디어 플랫폼에 적합한 트랜스미디어 스토리텔링 개발과 전략 연구	전현지
	뉴미디어 시대의 하이퍼: 매개된 신체들	전혜숙
2012	트랜스미디어 스토리텔링 기초 작업을 위한 하강 모티프의 비교신화학적 의의 탐구	김영욱
	국내 미디어 콘텐츠의 리메이크 제작 특성	이문행
	트랜스미디어 환경에서의 감성마케팅을 위한 사용자 경험디자인에 대한 고찰	허진식
2013	팬덤을 통한 크로스미디어 연구: 미국과 한국의 머시니마를 중심으로	곽이삭

연도	제목	저자
2013	케이팝에서의 트랜스미디어 전략에 대한 고찰: 강남스타일 사례를 중심으로	김수철·강정수
	트랜스미디어 전략 연구	김신엽
	트랜스미디어(문화콘텐츠입문사전)	김정희
	컨버전스와 트랜스미디어 프랜차이즈의 세계	김희경
	게이미피케이션과 대체현실게임 개념을 적용한 지식정보콘텐츠 사례 연구	신동희·김희경
	확장형 트랜스미디어 스토리텔링 기반 생태계 모델	이준희
	미디어 확장과 진화에 따른 트랜스브랜딩(transbranding)	장동련·장대련·권승경
2014	N스크린 서비스를 이용한 크로스미디어 스토리텔링 전략: ASMD를 중심으로	신동희·김희경
	트랜스미디어 또는 인터미디어: 사용자 중심 콘텐츠 생산의 키워드	오은경
	컨버전스 개념의 트랜스미디어 2F 전략에 관한 연구: 증강현실 서비스를 중심으로	윤우중·이현진
	국내 미디어 콘텐츠의 장르 간 스토리 이동에 관한 연구	이문행
	미디어 패러다임의 변화에 따른 서비스디자인 접점의 미디어 활용에 관한 연구: 트랜스미디어, 웹2.0, 웹3.0의 특성 중심으로	이수정·임한울·장동련
	멀티버스에 기반한 마블코믹스의 트랜스미디어 스토리텔링 연구	이영수
	환상소설의 매체 전환 연구: 『해리포터』를 중심으로	이영수
	리안(李安)의 초기작 혹은 경합하는 개념들: 전치와 트랜스 개념을 중심으로	임대근
	트랜스문화론의 변주 (I): 트랜스-방법론, 트랜스텔링, 트랜스테마론, 그리고 문화교육	임헌
	문화콘텐츠 생산의 매커니즘으로서 트랜스미디어 콘텐츠에 대한 담론적 접근	정수희·김봉채·이병민
	죽음, 부활, 물질성과 움직임: 트랜스미디어 집합체의 공간분석과 기호학적 분석	정혜진

연도	제목	저자
2014	창의형 미디어 스토리텔링 교육 방안	한혜원
2015	크로스미디어 스토리텔링 사례 연구: 웹툰 〈미생〉의 드라마 〈미생〉으로의 재매개	김미라
	브랜드 마케팅의 트랜스미디어 스토리텔링에 관한 연구	김신엽
	트랜스미디어 콘텐츠 유형에 관한 연구	남정은·김희경
	트랜스미디어 스토리텔링의 이해	류철균·한혜원 외
	문화콘텐츠 스토리텔링 구조와 전략: 문화콘텐츠의 핵심 동력, 스토리텔링에 길을 묻다	박기수
	매체 전환 스토리텔링 연구	서성은
	트랜스미디어 스토리텔링으로서 미생의 가능성과 한계	서성은
	트랜스미디어 리터러시 교육을 위한 개념 모형 개발: Habermas의 의사 소통적 합리성을 중심으로	오현숙
	트랜스미디어 관점에서 본 애니메이션 콘텐츠의 브랜딩 전략: 디즈니 애니메이션 〈겨울왕국〉 사례를 중심으로	이민경
	케이블 TV 드라마의 매체 전환 스토리텔링 연구: 〈TV방자전〉을 중심으로	이채영
	트랜스문화론의 변주 (II): 사이보그와 안드로이드, 트랜스휴먼과 포스트휴먼, SF장르와 우주적 트랜스, 그리고 문화교육	임헌
	기업 문화마케팅에서의 트랜스미디어 스토리텔링 기법 적용	윤지수
	트랜스미디어 환경에서 사용자의 사회적 참여를 확장하는 제작 모델 디자인	임희준
	뮤지컬 〈서편제〉의 매체전환과 수용 양상 연구	정다희
	트랜스미디어 스토리텔링 전략에 기반을 둔 인터랙티브 광고캠페인 사례와 의미에 대한 탐색적 고찰	최승희·조경식·최헌·이철영

문화콘텐츠와
트랜스미디어

3

트랜스미디어의 프레임*

트랜스미디어는 국내에서 OSMU, 미디어 믹스, 프랜차이즈 마케팅 등 다양한 분야의 주제어들과 비교되며 관심을 끌어왔으나, 의미론적으로는 네트워크의 참여문화와 매우 깊은 관련이 있다. 본연적으로 트랜스미디어론은 디지털미디어와 수용자의 상호작용에 기초한 다양한 관계와 가치의 파생에 대한 탐구인 것이다. 본 장에서는 트랜스미디어 현상과 담론에 대한 문화연구적 입장, 특히 버밍엄 문화연구 그룹의 능동적 수용자연구로부터 시작된 관련 연구가 레비(Pierre Lévy)의 집단지성에 대한 이해를 바탕으로 확장해 간 논의의 궤적을 추적하고 그 함의를 짚고자 한다. 이를 통해 트랜스미디어 담론이 인문학과 사회과학을 넘나드는 광범위한 문화연구 전통의 프레임에 수렴되고 있음을 밝히는 한편, 관련 연구의 유효하고 의미 있는 확장과 발산 방향에 대해서도 고민해 보도록 하겠다.

---

* 이 글은 2015년 9월 발표된 만화애니메이션연구 통권 제40호의 "트랜스미디어 담론에 대한 집단지성론적 고찰" 논문을 본 저서의 목적에 맞게 일부 수정한 것이다.

1. 트랜스미디어와 문화연구

트랜스미디어 스토리텔링은, 젠킨스가 쉽게 정리하듯, "하나의 스토리가 영화로 소개되고, 텔레비전, 소설, 만화로 확장"될 수 있는 것을 의미한다. 가장 큰 특징은 다양한 미디어, 예컨대 "게임 플레이를 통해 탐험되기도 하고, 놀이공원의 명물로서 경험"될 수 있도록 하나의 거대한 이야기 세계를 갖는 것이다.(Henry Jenkins, 2006: 96) 이런 정의에 부합하는 콘텐츠는 너무나 많으며, 뉴스를 통해 자주 사례를 접할 수 있다. 가령 2015년 개봉 영화 〈매드 맥스: 분노의 도로(Mad Max: Fury Road)〉에 등장한 외팔이 여전사 퓨리오사 캐릭터에 대한 프리퀼, 즉 그가 팔을 잃고 전사가 된 과정 이야기가 만화로 제작되었다던가, 1977년 첫 개봉 이래 30년 넘는 기간 동안 여섯 편을 크게 흥행시킨 영화 〈스타워즈〉의 일곱 번째 에피소드 개봉이 예고된 상태에서, 첫 번째 〈스타워즈〉와 두 번째 영화 〈스타워즈5: 제국의 역습(Star Wars Episode V: The Empire Strikes Back)〉 사이에 주인공 스카이워크에게 일어난 일을 다룬 만화책이 발간되어 기록적인 선판매고를 올린 사례 등이 있다.

많은 사례에도 불구하고 정작 무엇을 연구대상으로 삼아야 의미 있는 논의를 전개할 수 있을 것인지 판단하는 것은 쉽지 않다. "영화는 쉽게 이해될 수 있기 때문에 설명이 아주 어렵다"는 메츠(Christian Metz)의 말처럼, 트랜스미디어 현상 또한 너무나 익숙한 이야기상품이자 대중문화로서 도처에 넘쳐나기 때문에 오히려 연구의 대상이나 방향성 확정이 용이하지 않은 것이다. 연구담론 형성의 주체가 북미를 기반으로 한 서구에 편향되어 있다는 점도 높은 언어장벽과 함께 연구에 어려움을 더한다. 트랜스미디어 담론은 전통적인 학술지를 통해서도 형성되지만, 인터넷을 통한 대중 담론화가 양적, 질적으로 더 큰 의미를 생산하는 것으로 여겨진다. 사이버스페이스 상의 적극적인 참여가 이 현상의 존재론적 기반이며, 학자들도 블로그 활동을 통해 다른 학자나 팬들과 교류하며 참여하고 있다. 이들의 참여 자체가 트랜스미디어 스토리텔링이라는 현상을 만드는 중요한 요소이다. 그런데 이들이 매일 생산해내는 방대한 양의 텍스트는 거의 영어로 작성되어 있다. 한국에서 큰 관심을 불러일으킬 수 없고, 실제 미국과 한국의 관련 문화는 매우 다르다. 그렇다고 한국의 콘텐츠 생산-소비문화가 트랜스미디어적 현상에서 유리되어 있는 것은 아니다. 콘텐츠가 다양한 분야나 장르로 활용되며 부가가치를 창출한다는 의미에서 OSMU로 이해되건 미디어 믹스라 부르건, 많은 현상들 중 트랜스미디어 스토리텔링의 프레임으로 포획할 수 있는 콘텐츠들은 꾸준히 제시되고 있는 것이다.

기본으로 돌아가, 트랜스미디어 담론의 학술적 기획의도와 방향성, 역사적 맥락과 같은 것을 고찰해 볼 필요가 있다. 그것은 최초에 서사학적 연구의 주제어로 제시된 것인가? 산업론인가? 첨단 미디어 기술을 이용한 신개념 마케팅론인가? 어떻게 보면 이들 모두에 해당되는 듯 보이기도 한다. 본 장에서는 문화연구 영역에서 수행된 네트워크 참여문화에 대한 철학적 성찰과 논쟁이 트랜스미디어 담론 형성에 가장 큰 기여를 했다는 전제 하에 그 역동적 변화의 궤적을 추적하며 의미를 탐색해 보겠다.

2. 미디어 컨버전스와 트랜스미디어 담론의 배경

먼저 미디어 컨버전스 개념으로부터 논의를 시작해 볼 수 있다. 볼터(Jay David Bolter)와 그루신(Richard Grusin)은 재매개 이론을 통해, 다양한 미디어들이 뒤엉키며 공존하는 오늘날의 문화에서 미디어들은 서로 다른 미디어에 반응하고 다른 미디어들을 재배치하고 다른 미디어들과 경쟁하고 다른 미디어들을 개혁한다고 주장한 바 있다.(Jay David Bolter·Richard Grusin, 55) 다른 관점에서, 상호미디어적 콘텐츠들이 교류하는 현상이 미디어들이 서로 대등한 입장에서 상호 영향을 주고받는다는 의미에서 동등성을 반영하는 것이 아니라 경쟁의 역동성을 심화시키는 신호라는 견해(Uta Degner·Nobert Christan Wolf, 7-17)도 있다.

개혁이 되었건 경쟁이 되었건, 오늘날의 미디어들은 과거와 비교할 수 없을 만큼 서로 뒤엉켜 있다. 혼잡한 양상의 가운데 상호작용적이고 네트워크 형성적인 운동성이 선명하게 포착되는데, 서로 다른 성격과 역사, 기술 기반을 가진 다종 다기한 미디어들이 변증법적 역동성 속에서 대량의 콘텐츠들을 쏟아내고 있는 것이다. 트랜스미디어라는 개념은 이 지점에서 중요한 문화적 연구의 대상으로 떠오르게 된다. 콘텐츠의 출처가 과거와 같이 창작자나 프로듀서가 아니라 전방위적인 참여행위자로 전환되었기 때문이다.

이런 맥락은 그리 길지 않은 역사를 짚어봄으로써 더욱 선명해진다. 트랜스미디어의 등장은 미디어의 기술·문화적 발전 경로가 네트워크 기술·문화적 발전 경로와 조우하며 발생한 현상이다. 양자의 결합은 과거, 주로 생산자에서 소비자에게 전달되는 유통경로를 통해 이루어졌다. 특히 서적이나 LP 디스크와 같이 물리적 보급이 필요한 미디어들은 교통과 통신, 소매와 도매를 비롯한 다양한 유통 인프라를 요구하는데, 이들이 네트워크의 형태를 띠게 된다는 점에서 이는 자연스러운 현상이었다. 이 과정에서 수용자들의 역할과 태도는 대체로 수동적이었다. 팬진 문화와 같은 적극적인 수용자 창작 문화도 없지는 않았으나, 가치에 대한 평가를 떠나 오늘날의 관점에서 파급력과 영향력만을 보자면, 소수 열성팬들에 의한 피드백이나 미디어 네트워크의 부산물 정도로 평가하는 것이 옳을 것이다.

트랜스미디어의 핵심은 미디어와 네트워크의 관계맺음이 디지털 기술발전의 궤적에 거의 전적으로 의존하게 됨에 따라 형성된 '참여문화'이다. 이 참여가 콘텐츠의 생성소멸 과정에서 가지는 의미나 중요성 또한 과거 팬픽 제작에 적극적으로 참여하는 정도의 심급으로 평가할 수 없다. 즉 생산자와 소비자의 일방향 혹은 쌍방향적 관계에 대한 것이 아니라, 생산과 소비의 경계가 흐려진 네트워크 속에서 발견되는 총체적인 문화 논의이기 때문이다.

과거에도 존재했었던 네트워크의 성격이 이처럼 역동적으로 변한 것은 디지털 기술 발전에 기인한 것이다. 이를 설명하는 핵심 키워드는 속도, 비물질성, 상호작용성 등이다. 비디오테이프와 같은 물질들의 이동은 소멸되고 데이터 형태의 콘텐츠가 네트워크를 통해 떠돌아다닌다. 물질 뿐만 아니라 이동에 소요되는 시간과 그에 따라 형성되었던 우리의 인지도 소멸과 재생성을 거듭하고 있다. 비릴리오(Paul Virilio)가 경고했듯 이러한 관념은 우리가 그동안 의존해 왔던 공감각적인 혹은 지리적 위치 인지나 타자와의 심리적 거리와 같은 것을 소멸상태로 이끌게 된다. 따라서 새로운 세계관을 형성하게 되며, 문화 변동이나 문화콘텐츠 생성소멸 패러다임의 변화를 이끌고 있다.

이에, 트랜스미디어는 특정한 콘텐츠를 카테고리화하여 규정하는 장르와 같은 개념어가 아니라 문화로 보았을 때 가장 잘 파악된다고 볼 수 있다. 이때의 문화 역시 프로페셔널의 천재성이나 기획에 의존하는 문화산업 맥락의 창작문화라기보다는 윌리엄즈(Raymond Williams)식의 보편적이고 일상적 삶과 연계하여 설명될 필요가 있다. 문화는 관찰·측정 가능한 객체적 사물이 아니라 네트워크 생활을 포함한 개별 주체들의 개인적 삶의 총체다. 이런 느슨한 정의와 쏟아지듯 생산되는 구체적인 콘텐츠들의 관계가 트랜스미디어의 문화적 탐구의 핵심인 것이다. 다시 말하자면 트랜스미디어는 미디어와 네트워크의 결합이 우리를 어떻게 바꾸어놓았나를 연구할 수 있는 바로가기 아이콘의 성격이 있기에 고찰해 볼 가치가 있는 것이다.

이러한 맥락에서 트랜스미디어론을 고찰하기 위해 먼저, 이 담론이 영국 문화연구의 능동적 수용자 연구 담론과의 연관 관계가 해명될 필요가 있다. 다음 장에서 이에 대한 이론 전개의 궤적을 추적하면서 트랜스미디어 담론이 디지털 시대 문화 수용자의 위치를 재규정하고자 하는 의도와 함의가 있음을 집단지성론과 연계하여 짚어보도록 하겠다.

3. 트랜스미디어론과 집단지성 개념에 의한 수용자 위치의 재규정

트랜스미디어는 비교적 오래된 용어이지만, 오늘날 학계에서 회자되는 개념은 젠킨스에 의해 주도적으로 재구성되어 유포된 것이다. 트랜스미디어론은 그의 미디어 컨버전스 연구의 일환으로 제안된 것인데, 그는 이 연구의 출발점을 버밍엄 문화연구 계열의 수용자연구 전통에서 찾고 있다. 즉, 1990년대 이전 열성적인 대중문화 팬들에 대한 사회적 위상 조사 결과, 주체성 없는 멍청한 인간으로 취급받거나 지하조직으로 전락하는 등 공공연한 경멸의 대상이 되고 있음을 발견하게 되어 복권의 필요성을 느꼈으며, 버밍엄대학의 문화연구를 접하며 얻은 새로운 영감과 시각을 바탕으로 팬 문화의 대안적인 표상에 관한 연구를 하게 된 것이 트랜스미디어 연구의 계기라는 것이다.(Henry Jenkins, 2008: 7)

트랜스미디어 스토리텔링론의 출발점이 대중문화의 팬덤 연구였다는 점은 의미심장하다. 팬덤에 대한 연구는 연구주체 즉 학자의 성향과 시각에 따라 큰 영향을 받게 마련이다. 연구담론이라는 것은 결국 그 연구를 수행하는 학자들의 집단적 시각이다. 젠킨스는 이 집단적 시각이 세 차례의 세대교체를 거쳤다고 주장하면서, 자신을 두 번째와 세 번째 세대에 걸쳐 위치시킨다. 이러한 구분을 통해 그가 주장하는 바는 기존의 문화연구적 시각으로는 디지털미디어의 시대에 부합하는 팬덤에 대한 올바른 이해를 도모하기 힘들다는 것이며, 그 대안이 트랜스미디어 담론이라는 것이다.

젠킨스가 구분한 첫 번째 세대는 능동적 수용자 개념의 창안과 이에 대한 문화기술지적 접근을 수행한 툴록(John Tulloch), 피스크(John Fiske), 래드웨이(Janice Radway) 등이고, 두 번째는 자신과 스미스(Camille Bacon-Smith) 등이 수행한 연구다. 이 둘의 차이는 첫 세대가 연구대상인 팬들의 밖에서 애정 없이 대상을 객관적으로 관찰하고 기술하는 자세를 견지한 반면, 자신을 포함한 두 번째 세대는 내부적 입장에서 실제 팬으로서 경험한 것과 살아있는 지식을 바탕으로 연구를 수행한 것이다. 둘의 입장은 상이한데, 첫 세대가 팬들의 능동성을 고유의 정치적 활동이 가능할 만큼의 수준이 되지는 못하는 것으로 판단한 반면, 두 번째 세대, 특히 자신은 이를 왜곡된 시선으로 규정하고 팬덤 문화의 능동성을 옹호하는 관점을 취했다는 점이다.(Henry Jenkins, 2008: 7)

세 번째 연구 세대가 현재 시점이다. 젠킨스는 자신이 두 번째 세대에 이어 세 번째 세대에도 해당한다고 주장하며, 이 세대를 '아카-팬(aca-fan)'이라는 명칭으로 소개했다. 이는 아카데미와 팬의 합성어로서, 학자의 정체성을 의도적으로 팬의 입장과 혼종하는 전략적 용어다. 출처가 불명확한 상태에서 1990년대에 회자되다가 힐즈(Matt Hills)의 저서에 의해 유명해진 조어다. 힐즈는 디지털화된 오늘날 팬덤 연구의 주체는 기성학자들뿐만 아니라 방대한 양의 레퍼런스로 '아카데믹한' 활동을 할 수 있는 팬들이 추가되어야 한다고 주장한 바 있다. 그에 의하면, 팬덤 연구의 주체는 두 가지로 나누어 볼 수 있는데, 연구자가 자신의 정체성을 팬으로서의 성격에 가깝게 규정하면 팬-학자이고, 학자로 규정하면 아카-팬으로 분류된다는 것이다.(Matt Hills) 즉, 팬 학자는 기본적으로 팬인데 학자들만큼 해박한 논리를 전개하는 대중문화 연구자이고, 아카-팬은 팬의 입장이 되어 문화를 연구하는 학자를 일컫는 것이다.[1]

젠킨스식 세대 구분은 문화연구의 태도 변화를 촉구하는 그의 입장을 선명히 보여준다. 수용자 연구에서 연구자의 시각과 입장은 외부에서의 관찰로부터 내부에서의 경험으로, 타자에서 '그들 중 하나'로 확연히 변했다. 인류학으로 말하자면, 원주민과 함께 일정 기간 동거하는 객관적 관찰자로서의 연구자와, 원주민 중 하나가 되어 자기

1 젠킨스는 왕성한 블로그 활동으로 매우 유명한데, '어느 아카-팬의 고백(Confessions of an Aca-Fan)'이라는 그의 블로그 명칭으로 인해 '아카-팬'이라는 용어는 더욱 유명해 졌다. henryjenkins.org/ 참조.

집단을 연구하는 학자의 차이라 할 수 있다. 그에게 중요한 것은 한마디로 애정을 가지고 내부에서 그들과 함께 토론하며 연구해 가는 작업을 통해 수용자의 위치를 고양된 상태로 재정의하는 것으로 정리할 수 있을 것이다. 이런 변화가 디지털시대 수용자 연구에 요구되는 가치라는 주장으로 해석할 수 있겠다.

수용자의 위치에 대한 논의를 점검하기 위해 앞서 제시된 세대별 학자들의 관점과 연구의 전제 등을 좀 더 유심히 관찰할 필요가 있다. 첫 세대로 거론된 이들은 모두 문화연구 교재에서 빠지지 않고 거론되는 이름 있는 학자들이다. 특히 피스크는 능동적 수용자론으로 큰 영향력을 가진 학자다.(John Fiske, 49-66) 수동적으로만 치부했었던 TV 시청자들을 능동적 해석자로 격상시켜 대단히 유명해진 능동적 수용자론은 기호학을 바탕으로 마르크스주의 문화관을 건설적으로 비판하는 과정에서 얻어진 개념이다. 문화는 상부구조에 속하는 것으로, 물적 토대를 의미하는 하부구조에 수동적으로 귀속된 것으로 여겨졌다. 물적 토대의 조건에 의해 유물론적으로 결정지어지는 종속물인 것이다. 이렇게 조건화된 문화에 자율성을 부여하는 것이 문화연구의 주요 과제였고, 피스크의 연구 또한 같은 맥락이었다. 즉, 미디어를 통해 텍스트를 전송받는, 혹은 전송당하는 수용자들은 문화의 생산수단을 가지지 못하는 수동적 입장으로 간주되지만, 그 텍스트에서 다양하게 읽힐 수 있는 가능성(polysemy)을 발견하고 능동적인 독해를 통해 의미 생산자에 준하는 문화적 기능을 수행한다는 것이 피스크가 주장하는 핵심이다.

그의 논의는 홀(Stuart Hall)을 비롯한 문화연구 전 세대의 접근태도를 계승한 것으로, 고급문화와 저급문화의 이분법을 해체해 나가는 거시적 프로젝트의 일환이었다. 의미작용의 기본 원리를 송신자로부터 수신자로 텍스트가 일방적으로 전달된다고 가정한 기존 커뮤니케이션 연구의 프레임을 코딩과 디코딩 모델로 변형해, 저항적 독해를 포함한 적극적 의미생산 가능성을 열어둔 것이다.(Stuart Hall) 이를 통해 수용자의 독해는 지배 권력의 담론을 수동적으로 받아들이는 것이 아니라 비판적 해석을 통해 민주주의를 지향하는 하나의 해방적인 행위로 간주될 수 있다는 것이다.

위에서 언급했듯 이들 첫 세대 학자들은 팬들의 노정된 한계를 언급하거나 전제하고 있다. 이는 피스크의 능동적 수용자론에 대해 가해진 이후의 비판 맥락을 통해 드러난다. 수용자의 능동성을 강조할 목적으로 시도된 피스크의 연구는 한 마디로 의미를 생산적으로 구성하는 수용자의 역할을 낭만적, 감상적으로 보는 경향이 있다는 것이다.(Nick Stevenson, 92-93) 즉, 사회구조의 가장 중요한 부분으로서 의미의 문제를 논하면서, 일상의 삶과 함께 정치적 차원의 의미가 덧붙여진다는 점과 의미가 투쟁의 영역으로 소환되어 사회구조 변혁을 추동하는 주요한 원천으로 작용함을 말하지만, 정작 문화와 정치의 실제적 변혁에 필요한 동원 가능한 수용자에 대한 언급은 없다는 것이다.(Chris Atton, 24-25)

바꿔 말하면, 수용자가 실제적인 문화변동을 실현할 능동적 방안을 제시하지 않은 것은 수용자를 결국 자율적인 정치적 행위를 통해 사회, 문화, 정치를 바꿀 정도의 수준으로 보지 않았기 때문이라고 풀이되는 것이다. 거칠게 정리하자면, 수용자는 결국 자기 집 거실에서 텔레비전의 뉴스나 드라마에 대한 능동적 독해만 하고 앉아있는 존재일 뿐인데, 저항과 해방을 통한 변혁을 논하는 것은 공염불이라는 의미다.

그의 논의에 쏟아진 방대한 비판과 그것을 동력으로 삼은 미디어 연구의 발전 덕분에 피스크와 능동적 수용자 논의는 중요한 테마가 되었다. 그러나 이처럼 1980년대와 1990년대를 풍미했던 수용자 혹은 팬덤 연구는 해당 연구자들의 의도와 상관없이 권위적인 패러다임이 되어 틀에 갇히게 되었고, 자신의 주요 관심사인 대중문화의 팬덤의 역할과 수용자의 위치 연구는 이러한 과거의 편협한 관점을 답습하는 것으로 가능하지 않다는 것이 젠킨스의 진단이었다.(Henry Jenkins, 2008: 203) 그가 생각하기에 디지털미디어 기술과 특히 상호작용적 네트워크가 대중화된 이래, 이미 팬덤은 생산과 소비를 분할했던 경계의 많은 구속들로부터 자연스럽게 벗어났다. 대중문화에 있어서도 생산이 소비고 소비하는 행위가 곧 생산이 되는 일이 네트워크 안에서 흔하게 일어났다. 그러나 담론은 여전히 유저들의 능동성·수동성 여부나 혁명에 갈음하는 변혁의 추동력, 정치적 실천과 문화의 자율성이 가지는 역할과 같은 논의에 갇혀 있어 전진하지 못하는 모양새로 보였다.

젠킨스는 레비의 집단지성 논의를 통해 이론적 돌파구를 모색하는데, 이 개념이 트랜스미디어 스토리텔링의 핵심적인 기저철학이 된다. 레비의 논의는 네트워크의 영향력에 점점 잠식당하는 현실 세계의 구성원과 사이버스페이스 내부 행위자를 망라하는 주체들의 참여를 지식 생성 메커니즘 변화로 해석한 철학적 연구다. 여기서 말하는 '지식'의 범주에는 당연하게도 디지털 방식으로 제작되고 소비되는 대중예술형식들을 포함시킬 수 있다.

집단지성 논의는 방대한 규모로 행해지는 웹 커뮤니티의 정보행위 과정 일체를 공유의 목적으로 개인의 전문성이 발현되는 현상으로 이해하고 있다. "모든 것을 아는 사람은 없으나, 모든 사람은 그 무엇인가를 알고 있다. 모든 지식은 인류 내에 존재하는 것이다"라던가,

“어디에나 분포하며, 지속적으로 가치 부여되고, 실시간으로 조정되며, 역량의 실제적 동원에 이르는 지성”(피에르 레비, 2002: 38) 등 자주 인용되는 문구가 이를 잘 말해준다. 집단지성 논의는 수용사의 정체성 및 위상과 같은 문화연구의 기존 관심사에 대한 해답을 담고 있으며, 팬덤 연구와 연계되는 지점이기도 하다. 유럽의회 보고서인 「사이버 문화: 뉴 테크놀로지와 문화협력 그리고 커뮤니케이션」에서 레비는 다음과 같이 기존의 저자 개념을 집단 창작 개념으로 흔들어 놓는다.

> 저자 없는 위대한 작품들이나 위대한 문화적 창작물들이 있는가? 물론 존재한다. 예를 들어, 그리스 신화는 인류 문화유산의 보물 가운데 하나이다. 그런데 그것은 이론의 여지없이 저자가 없고, 태곳적 기저로부터 온 것이며 여러 세대를 거치며 창의적인 전승자들에 의해 다듬어지고 풍요로워진 집단적 창작이다.(피에르 레비, 2000: 213)

그리고 사이버 세계의 참여대중에게 그 지위를 노골적으로 부여함으로써 집단창작의 위상에 권위와 역사성을 부여한다. 트랜스미디어 스토리텔링은 프로와 아마추어를 망라한, 혹은 사업적 기획과 애정에 의한 참여가 뒤섞여 하나의 이야기 세계 혹은 우주를 구성해 가는 창작이라는 점에서, 이 논의를 통해 권위를 부여받게 된다.

> 사이버 문화 예술은 일방적인 스펙터클보다는 오히려 (쌍방향적인) 이벤트를 진작시킴으로써, 과거의 놀이와 제식의 위대한 전통을 되찾는 셈이다. 이처럼 가장 동시대적인 것이 가장 오래된 것과 결합하며, 인류학적 바탕을 지닌 예술의 기원 그 자체와 연결 고리를 맺게

된다.(피에르 레비, 2000: 217)

수용자에게 예술가의 지위를 부여하느냐 마느냐, 그것을 인정하느냐 마느냐는 논쟁의 여지가 있다. 그러나 확실한 것은 이제 연구 프레임이 40여 년 전과 같은 능동성·수동성 프레임에서 벗어나게 되었다는 것이다. 이런 의미에서 젠킨스는 집단지성 개념이 팬덤을 단순히 "저항의 관점이 아니라, 미래 문화의 원형이나 리허설의 관점에서 생각할 수 있게 해 주었다"고 술회한 바 있다.(피에르 레비, 2000: 217) 수용자 개념을 과거처럼 개인적 시청자들의 합과 같은 것이 아니라 사이버 세계를 구성하는 본질적인 힘인 참여문화와 결부해 집단에서 벗어나기 힘들도록 바꿔놓았다는 의미다. 이런 점에서 트랜스미디어론이 문화연구에서 갖는 의미는 수용자에 대해 과거와는 확연히 다른 정의와 접근을 제시하고 공식화한 점이라 평가할 수 있겠다.

4. 문화연구의 비판이론적 프레임에 대한 재해석

앞선 논의를 통해, 트랜스미디어 담론이 집단지성 프레임으로 수용자의 정체성과 위치, 위상을 변화시키고자 하는 기획임을 이해하게 되었다. 이는 미디어 연구를 대하는 문화연구의 전반적인 태도변화를 요구하는 움직임으로 해석할 필요가 있다. 변화를 요구받는 대상은 문화연구 중에서도 미디어연구를 틀 지어온 전통적인 유토피아·디스토피아 논의와 크리틱으로 표현되는 비판이론, 즉 고전적인 해방 담론 혹은 저항 담론이다. 태생부터 마르크스주의와 깊은 관련이 있는 문화연구는 자본주의에 의한 참여문화의 침식과 좌절에 대한 저항을 기본 모토로 내세운다. 이런 전통이 현재 시점인 디지털적 전환 시기를 맞아 연구 내에서 과거와 같은 의미를 생산하고 있는지가 주요한 물음이며, '그렇지 않다'라고 말하며 대안으로 제시된 것이 트랜스미디어 담론이라는 것이 이 논의의 골자다.

주지하다시피, 인터넷의 융성기와 성숙기인 1980년대부터 2000년대 초반까지, 디지털에 의한 문화 패러다임 변화에 대한 유토피아적 기대가 만연했었다. 통신과 시청각 미디어 기술을 결합시킨 인터넷의 기능적 우수성과 접근성, 파급력 등이 워낙 강렬했기에 장밋빛 전망이 줄을 이었다. 대체적인 내용은 개인이 각자의 전문성을 인터넷에 결집시켜 공유하는 방대하고 저렴한 정보의 망 행위를 통해 우리 모두가 작가이며 출판자이자 제작자가 될 수 있으며, 표현의 자유는 충분하고, 우리의 잠재 독자의 수는 한계가 없다라는 식이었다.(Alexander Bard·Jan Söderqvist, 11)

이런 가운데 집단지성 개념 또한 자주 언급되었다. 인터넷 마케팅 이론으로 한 때 유명세를 탔던 롱 테일 이론의 제안자 앤더슨(Chris Andersen)이 좋은 사례가 될 듯하다. 그는 특히 음반 산업을 예로 들며, 희소성에 기대어 일부 제작자와 가수가 거의 전부를 가져가는 기존의 아날로그 시장 메커니즘을 대체해, 인터넷을 통한 상품의 메타데이터 집적과 활발한 정보공유를 통해 다수의 아티스트와 다양한 장르의 음악이 골고루 공존하는 사실상의 무한시장을 만들 수 있다고 주장한다. 이 과정에서 집단지성 개념이 소개되는데, 이는 각 음악 장르를 잘 아는 유저들이 집단으로 참여해 전문가 수준의 질적 정보를 제공함으로써 취향결정자의 역할과 기능을 할 수 있음을 의미한다. 대형 레코드회사나 대형 기획사의 농간에 의해 좋은 음악들이 소개조차 되지 못하고 사라지는 천민자본주의적 문화산업 현실을, 사이버스페이스에서의 집단지성 활동을 통해 풍요로운 문화 공간 형성으로 변혁시킬 수 있다는 얘기다. 그 주체가 바로 우리라고 강조하며 앤더슨은 참여를 독려한다.(Chris Andersen, 106-108) 일견, 레비나 젠킨스가 추구하는 이상과 궤를 같이 하는 것으로 보인다.

그러나 이들이 꿈꾸는 것은 시장의 지배구조를 다수에 의한 참여적 점유와 운영으로 바꾸는 것이다. 그 다수는 집단지성이며, 곧 생산자이자 소비자다. 이들은 조화롭고 정의로운 문화적 풍요시장의 가능성을 믿고 지향한다. 이러한 논의에는 반드시 절대 악이 등장하게 되는데, 자본주의와 자본가, 지배구조와 같은 것들이다. 그 영향력과 시장을 지배하고자 하는 욕망이 너무 크고 교묘한데다 기득권이 공고하기 때문에, 참여적 집단지성에 의한 기술의 올바른 사용은 자본에 의한 생산수단의 강점에 의해 좌절될 것이라는 두려움이 늘 존재하게 된다. 실제, 인터넷을 활용해 가장 크게 성공한 아마존, 유튜브와 같은 회사들은 주된 비판의 대상이었다. 자신들은 콘텐츠를 만들지 않으면서, 남의 콘텐츠를 무료로 거간해 거액을 착복하고, 남이 써 놓은 글이나 상호 정보교류 콘텐츠로 접속을 늘리는 한편 이윤을 극대화하고, 나아가 그 모든 콘텐츠들에 대한 사실상의 소유자로 행세하는, '자본권력에 의한 강도행각'이라는 것(Andrew Keen)이 대체적인 비판의 골자다.

이는 "[문화정보] 자원의 초거대집적"을 "엄청난 이윤, 기업 미디어와 정보행위의 끊임없는 합병으로부터 초래된 내적 성장의 결과물"(Herbert Schiller, 31-35)로 보는 실러(Herbert Schiller)의 논의로 잘 요약된다. 정보 불평등과 그에 기인하는 고도 미디어 사회의 불평등 심화현상 연구에 관심이 있는 그는, 이러한 현상을 자본주의의 고유한 성질로 규정한다. 그에 의하면 공동체의 경제적 삶이라는 것은 그 상징적 내용, 즉 공동체의 문화와 분리시킬 수 있는 것이 아니다. 양자가 함께 문화의 총체성을 재현하는 것이 공동체 속에서 노동을 통해 문화를 일구어 온 인간의 본래적 상태다. 그런데 특히 미디어를 관찰해 보면, 자본주의의 심화과정에서 특정한 카테고리의 상징 재화와 서비스를 공동체와 개인의 실존으로부터 분리시켜온 그 봉건적 기원이 관찰된다. 마르크스적 의미의 소외가 옛날이야기가 아니라 인터넷 세상에서도 버젓이 일어나고 있다는 것이다.

이러한 비판이론적 시각은 부르디외(Pierre Bourdieu)의 계급, 취향과 같은 키워드들과 결부되며 문화연구의 전통적 중심 테마로 자리해 왔다. 예를 들어 문화연구 입문서로 유명한 스토리(John Storey)는『대중문화와 문화이론(Cultural Theory and Popular Culture)』의 앞부분에서 학생(독자)들이 염두에 둬야 할 중요한 몇 가지 개념을 설명하면서, 이데올로기를 매우 중요한 개념으로 소개한다. 즉, 대중문화를 연구함에 있어 "지배층은 자신들을 착취자나 억압자로 생각하지 않는다(…) 아마 이데올로기가 피지배 계층의 현실을 은폐하는 한, 그들은 자신을 억압당하거나 착취당한다고 생각하지 않을 것"(John Storey, 3)이라는 점을 잘 파악해야 한다는 것이다. 미디어는 이들에게 대표적인 이데올로기 기제로서 지속적인 관찰의 대상이었다.

디지털시대의 도래와 함께, 문화연구에 있어서 인터넷 수용자론은 위와 같은 고전적이고 비판이론적인 의문들의 저수지가 된다. 과연 인터넷은 집단지성 실현의 장인가, 아니면 자본주의에 의한 지식, 정보의 독점적 사유화 내지는 지배 이데올로기 확산의 장인가. 너나할 것 없이 접속이 가능하다는 이유로 인터넷이 과연 민주주의를 실제로 견인하는가, 혹은 기술과 자본이 인터넷을 이용해 자신들의 권력을 강화하고 유저들을 이용함으로써 반민주적 상황이 가속되는가와 같은 것이 주요한 관심사가 될 것이다. 유저는 능동적인가 수동적인가? 그들은 고유의 정치적 활동이 가능한 존재들인가? 기존의 관점에서 인터넷 수용자 주제에 던져지는 중요한 물음들이다.

앞서 살펴본 바와 같이, 트랜스미디어 스토리텔링론은 문화연구의 능동적 수용자 연구전통에 서 있음에 틀림없다. 그렇다면 이에 대한 해답을 담고 있어야 할 것이다. 젠킨스가 오늘의 문화연구에 던지는 하나의 시사점은, 위의 물음에 대한 답으로 패러다임 전환을 시도한 점이다. 저항적 연구전통, 혹은 연구전통의 저항적 성격에 대해 저항을 시도한 것이다. 그의 문제의식은 논의의 방향이 비판이론적 저항담론으로 패러다임화 되어 근시안이 되다 보니, 디지털미디어에서 진정으로 보아야 할 것을 보지 못한다는 점이다. 가령 영화 〈매트릭스〉를 둘러싼 트랜스미디어 스토리텔링 현상, 즉 영화 뿐 아니라 만화와 애니메이션, 게임 등을 통해 확장적으로 전개되어 가는 〈매트릭스〉 '세계'를 논의하는 과정에서 그는 기존의 영화 평론가들이 비평에만 익숙할 뿐 주변의 트랜스미디어적 현상을 보지는 못했다고 비판한다. "게임을 해보거나, 만화나 애니메이션을 본 평론가는 거의 없었고, 그 결과 전체 이야기 세계 이해에 필요한 핵심 정보를 꿰는 이들도 거의 없었다"는 것이다. 그저 경제적인 동기와 결부시킨 고답적인 비판이 있었을 뿐인데, 어떤 이는 매트릭스 제작사인 거대 영화사 워너 브라더즈가 이윤을 극대화하기 위해 컬트적 추종자들을 이용해 먹고 있다고 비평하기도 하고, 어떤 이는 〈매트릭스〉 시리즈를 '스마트한 스토리텔링'이 아니라 '스마트한 마케팅일 뿐'이라고 냉소했다는 것이다.(Henry Jenkins, 2006: 149)

비판이론의 전통에 바탕을 둔 기존의 능동적 수용자론의 시각으로 트랜스미디어 담론을 보자면 상당한 거리감이 느껴지는 것이 사실로서, 문화연구 내에서 비난을 받기 쉬운 요소들을 골고루 갖추고 있다. 참여문화와 같은 고전적인 좌파적 비판담론에 속해 있는 개념들을 원용하면서, 그 분석대상 콘텐츠나 행위는 영화, 만화, 애니메이션, 게임, 테마파크 등 모두 대중문화상품이나 파생 상품정도로 보인다. 저항적 독해는커녕, 〈매트릭스〉 사례에서 보듯, 대기업에서 제작한 특정 콘텐츠를 찬양하고, 관련 콘텐츠를 만들어 유포함으로써 자발적이고 집단참여적인 광고마케팅 무료대행의 느낌마저 풍긴다. 이런 미심쩍은 재료들을 배경으로 깔아놓고서 콘텐츠 생산, 유통, 소비 행위에 참여문화, 집단지성과 같은 개념을 끼워 맞추는 것은, 자칫 잘못하면 허위의식에 기초한 이데올로기, 즉 자본주의적 은폐의 정당화 행위로도 비칠 수 있는 것이다.

젠킨스의 패러다임적 반항은 문화의 상품적 속성을 부정하거나 비판적으로 접근하지 않는다는 점에서 의미가 있다. "트랜스미디어 스토리텔링 이면에는 강력한 경제적 동기가 있다. (…) 강한 정서적 애착을 만들어 이를 추가 매출에 이용하고자 하는, 엔터테인먼트와 마케팅 통합에 대한 강한 관심이 있다"고 인정한 것이다.(Henry Jenkins, 2006: 149) 더 나아가, 트랜스미디어 스토리텔링이 군더더기 없이 기획, 진행되어야 하는 이유를 논하며 "미디어를 넘나드는 트랜스미디어적 감상이 경험의 깊이를 유지해 더 많은 소비를 촉진"시키는 한편 "프랜차이즈를 새롭게 하여(refresh) 소비자들의 충성을 유지"시킬 수 있기에 중요하다고 강조한다.(Henry Jenkins, 2006: 96)

확연하게도 그는 상업과 비상업, 지배와 피지배, 순응과 저항의 이항대립 패러다임에서 벗어나고자 한다. 대립 자체가 사라진 것은 아니다. 기업과 수용자, 기존의 방송과 풀뿌리 미디어 등 이항대립은 지금도 성립되고 있다. 젠킨스가 관찰한 디지털미디어 시대의 대립 양상은 과거와 다르게, 상호 구속적이면서 상호 자율적인, 그런 가운데 서로가 영향을 미쳐 변화를 유도할 수 있는 유연한 관계라는 점이다. 디지털이 일구어 놓은 레비적 의미의 집단지성이 이를 변증법적 관계로 이끈다는 의미다.

이는 젠킨스가 문화연구 관련 저명학술지를 통해 "궁극적으로, 우리의 미디어의 미래는 상업 미디어와 집단지성의 가운데에 형성된 불편한 휴전 비슷한 상황에 기대고 있다"(Henry Jenkins, 2004: 43)며 기성 문화연구가 몇 가지 핵심적 가정에 대해 재고하지 않으면 이러한 미래 변화에 대해 이해할 수 없을 것이라 경고한 데서 잘 나타난다.

> 변화가 생산과 소비의 상호교차의 지점에서 일어나기 때문에, (아마 가장 강력한 미디어 생산 이론을 가졌을) 정치경제 [연구] 진영과 (미디어 소비에 가장 완고한 입장을 가진) 수용자 연구 사이의 긴장완화가 요구될 것이다. 이 과정에서 정치경제 진영은 소비자 경제의 모든 참여가 [권력에 의한] 포섭을 구성하게 된다는 기존의 가정을 버리고, 대신 소비자가 미디어 콘텐츠의 생산과 유통에 영향을 미치는 방식에 관심을 기울이도록 요구받을 것이다. 동시에 수용자 연구 진영은 소비자가 미디어 제작자들과의 새로운 협업을 통해 증대되는 그들의 권력을 어떻게 행사할 수 있는지 이해하기 위해서, 예의 수용자 저항[가정]과의 로맨스를 버리도록 요구받을 것이다.(Henry Jenkins, 2004: 36)

수용자에 대한 시각 변화 요구는, 집단지성을 구성원들의 전문성을 자발적이면서 사이버스페이스 나름의 논리에 맞춰 잘 조직화된 하나의 힘으로 보는 레비의 시각에 기초한 것으로 해석할 수 있다. 이제껏 개인이 할 수 없었던 일들을 공동의 힘으로 하게 된다는 뜻이며, 개인적 무능은 집단지성에 의해 유능으로 바뀌게 된다. 이는 역량, 즉 권력의 증가를 의미하며, 따라서 수용자와 미디어 제작자들과의 관계에 있어서도 더 거대한 집단권력 발현이 가능하다. 상품 물신주의나 자본주의적 이데올로기와 같은 기존 문화연구 프레임 역시 통신과 미디어, 대중문화 콘텐츠가 뒤범벅이 된 사이버스페이스가 기본적으로 상품과 불과분의 관계일 수밖에 없다는 전제하에, 집단지성이 이런 상품문화의 작동방식 자체를 점진적으로 변화시켜 나갈 것으로 낙관하는 레비의 시각을 통해 변증법적 변화를 예측해 볼 수 있다.

그러나 좀 더 근원적으로, 트랜스미디어 담론에 집단지성론이 미친 철학적 영향은 참여문화를 통한 유토피아적 시각을 제공해 주었다는 점이다. 레비가 지향하는 바는 지식 프로젝트의 추구를 통해 유토피아적 세계에 도달하는 것이었다. 유토피아적 해석은 좋고 디스토피아적 접근은 나쁘다는 식의 단순 이분법이 아니다. 모어(Thomas More)적 의미의 유토피아는 어차피 이 세상에 없다는 의미이므로, 그것은 추구 목표로서의 이상이 된다는 점이 의미가 있다는 것이다. 레비의 유토피아론이 황당무계한 궤변으로 치부되지 않고 진지하게 고찰되는 이유이기도 하다.

레비의 유토피아는 사이버스페이스를 이용해 탈바꿈된 완전히 다른 세상이다. 가장 중요하게는 인터넷을 통해 실시간 직접 민주주의의 완전한 구현이 실현되는 장이다. 민주주의의 이상이 '대표자 선출에 있지 않고 국민들의 국가생활에 대한 최대한의 참여에 있으나, 이는 기술적 한계로 이루어지지 못하고 있었다. 그러나 미디어의 발전과 함께 즉흥 다성 합창 음악과 같이, 혹은 집단적 발화 체제 형성과 유사한 방식으로 이런 민주주의가 이루어질 수 있다는 것이다.(피에르 레비, 2002: 86-91) 사이버스페이스의 참여문화를 통해 그 간 불가능했던 유토피아적 세계에 대한 꿈꾸기가 가능해 졌다는 것이다. 트랜스미디어 담론은 이런 꿈꾸기의 일환일 수 있다.

이런 인문학적 꿈꾸기는 문화연구 안에서 새로운 프레임 제시로 의미를 생산하고 있다. 무엇보다 팬 혹은 수용자를 어떻게 정의할 것인가의 문제에 있어 홀 이래 전제로 주어져 있던 송신자·수신자의 메시지 전송 모델을 벗어났다는 의미가 있다. 메시지를 누군가 송신하고 다른 누군가가 수신하는 모델이 연구방법의 전제가 되면, 그 틀 안에 갇히기 쉽다. 송수신 커뮤니케이션 모델과 홀 식의 일부 변형으로는 컨버전스 컬처나 트랜스미디어 스토리텔링 같은 현상을 설명할 수 없는 것이다. 하르트만(Frank Hartmann)이 "지난 수십 년 동안의 커뮤니케이션학의 거시모델(예컨대 텍스트를 수용하는 자아나 전달자의 메시지를 수동적으로 받아들이는 수용자로서의 주체)은 미디어의 새로운 발전에 의해 상대화될 뿐만 아니라 (아직 명확히 세분화되지 않았지만) 집단적으로 구조화된 기술적 상상의 모델에 의해 거부될 것"이라는 진단(프랑크 하르트만, 36)이 현실이 된 것이다. 이 '집단적으로 구조화된 기술적 상상의 모델'의 가장 적합한 사례가 바로 사이버스페이스의 집단지성이다.

5. 트랜스미디어 담론의 건설적 확장을 향하여

이상의 논의를 통해 일견 OSMU 전략을 통한 수입 극대화류의 콘텐츠 마케팅론으로 보일 수도 있는 트랜스미디어 스토리텔링론이, 기실 문화연구 내의 연구 패러다임을 디지털 시대에 맞게 변형시키고자 하는 나름의 '혁신 운동'으로 해석할 수 있음을 알아보았다. 이런 맥락에서, 트랜스미디어 콘텐츠에 대한 팬들의 기여와 적극적인 콘텐츠 제작과 유포, 콘텐츠 홍보로 환원될 수도 있는 자발적 충성과 같은 행위들이 상업적이면서 남이 하니 나도 하는 식의 수동적이고 분별없는 행위로 오해받을 수 있으나, 집단지성과 결합한 트랜스미디어 담론을 통해 기존 문화연구 프레임에서 말하는 능동성을 능가하는 집단지성 현상이나 인터넷을 문화생산 수단으로 전용하는 현명함, 궁극적으로 고유의 정치적 활동이 가능한 힘을 가져다주는 것으로 해석할 여지가 충분히 있음을 알게 되었다.

트랜스미디어 담론은 이처럼 집단지성의 유토피아적 이상을 문화콘텐츠에서 실현시키기 위한 분투의 장으로 해석할 수 있겠다. 특히 문화 상품이나 문화 산업의 존재를 도외시 하지 않고 오히려 강조하면서도 디지털미디어 현상을 비판적 문화연구의 맥락 안에서 기존 패러다임에 저항하고 변증법적 대안을 제시하는 방식으로 접근했다는 점에서, 하나의 이론으로서도 문화콘텐츠 관련 연구에 시사 하는 바가 작지 않다고 볼 수 있다.

그렇기 때문에 더욱 레비가 주장한 나는 생각한다(cogito)에서 우리는 생각한다(cogitamus)로 넘어감의 실천이 강조될 필요가 있다. 집단지성이 트랜스미디어 스토리텔링의 진정한 기저철학이라면, 우리 주변에 만연한 이 문화콘텐츠 현상을 통해, 우리는 함께 집단지성을 이룬다, 고로 우리는 뛰어난 공동체로서 존재한다에 이르게 하는 새로운 휴머니즘을 논한 레비의 이상(피에르 레비, 2002: 43)이 경제적 성취에 선행하는 목표가 되어 마땅할 것이기 때문이다.

[김기홍]

참고문헌

김정아, 「N-스크린 환경 기반의 스마트 콘텐츠에 관한 연구: 사용자 실증 분석을 중심으로」, 숭실대학교 대학원 박사학위논문, 2013.

김진영, 「미디어 대체에 관한 연구: 전통적 미디어에 대한 인터넷 이용의 영향을 중심으로」, 『한국언론정보학보』 통권 제24호, 2004.

김희경, 「컨버전스와 트랜스미디어 프랜차이즈의 세계」, 『철학과 문화』 제26집, 2013.

______, 「N스크린 시대의 콘텐츠와 트랜스미디어콘텐츠」, 『2015 책과 영화의 만남: 출판 기반 OSMU를 진단하다』, 한국출판문화산업진흥원, 2015.

도정일·최재천, 『대담』, 휴머니스트, 2005.

류철균·서성은, 「온라인 게임의 트랜스미디어 스토리텔링 연구: 〈메이플스토리〉를 중심으로」, 『語文學』 제102집, 2008.

미셸 세르, 『엄지세대 두 개의 뇌로 만들 미래』, 양영란 옮김, 갈라파고스, 2014.

마르틴 하이데거, 『기술과 전향』, 이기상 옮김, 서광사, 1993.

박기수, 「One Source Multi Use 활성화를 위한 문화콘텐츠 스토리텔링 전환 연구」, 『한국언어문화』 제44집, 2011.
박치완, 『이데아로부터 시뮬라크르까지』, 한국외국어대학교 지식출판원, 2016.
_____ 외, 『키워드 100으로 읽는 문화콘텐츠 입문사전』, 꿈꿀권리, 2013.
_____ 외, 『디지털인문학이란 무엇인가?』, 꿈꿀권리, 2015.
빌렘 플루서, 『피상성 예찬』, 김성재 옮김, 커뮤니케이션북스, 2004.
서성은, 「크로스미디어 스토리텔링의 온라인 구전 양상」, 『한국콘텐츠학회논문지』 제11권 제1호, 2011.
_____, 「매체 전환 스토리텔링 연구」, 이화여자대학교 대학원 박사학위논문, 2015.
신광철, 「트랜스미디어와 콘텐츠」, 『2011 세계한국어문학회 추계학술대회』, 2011.
신동희·김희경, 「트랜스미디어 콘텐츠 연구: 스토리텔링과 개념화」, 『한국콘텐츠학회논문지』 제10권 제10호, 2010.
신성환, 「폴 비릴리오의 전쟁론과 시각 테크놀로지의 상관성」, 『인문연구』 제66호, 2012.
안은미, 『미디어 콘텐츠의 수용』, 커뮤니케이션북스, 2014.
오재은·이승진·이선영, 「N스크린 서비스를 활용한 발전적 애니메이션 모델 연구」, 『애니메이션 연구』 제7권 제3호, 2011.
윤여광, 「미디어 세분화에 따른 수용자 자율성 증대와 새로운 콘텐츠 패러다임 연구」, 『한국엔터테인먼트산업학회논문지』 제9권 제1호, 2015.
이동후, 「융합 미디어 환경, 트랜스리터러시, 그리고 디지털 주체의 양가성」, 『한국방송학회 세미나 및 보고서』 제6호, 2009.

이봉희·오승환, 「트랜스미디어에 관한 연구」, 『기초조형연구』 제8집 제4호, 2007.

이유재·유재미, 「TV 광고와 인터넷 검색이 만났을 때 크로스미디어 광고의 효과」, 『마케팅 연구』 제25권 제1호, 2010.

이재현, 『디지털 문화』, 커뮤니케이션북스, 2013.

이혜미, 「컨버전스 환경의 미디어다중이용행위 연구: 3-screen 싱글 소스 패널데이터를 이용하여」, 서울대학교 대학원 박사학위 논문, 2014.

임헌, 「트랜스문화론의 변주(Ⅰ): 트랜스-방법론, 트랜스텔링, 트랜스테마론: 그리고 문화교육」, 『프랑스어문교육』 제47집, 2014.

전경란, 「트랜스미디어 콘텐츠의 텍스트 및 이용 특징」, 『한국콘텐츠학회논문지』 제10권 제9 호, 2010.

조윤경, 「접두어 'trans-'의 인문학적 함의: 탈경계 인문학 Trans-Humanities 연구를 위한 개념 고찰을 중심으로」, 『탈경계 인문학』 제3권 제3호 제7집, 2010.

최세경, 「N스크린 시대에 TV 비즈니스의 전망과 대응 전략」, 『방송문화연구』 제22권 제2호, 2010.

프랑크 하르트만, 『미디어 철학』, 이상엽·강웅경 옮김, 북코리아, 2008.

피에르 레비, 『사이버 문화: 뉴 테크놀로지와 문화협력 그리고 커뮤니케이션』, 김동윤·조준형 옮김, 문예출판사, 2000.

______, 『집단지성』, 문학과 지성사, 2002.

허진, 「트랜스미디어 환경에서의 감성마케팅을 위한 사용자 경험디자인에 대한 고찰」, 『한국콘텐츠학회논문지』 제12권 제9호, 2012.

헨리 젠킨스a 『컨버전스 컬처: 올드 미디어와 뉴 미디어의 충돌』, 김정희원·김동신 옮김, 비즈앤비즈, 2008.
헨리 젠킨스b, 『팬, 블로거, 게이머: 참여문화에 대한 탐색』, 정현진 옮김, 비즈앤비즈, 2008.

Alexander Bard & Jan Söderqvist, *Netocracy: the new power elite and life after capitalism*, Pearson Education Ltd., 2002.
Andrew Keen, *The cult of the amateur: How today's Internet is killing our culture and assaulting our economy*, Nicholas Brealey Publishing, 2007.
Chris Andersen, *Long Tail: How Endless Choice is Creating Unlimited Demand*, Random House Business Books, 2006.
Chris Atton, *Alternative Media*, Sage, 2002.
Christian Metz, *Film Language: A Semiotics of the Cinema*, Oxford University Press, 1974.
Gilles Deleuze & Félix Guattari, *Mille plateaux*, Minuit, 1980.
Guy Debord, *La société du spectacle*, Buchet-Chastel, 1967(rééd. Gallimard, 1992).
Henry Jenkins, "The Cultural Logic of Media Convergence", *International Journal of Cultural Studies*, Vol.7 No.1 2004.
_____, *Convergence Culture: Where Old and New Media Collide*, New York University Press, 2006.

Herbert Schiller, *Culture Inc.: The Corporate Takeover of Public Expression*, Oxford University Press, 1989.

Ignacio Ramonet, *La tyrannie de la communication*, Galilée, 1999.

Jay David Bolter & Richard Grusin, *Remediation: Understanding New Media*, MIT Press, 1999.

Jean Baudrillard, *La société de consommation*, Denoël, 1970.

______, *Simulacres et simulation*, Galilée, coll. ≪Débats≫, 1985.

John Fiske, "Active Audience", *Television Culture*, Routledge, 1987.

John Storey, *Cultural Theory and Popular Culture: An Introduction*, Harvest Wheatsheaf, 1993.

Marsha Kinder, *Playing With Power in Movies, Television, and Video Games: From Muppet Babies to Teenage Mutant Ninja Turtles*, The University of California Press, 1991.

Matt Hills, *Fan Cultures*, Routledge, 2002.

Nick Stevenson, *Understanding Media Culture*, Sage, 2002.

Roger Fidler, *Mediamorphosis: Understanding New Media*, Sage, 1987.

Stuart Hall, "Encoding/Decoding", Stuart Hall, *et. al.* (eds.), *Culture, Media, Language,* Hutchinson, 1980.

Uta Degner & Nobert Christan Wolf, "Intermedialität und Mediale Dominanz: Einleitung", Uta Degner, Nobert Christan Wolf (eds.) *Der neue Wettstreit der Künste: Legitimation und Dominanz im Zeichen der*

Intermedialität, Bielefeld, 2010.

인터넷 자료

Alison Flood, "Star Wars makes million-selling return to Marvel comics", The Guardian, 2015. 1. 9. 영국 일간지 The Guardian 인터넷판. (theguardian.com/books/2015/jan/09/star-wars-million-selling-marvel-comics)

Brian Truitt, "Miller expands 'Mad Max' mythos in comics", USA Today, 2015. 3. 18. 미국 일간지 USA Today 인터넷판. (usatoday.com/story/life/movies/2015/05/18/george-miller-mad-max-fury-road-comics-exclusive-preview/27518457)

Coimbatore Krishnarao Prahalad & Ramaswamy Venkatram, *Co-opting customer competence*, Harvard Business Review, Jan/Feb 78(10). 미국 저널 하바드 비즈니스 리뷰 인터넷판, 2000년 1, 2월호. (hbr.org/2000/01/co-opting-customer-competence)

2

국내 트랜스미디어 콘텐츠의 현주소

문화콘텐츠와
트랜스미디어

1

트랜스미디어 콘텐츠의 개발 전략

국내에서 트랜스미디어 콘텐츠 제작이 본격적으로 활성화된 것은 개인 미디어와 웹 콘텐츠가 눈에 띄게 성장한 최근 2-3년 사이라고 할 수 있다. 국내 트랜스미디어 콘텐츠 제작 사례는 인기 웹툰을 기반으로 웹 드라마, 모바일 무비, 게임 등 다양한 미디어 전략을 통해 확장을 시도하는 것이 대표적 유형이다. 또 다른 형태로는 개인이 직접 자신의 일상을 콘텐츠화 하는 1인 방송과 다양한 채널들을 연계한 네트워크 사업인 MCN(Multi Channel Networks)을 들 수 있다. 이는 플랫폼의 발전과도 밀접한 연관이 있는데, OSMU가 스토리의 재활용 및 반복을 통해 콘텐츠를 확장시키는 방식이라면 트랜스미디어는 각각의 미디어에서 구현되는 개별 콘텐츠가 사용자(경험자)의 참여와 변형에 따라 새로운 이야기로 재탄생하게 된다. 즉 콘텐츠가 제작·유통되는 플랫폼의 특성에 따라, 미디어의 속성에 따라, 사용자의 취향에 따라 콘텐츠의 내용과 형식도 자유롭게 변형되고, 새로운 의미와 가치를 생산할 수 있는 것이다.

2부에서는 국내 미디어 산업의 각 분야에서 사용되고 있는 트랜스미디어의 개념을 전반적으로 개괄한 후 구체적인 콘텐츠 제작현황과 전망을 검토한다. 이를 위해 현장 전문가들의 생생한 인터뷰를 대담 형식으로 진행하면서 국내 트랜스미디어 산업의 현주소를 진단한다.

대담 분야는 총 5개로 선정했다. 국내외에서 트랜스미디어 전략이 가장 활발하게 진행 중인 광고, 한국형 트랜스미디어 콘텐츠 제작을 선도하고, 시장 형성과 확장에 기여하고 있는 웹툰, 전통 미디어로서 아직 본격적인 시장이 열리지는 않았지만 기획과 융합을 모색 중인 TV 프로그램(드라마와 예능), 그리고 모바일 시대에 웹툰과 함께 가장 대중적인 콘텐츠로 주목받고 있는 웹 드라마 등 총 5개 분야의 국내 트랜스미디어 제작 현황과 전망을 다룬다. 각 분야별로 총 6명의 전문가가 참여했다.

1장에서는 앞장에서 논의한 트랜스미디어의 이해의 개념을 바탕으로 트랜스미디어의 개발 전략을 제시한다. 이는 트랜스미디어 콘텐츠를 기획하고, 제작하는 생산자뿐만 아니라, 트랜스미디어 콘텐츠를 즐기고 향유하는 수용자와 이를 분석하는 연구자들 모두에게 유용한 사고의 방향을 모색하는 데에 그 목적이 있다.

이어지는 대담은 총 두 개의 파트로 구성된다. 2장에서는 6명의 전문가와 함께 트랜스미디어의 개념과 탄생 배경, 국내 현황에 대한 다양한 의견을 주고받는다. 대담을 통해 정리된 트랜스미디어의 개념과 범주, 특성 등은 학문적 접근이 아닌, 제작 현장에서 실무자들이 사용하는 용어와 개념에 바탕을 두었다는 점을 밝혀둔다. 이는 아직까지 국내에서 본격적인 트랜스미디어 시장이 형성되지 않았기 때문에, 각 분야에서 '따로 또 같이' 사용되고 있는 트랜스미디어의 개념과 전략을 통해 공통된 시선 또는 형식을 가늠하기 위한 포석이다.

3장에서는 각 분야별로 전문가들의 심층 인터뷰가 진행된다. 이제 막 형성되고 있는 국내 트랜스미디어 시장의 규모와 수익을 담보할 수 있는 기술적·사회적 조건을 검토한다. 구체적이고, 현실적인 내용을 담보하기 위해 지금까지 국내에서 출판된 트랜스미디어 관련 책이나 논문에서는 쉽게 접할 수 없었던 현장 전문가들의 심층 인터뷰를 통해 국내 트랜스미디어의 현황과 과제를 검토한다.

"참여하는 시대에 세계구축은 그 자신의 고유한 논리를 따른다"

- 헨리 젠킨스

국내 트랜스미디어 시장은 이제 막 열리기 시작한 단계다. 따라서 트랜스미디어에 대한 소비자의 인식이나 브랜드 효과가 구체적으로 검증되거나 경제적 가치로 환산되는 단계라고 볼 수는 없다. 트랜스미디어의 올바른 방향과 전망을 지시하는 이정표 찾기가 우선순위가 될 것이다. 현재 국내 트랜스미디어 관련 서적은 주로 해외 성공사례를 중심으로 한 텍스트 분석이거나 광고 브랜딩 전략으로 소개되는 정도에 그치고 있다. 그러나 트랜스미디어는 특정 분야, 특정 플랫폼에서만 활용되는 마케팅 전략이 아니다. 생산자와 소비자, 개발자와 사용자가 서로의 위치를 바꿔가면서 경험과 가치를 확장해가는 새로운 세계구축의 도구이자 내용이다. 디지털 기술과 인터넷이 미래 사회 소통에서 빼놓을 수 없는 수단이라면 트랜스미디어는 개인과 세계, 사람과 사람을 이어주는 강력한 소통방식으로 작용할 것이다. 콘텐츠를 홍보하고, 다양한 미디어 횡단을 활용한 소비의 극대화를 목표로 출발한 트랜스미디어가 이제는 하나의 팬덤을 형성하면서 독자적인 세계를 추구하고, 끊임없는 변형과 확장을 시도하고 있다. 애초에 기획하지 않았던 캐릭터와 이야기의 확장, 그것을 통한 다양한 미디어와 플랫폼의 가로지르기는 이제 사물인터넷, 웨어러블 디바이스 등과 함께 우리에게 생생한 현실 속의 현실 또는 현실 밖의 또 하나의 현실로 다가올 것이다. 격변의 미디어 빅뱅 시대, 한국형 트랜스미디어 콘텐츠가 개발되고, 활성화되기 위한 방법은 무엇일까?

1. 시대정신을 읽으면 유저가 보인다

미디어 철학자 하르트만은 새로운 미디어가 지닌 급격한 변화는 단순히 기술적 혁신의 결과가 아니라 그 자체로 이미 변화를 열망하는 사회적 욕구를 담고 있다고 주장한다. 따라서 중요한 것은 미디어를 둘러싼 기술적·사회적·문화적 혁신의 상호연관성을 파악하는 일이다.(프랑크 하르트만, 27-28) 이를 위해서는 단순히 미디어의 특성과 효과에 주목할 것이 아니라, 한 시대의 사회 공간 속에서 사회적 주체들이 어떻게 미디어를 생산하고, 의미를 부여하며, 배치하고, 소비해나가는지 그 행동에 주목해야 하는 것이다.(순야, 9)

『나는 왜 이 일을 하는가?(Start with Why?)』의 저자 사이먼 사이넥은 사람의 마음을 움직이고, 행동을 유도하는 전략을 '골든 서클(Golden Circle)'이라고 명명한다.(Simon Sinek, 6) 골든 서클은 사람들에게 소비를 강요하지 않고 기꺼이 동참해서 열정적으로 참여하고, 변화시킬 수 있는 작동 원리를 골든 서클에 비유한다. 골든 서클의 구조는 세 단계로 구성된다. 바깥 영역부터 살펴보면 '무엇을', '어떻게', '왜'가 그것이다. '무엇을'의 영역은 행위의 내용에 해당된다. 기업에서 파는 물건이 무엇인지, 어떤 서비스를 제공하는지 등에 관한 영역이다. '어떻게'의 영역은 기업이나 물건이 지닌 가치를 보여주는 행위이다. 기업의 정신, 물건의 탁월함, 서비스의 가치 등을 부각시킴으로써 고객이나 대중의 마음을 사로잡는 것이다. '무엇을'과 '어떻게'는 기업의 업무와 능력을 좌우하는 중요한 요소로 작용한다. 그러나 사이넥은 여기에 핵심적인 한 가지가 빠져 있다고 강조하는데, 그것이 바로 '왜'이다. 왜는 이윤창출을 위한 방법적 도구로서가 아니라, 기업이나 사람을 움직이게 만드는 목적이나 신념에 해당된다.

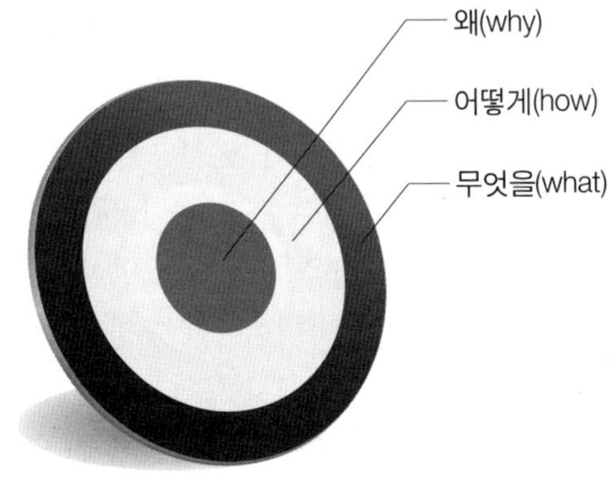

[그림 1] 골든 서클의 구조

사이넥에 따르면 대개의 조직이나 사람들은, 생각하고 행동하고 커뮤니케이션을 할 때 골든 서클의 바깥에서부터 출발한다. 이는 기업이 만든 제품을 판매하고 이익을 창출하기 위해서는 타당한 방법이다. 그러나 제품의 기능과 혁신을 보여주는 더욱 중요한 출발점은 소비자가 그 물건을 살 수밖에 없도록 만드는 왜라는 질문이다. 사이넥은 개인 또는 기업이 무엇을 팔 것인지, 팔려고 하는 상품(콘텐츠)의 가치를 어떻게 알릴 것인지도 중요하지만 가장 중요한 것은 왜 이 상품(콘텐츠)이 탄생했는지, 이 상품(콘텐츠)을 통해 소비자에게 전하고자 하는 목적과 대의가 무엇인지를 통해 신뢰감을 형성하는 것이 중요하다고 강조한다.(Simon Sinek, 65-82) 사이넥의 골든 서클은 개인 미디어 시대 콘텐츠의 제작과 유통에 있어 중요한 단초를 제공한다. 그것은 바로 '시대정신'이다. 시대정신이란 바로, 동시대인들에게 가장 절실한 혹은 결핍된 것을 드러내는 인화지이고, 그것을 읽어내고 충족시켜주는 문화기술과 서비스에 열광하는 것은 자연의 법칙만큼이나 당연한 결과라고 사이넥은 강조한다.

미디어와 정보통신의 격변기에 태동한 트랜스미디어 역시 현대 사회를 살아가는 사람들의 문화적 욕구를 반영한 산물이다. 따라서 트랜스미디어를 이윤창출의 수단으로 무분별하게 남용하기에 앞서 동시대 사람들에게 절실한 혹은 결핍된 가치가 무엇인지, 왜 함께 연대하고 행동하는 것이 중요한지를 일깨워줄 수 있는 동기부여가 중요하다. 그 이유는 트랜스미디어 콘텐츠의 핵심 요소 중 하나가 세계구축이기 때문이다. 트랜스미디어 세계 안에 머물면서 소통하는 구성원들에게 가장 중요한 것은 공동의 신념과 가치라고 할 수 있다. 전문가 대담을 통해서 알 수 있듯이, 트랜스미디어 세계의 핵심 요소는 사용자가 직접 경험하고, 쌓아가는 이야기, 캐릭터와 공유하는 비전과 감정의 연대, '끊임없이 융합되고, 변형되는 전이와 확산'이 핵심이기 때문이다.

일상의 공간에서 개인을 위해 최적화된 디바이스를 통해 제공되는 트랜스미디어 콘텐츠들이 지향하는 것은 거창하고, 원대한 가치의 창출이 아니라 구성원들의 삶과 연관되어 있으면서 스스로 참여하고, 행동함으로써 재미와 신뢰를 쌓아가는 양방향 소통이다. 팍팍한 현실을 잠시 잊게 해주는 액션 히어로, 고단한 삶을 위로하고 다독여주는 따뜻하고 밝은 캐릭터, 가상과 현실을 오가며 연대감을 불어넣어주는 각종 미디어 퍼포먼스 또는 대체현실게임 등 방향과 목적 역시 다양하다. 이윤추구를 위한 상술이든 공공의 가치를 회복하기 위한 캠페인성이든 중요한 것은 누군가의 마음을 움직이고, 행동하게 만드는 공동의 명분을 만드는 것이다. 성공적인 트랜스미디어 개발을 위해서는 동시대인들의 마음을 읽고, 그들에게 필요한 감성과 메시지를 전달하는 것이 핵심이다.

결국 궁극적인 미디어는 사람이다. 사람이 매개가 되어 외부의 기술과 콘텐츠를 자신의 문화적 DNA와 결합시켜 새로운 콘텐츠로 재매개 하는 과정이야말로 진정한 의미의 트랜스미디어 전략이라고 할 수 있다. 매스미디어 시대를 거치면서 수동적 소비자로 머물러야 했던 대중은 이제 자신만의 이야기를 자신에게 가장 친숙한 미디어를 통해 표현하고, 공유하고 있다. 트랜스미디어가 미디어 간, 콘텐츠 간의 비선형적 이종교배라고 한다면 결국 교배의 목적과 가치는 그것을 사용하고, 체험하는 사람의 취향과 욕망에 달려 있다고 할 수 있다. 개인의 이야기, 개인의 경험을 살린 트랜스미디어 콘텐츠를 디자인하고, 전달하는 것은 더 이상 스토리텔링의 영역에 머무르지 않는다. 참여적 요소가 강조된 체험형 콘텐츠로 기획되어야 한다. 참여를 유도하고, 공감대를 형성하기 위해 먼저 선행되어야할 것은 참여하고 싶은, 참여해야 하는 이유, 즉 비전이 핵심이다.

2. 스토리는 누구나 해체, 조립이 가능한 블록이다
: 텔링(telling)에서 두잉(doing)을 거쳐 빌딩(building)으로

그렇다면, 트랜스미디어에 적합한 스토리 전략은 무엇일까? 이야기의 가공과 전달에 치중했던 스토리텔링보다는 사용자의 참여와 행위를 포함하는 역동적인 개념으로 확장되어야 하는 것이 아닐까? 이와 관련하여 몬태규(Ty Montague)가 2013년 7월에 창안한 스토리두잉(storydoing)이라는 용어가 있다. 몬태규에 따르면 스토리두잉은 기업·제품과 관련된 스토리를 대중에게 알리는 스토리텔링에서 더 나아가 스토리를 행동으로 옮기는 것을 말한다.(김일철·유지희, 2014) 스토리텔링이 광고, 마케팅의 핵심으로 브랜드의 숨은 스토리를 소비자에게 전달, 매출을 늘렸다면 최근 부각되고 있는 스토리두잉은 이 이야기를 실행에 옮기는데, 이 과정에 소비자가 직접 참여하면서 해당 기업이나 제품에 호감을 갖게 되길 기대한다. 몬태규는 스토리두잉 기업은 투명한 소통과 진정성이 원칙이라고 강조한다. 매혹적인 이야기를 만드는 것에서 그칠 것이 아니라, 진정성 있게 전달하고, 실천하는 방법까지 고려해야 한다는 것이다. 그의 이러한 주장은 소셜 미디어가 발달한 환경에서 더욱 중요한 이야기로 부상한다. 즉, 살기 좋은 세상을 꿈꾸는 건강 기업이라면, 환경오염을 줄이고 사회 공헌에 앞장서는 활동 등을 적극적으로 해야 한다. 또한 삶을 보다 편리하고, 효율적으로 이끌어주는 기술이라면 그러한 기술을 통해 삶의 질이 어떻게 달라질 수 있는지 체험할 수 있도록 해야 한다. 이를 위해 기업들은 고객과 함께 다양한 미디어 퍼포먼스와 이벤트를 통해 직접 행동에 나선다. '텔링'이 텍스트 안에서 전시되는 대리 만족이라면, '두잉'은 직접 참여하고, 행동하면서 연대감을 높이는 방식이다. 사물인터넷, 증강

현실, 소셜 미디어 등의 발달은 스토리두잉을 통한 기업과 소비자, 소비자와 소비자 간의 연결 고리를 생활 곳곳에서 언제든지 확인할 수 있도록 묶어준다. 트랜스미디어 전략으로 소개되는 다양한 광고들은 소비자를 어떻게 하면 그들의 세계로 끌어들일 수 있을지 고심한다. 기업이 제공하는 스토리 월드 안에서 소비자들을 더 오래 머무르게 하기 위해 각종 캐릭터와 게임을 통해 참여를 유도한다. 김일철·유지희는 스토리두잉이 스토리의 생명력을 복원하여 왕성하게 나누고 공유하는 신진대사를 지속하는 활동과 경험의 영속체여야 한다고 강조한다.(김일철·유지희, 136)

스토리두잉이 사용자의 참여와 공감을 강조하는 개념이라면, 필자는 거기서 한 발 더 나아가 직접 스토리를 쌓고, 세계를 구축하는 스토리빌딩(storybuilding)이 트랜스미디어에 적합하다는 관점이다. 트랜스미디어 스토리는 완결된 형태로 존재하는 것이 아니라, 다양한 디지털디바이스를 통해 개인의 시간과 공간으로 분절되고, 각자의 경험과 가치에 따라 새롭게 쌓여간다. 이때, 스토리가 추구하는 가치는 변하지 않지만, 스토리의 내용과 형태는 다양하게 변형되고, 창의적으로 재생산된다. 텍스트, 이미지, 동영상, 게임, 퍼포먼스, 상품 등 어떤 형태로 분화될지는 사용자의 취향과 목적에 따라 다양한 미디어와 플랫폼으로 확산되면서 새롭게 창조된다. 스토리두잉의 기획이 완결된 서사 안에서 참여에 따라 체험과 몰입의 방법을 다양화하는 기법이라면 스토리빌딩은 열린 서사를 지향하며, 끊임없이 변형되고, 생산되는 유기체적 성격을 띤다. 트랜스미디어 콘텐츠의 스토리는 블록과 같다. 처음 트랜스미디어 스토리를 기획한 사람이 첫 번째 블록을 만든 후, 거기에 공감하고, 동참하는 사람들이 자신의 경험을 더해서 새로운 블록을 조립해가는 과정이라고 할 수 있다. 이와 같은 스토리 블록은 고정된 형태가 아니며, 개인의 문화적 취향과 욕망, 경험과 몰입도에 따라 다른 형태를 취한다.

젠킨스(2008)는 소비자들이 각자 자신의 시간에 자신만의 방식으로 이야기를 연결한다고 주장한다. 권명숙(2014)은 스토리빌딩을 '스토리의 연결을 통한 창조적 분화'라고 했고, 유인오·신동윤(2011)은 '사용자가 상품을 사용하면서 개인적인 히스토리를 만드는 과정'이라고 정의했다. 이는 단순히 OSMU에서 활용하는 콘텐츠의 복제나 크로스미디어에서 시도하는 미디어의 다양한 융합과는 다른 시각이다. 즉, 콘텐츠를 담는 용기나 내용의 가공보다는 사용자를 통해 새롭게 구축되는 거대한 세계를 지향한다. 트랜스미디어 세계는 공동의 비전과 가치에 동의한 사용자들 간의 소속감과 연대, 참여와 행동을 통해 운영되는 유기적인 생명체로, 끊임없는 이야기의 생성, 미디어의 생산과 융합 등이 이루어진다. 모든 참여자는 세계구축의 일원이 될 수 있고, 누구든 원한다면 자신만의 미디어를 통해 새로운 형태로 세계 속에 잠재된 이야기와 캐릭터를 길어 올릴 수 있다.

3. 스토리 월드로 가는 다리를 다양하게 건설하라

"매트릭스는 새로운 종류의 문화, 새로운 종류의 사회로 가는 다리가 될 수 있다"

- 헨리 젠킨스

N스크린 시대는 보고 느끼고 참여하는 도구와 방식과 순서가 다르다. 이는 단순히 미디어의 시청행태만을 의미하는 것이 아니라 미디어의 영향력이 수용자를 통해 재구성되고 있음을 의미한다. 인터

넷을 통해 다양한 영상콘텐츠를 즐길 수 있는 OTT(Over the Top) 시대의 도래는 콘텐츠를 이동하면서 보고, 몰아서 보고, 잘라서 본다. 콘텐츠 소비 환경의 변화는 이제 콘텐츠를 선택하고, 지속적으로 이용하는 사람들의 구분이 취향별로, 세대별로, 장소별로, 미디어별로 다양하게 분화될 수 있음을 시사한다.

트랜스미디어는 기본적으로 인터넷과 플랫폼을 전제로 하는 인터랙티브 전략이다. 또한 SNS와 같이 사용자 참여를 기반으로 하는 것이 특징이다. 디지털과 모바일이 개인의 삶 속에 깊이 파고든 오늘날, 사람들은 단일 미디어로 콘텐츠를 소비하지 않는다. 각자의 생활 패턴과 취향에 따라 다양한 미디어와 스크린을 통해 자신이 원하는 콘텐츠를 골라서 소비한다. 여기서 '고르다'는 말은 단순히 프로그램이나 콘텐츠의 종류를 고르는 것뿐만 아니라, 하나의 콘텐츠도 보고 싶은 부분만 '잘라서 본다'는 것을 포함한다. 시리즈물의 경우, 콘텐츠를 보는 순서와 장소, 시간대 등 이용방식 자체가 개인마다 다르기 때문에 사용자들의 반응과 참여 역시 다양하게 드러난다. 댓글과 공유, 좋아요 등을 통해 단순한 공감을 표시하기도 하고, 때로는 콘텐츠 속에 담긴 작가나 연출의 의도, 다음 이야기의 예상 시나리오를 서로 공유하며 적극적으로 참여하기도 한다. 콘텐츠를 생산하는 주체 역시 사용자들의 선호도와 반응 등을 고려해서 제작에 반영하는 것이 정형화되어 가고 있다. 따라서 트랜스미디어가 소비되는 미디어 플랫폼은 다양한 소통의 통로를 확보해야 한다. 이용자의 참여를 유도하고, 능동적이고 적극적으로 참여할 수 있도록 하는 다양한 미디어 전략, 사용자가 자신의 경험과 이야기를 통해 창조적 세계를 구축할 수 있는 플랫폼, 다양한 모델로 변형하고, 생산할 수 있는 캐릭터의 히스토리, 현실에서 구현할 수 있는 게이미피케이션 전략 등 서로 진입하는 통로는 다르지만, 하나의 플랫폼에서 만나 트랜스미디어의 세계를 경험하고, 체험하면서 새로운 이야기를 만들어갈 수 있는 다양한 용도의 다리를 건설해야 한다.

〈마리카에 관한 진실〉처럼 TV 프로그램에서 시작해서 블로그, 대체현실게임으로 이어지거나 〈미생〉처럼 웹툰에서 태동하여, 프리퀄 형식의 모바일 무비를 거쳐 드라마로 확장되면서 이어지는 등 다양한 방법을 통해 콘텐츠를 다양하게 접할 수 있도록 설계해야 한다. 트랜스미디어 스토리의 생명력은 끊임없는 파생콘텐츠의 생산이다. 하나의 세계관을 공유하되, 각각이 독립된 이야기로 구성되는 것이 핵심이다. 따라서 새로운 스토리 월드로 가는 다리를 다양하게 건설해야 한다. 함께 참여하고, 확장하고, 생산할 수 있는 SNS, 대체현실게임, 블로그, 플래시몹 등 다양한 통로를 통해 구전과 확산을 꾀해야 한다.

4. 가상과 현실을 구분하는 봉제선을 감춰라

트랜스미디어 콘텐츠에서 유저의 참여를 유도하고, 몰입의 강도를 높이는 방법 중 하나는 스트리트 게임과 같은 대체현실게임이다. 이는 가상의 사건이 현실에서 일어났다는 가정하에 네티즌들이 사건을 해결하는 게임을 일컫는 말이다. 가상의 공간에서 현실 세계로 옮겨진 사건의 단서들은 이제 유저들의 적극적인 참여와 수행을 통해 해결의 실마리를 찾아간다. 함께 참여하고, 풀어가는 공동의 경험은 유저들로 하여금 현실과 가상의 구분보다는 확장된 세계 속에서 새로운 이야기를 쌓아가는 동기부여로 작용한다.

이처럼 트랜스미디어 기획에서 중요한 것은 가상과 현실을 이어주는 봉제선을 찾기 어렵다는 점이다. 스마트폰에 이어 웨어러블 디바이스의 발전으로 이제 현실과 가상은 중첩되고, 그 속에서 자신에게 유용한 의미와 가치를 찾아가는 건 개인의 취향과 욕망에 달려 있다. 어디까지가 진짜이고, 어디부터가 가짜인지를 따져 묻기보다는 반복적이고, 획일적인 생활 패턴을 일상적이지 않은 낯선 곳으로 이끌어 주고, 그것을 통해 새로운 경험과 가치를 체험할 수 있게 하는가를 실험하는 것이 익숙한 풍경이 될 것이다. 트랜스미디어는 사람과 사람, 사람과 공간, 사람과 시간을 자유롭게 유영하며 그 속에서 나, 너, 우리를 재발견하고, 재해석할 수 있는 미디어 플랫폼이자 콘텐츠이다. 콘텐츠의 주인공은 우리 각자이고, 그 속에서 우리는 '따로 또 같은' 모습으로 만나고 흩어지게 된다.

게임 속 가상현실을 현실로 옮겨서 사용자들로 하여금 게임 속 사건을 마주하고, 체험하게 만드는 대체현실게임의 상상력이야말로, 트랜스미디어적 자극이다. 젠킨스는 트랜스미디어적 자극을 컨버전스의 핵심이라고 지적한다. 미디어를 횡단하면서 과거와 현재, 가상과 현실을 오가며 일어나는 진짜 같은 가짜, 가짜 같은 진짜의 하이퍼리얼리티 안에서 사용자의 경험은 즐거움과 재미에서 그치는 것이 아니라 새로운 가치, 새로운 감성을 발견하고, 그것에 몰입되는 공감각적인 체험을 하게 된다. 스토리두잉을 통한 참여와 행동을 통해 사용자들의 충성도와 연대감은 높아지고, 캐릭터와 스토리에 대한 파생 콘텐츠가 다양하게 생산될 수 있는 토대가 마련된다. 따라서 트랜스미디어 기획에서는 스토리를 완벽하게 건설하기보다는 스토리를 담을 수 있는 다양한 미디어와 사용자들의 참여를 이끌어낼 수 있는 동기부여 요소가 필수이다. 동기부여란 때로 실종 사건일 수도 있고, 범죄 사건일 수도 있고, 공공 캠페인일 수도 있다. 사람들이 궁금해

하고, 직접 참여해서 행동하고, 변화시키며, 완성해가는 성취감을 제공할 수 있는 스토리의 디자인이 핵심이다.

5. 취향을 저격하라: 모두를 위한 트랜스미디어 콘텐츠는 없다

최근 미디어 트랜드를 주도하는 키워드는 단연 MCN이다. 국내의 경우는 양띵 같은 인터넷방송의 인기 BJ(방송 진행자)들을 1인 미디어 시대를 이끈 효시라 볼 수 있다. 이들 인기 BJ를 중심으로 형성된 팬덤이, 자신이 지지하는 BJ의 영상 콘텐츠를 적극적으로 소비하고 공유하는 그들만의 새로운 '방송국'을 만든 것이다. 소수의 마니아로 즐기던 1인 방송이 최근 지상파 영역까지 들어오며 새로운 미디어 콘텐츠로 떠오르기 시작한 건, 스마트폰 모바일 시청 확대와 1인 미디어의 주축인 개인 창작자들이 엔터테인먼트化 되면서부터다.[1] 그동안 영상 콘텐츠를 TV를 통해 소비했던 이들이 직접 '공급'을 하게 되면서, 자연스럽게 새로운 미디어 시장이 자생적으로 형성된 것이다.

지상파 중 가장 먼저 1인 미디어 콘텐츠를 흡수한 MBC 〈마이 리틀 텔레비전〉(2015년 4월 25일 첫 방송)은 평균 시청률 7.2%를 기록, 백종원이나 김영만 등 새로운 스타를 탄생시키면서 지상파에서 1인 미디어가 성공할 수 있을지에 대한 결과를 증명했다. 뒤이어 KBS 또한 〈예띠 스튜디오〉란 이름으로 MCN 제작 시스템을 정규 방송에 직접 도입해 2015년 8월부터 편성을 시작했다. SBS도 1인 창작자와 스타들이 18초 길이의 짧은 영상으로 조회 수 대결을 펼치는 프로그

1 '진격의 미디어 거인, MCN 시대 열린다', 데일리안, 2015.08.10. (dailian.co.kr/news/view/520604/?sc=naver)

램인 〈18초〉를 2015년 8월에 파일럿으로 방영했다. 이는 단순히 미디어 산업의 지형이 바뀌는 것만을 의미하는 것이 아니라, 미디어 산업의 주체가 다각화되고 있음을 보여준다.

1인 방송국의 가장 큰 매력은 지속적인 관계 맺기와 다양한 경험의 공유와 나누기라고 할 수 있다. 일상의 소소한 이야기부터 게임, 요리, 댄스, 연주 등 다양한 분야를 통해 도전과 체험을 실행하고, 그에 따른 피드백을 통해 공감대를 형성한다. 사이버 머니를 통해 수익 창출도 가능하다. 이미 스타 BJ 중에는 월 수천만 원의 고수익을 올리는 인기 진행자들이 적지 않다. 그렇다면 이들의 인기 비결은 무엇일까? 바로 취향저격이다. 불특정 다수를 대상으로 송출하고, 수치로 환산된 시청률로 피드백을 대신하던 시대는 지난 것이다. 실시간으로 직접 소통하고, 이야기하고, 반응하며, 함께 만들어가는 것이 1인 미디어의 특성이다. 이는 트랜스미디어의 특성을 잘 반영한 것이라고 할 수 있다. 트랜스미디어가 열린 플랫폼과 블록형 스토리빌딩을 지향하기 때문이다. BJ라는 강력한 캐릭터가 이끄는 이야기와 체험의 세계 안에서 사용자들은 다양한 경험과 감성을 공유한다.

> 어떤 아이템을 하는 것이 중요한 게 아니다. 꾸준히 콘텐츠를 만들어 내고, 내 방송을 보는 사람들과 약속을 지키는 것이 중요하다. 콘텐츠 기획력이 정말 중요하다고 본다. 내 방송은 표면적으로는 게임 방송이지만 근간은 '수다 방송'이다. 수다는 토크쇼다. 토크쇼 진행을 어떻게 하느냐에 따라 달라진다. 게임과 관련해 시청자와 어떻게, 얼마나 소통을 잘하느냐가 성패를 좌우한다.[2]

---

2 스타BJ 대도서관, "'마리텔' 나가면 히트 칠 자신 있다", enews24, 2015.07.20. (enews24.interest.me/news/article.asp?nsID=816762)

콘텐츠의 흐름은 다양한 개인 미디어와 초연결 사회의 속도에 맞춰 바야흐로 거대 기획에서 소형 기획으로, 다시 소소한 일상의 디자인으로 바뀌고 있다. 이는 개인의 취향과 개성을 반영한 콘텐츠가 전성기를 맞는 시대가 도래하고 있음을 뜻한다. 또한 한국인의 일상, 한국인의 문화적 기억, 한국인의 감성 등을 살린 다양한 콘텐츠가 세계인과 만날 수 있는 통로가 열리고 있다는 것을 포함한다. 콘텐츠 생산자는 이용자와 화학적 결합을 통해 이야기 확장과 변형을 시도한다.

> 미디어는 엄청나게 많으니까. 미디어마다 다르거든요. 미디어마다 철학도 다르고, 미디어적인 특성도 달라요. 개인화된 사람들, 파편화된 취향들을 어떻게 잘 매집해갈 것인가 그게 앞으로 미디어의 숙제인 거죠. 어떻게 이 개인화된 사람들의 취향을 공략하고, 그들의 생각이나 그런 것들을 교감해가면서 하나의 메시지를 던지거나 예를 들어 스토리를 같이 완성해가는. 스토리는 내가 완성하는 게 아니라 같이. 그런 것에 대한 고민이 이루어져야 하는 거죠.(대담자 이민석 대표 인터뷰 중에서)

취향을 저격하기 위해서는 고객의 감성과 생활방식을 면밀히 분석하는 데이터마이닝과 인문학적 상상력이 필수다. 단순히 수치로 나타난 통계로 분석하는 것이 아니라, 수치로 드러나기까지 이용자가 어떤 기준으로, 어떤 목적으로 콘텐츠를 선택할 것인지에 대한 분석이 필수인 것이다. 이를 활용해서 성공한 사례가 미국의 인터넷 동영상 스트리밍 서비스 넷플릭스(Netflix)이다. 넷플릭스는 인터넷(net)과 영화(flicks)의 합성어로서, 영화 추천 서비스를 통해 성공을 거둔 케이스다. 넷플릭스는 이용자들이 선호하는 영화 취향을 조사하고,

조사된 정보 사이의 패턴을 분석해서 다음에 대여할 영화를 먼저 추천하는 것이다. 이러한 추천 알고리즘 덕분에 넷플릭스는 적은 콘텐츠를 효율적으로 유통하면서 대중의 신뢰와 만족도를 높였다. 현재 넷플릭스의 가입자 수는 5,700만 명에 달한다. 넷플릭스는 동영상 스트리밍 외에도 자신들이 분석한 빅데이터를 활용해서 직접 콘텐츠를 제작하기도 한다.

트랜스미디어는 개인 미디어와 사용자들의 감성을 가로지르며 다양한 형태와 이야기로 변신을 거듭한다. 단순히 형태만 바꾸는 것이 아니라, 그 안에 담긴 내용과 의미도 사용자에 따라 달라진다. 미디어, 콘텐츠, 그리고 사람도 더 이상 한 곳에 머물러 익숙한 자세와 태도, 생각으로 콘텐츠를 소비하고, 공유하지 않는다. 미디어는 이제 몸이자, 신경이고, 생각이자, 삶의 태도이다. 모두가 연결된 세상, 각자의 차이와 다름을 존중하면서도 공동의 재미와 가치를 추구해 나가는 새로운 세계의 탄생. 트랜스미디어의 세계는 철저히 개인이라는 하나의 블록에서 출발하여 다양한 형태로 분화되고, 축적되는 감성과 경험의 연대이자 취향의 공동체이다.

[신정아]

문화콘텐츠와
트랜스미디어

2

현장 전문가 6인이 말하는 트랜스미디어의 개념과 특성

[대담자 프로필]

김신엽

대한A&C 트랜스미디어 랩 연구소장
동덕여자대학교 대학원 디지털 마케팅 강의

- 2015 〈브랜드 마케팅의 트랜스미디어 스토리텔링에 관한 연구〉, 한국콘텐츠학회 춘계 학술대회
- 2014 〈디지털 미디어를 통한 소비자 경험이 브랜드 자산 및 구매 의도에 미치는 영향에 관한연구〉, 한국콘텐츠학회
- 2014 Best Paper 수상, 〈Development of Interactive Digital media contents using IRIS RECOGNITION Techniques〉, 국제 컨버전스 콘텐츠 컨퍼런스(ICCC 2014)
- 2014 실시간 유동인구 측정과 디지털 옥외 광고 효과 측정에 관한 특허 출원(발명자)
- 2013 〈트랜스 미디어 전략 연구〉, 한국광고학회 춘계 학술대회
- 2012 디지털 미디어 전략 아이디어 공모전 수상, 아시아-태평양 디지털 매거진 컨퍼런스 위원회
- 2012 〈트리플 미디어 전략 사례 연구〉, 한국광고학회 추계 학술대회

김옥영

다큐멘터리 작가. 스토리텔링연구소 ON대표

- KBS 〈다큐멘터리극장〉, 〈인물현대사〉, MBC 〈이제는 말할 수 있다〉, YTN 〈진실〉 외
- 특집 다큐〈광주는 말한다〉, 〈도시의 새〉, 〈8.15의 기억-우리는 8.15를 어떻게 기억하는가?〉, 〈문화의 질주〉, 〈전쟁과 인간〉, 〈전향〉, 〈인간의 땅〉 외
- EBS 3D다큐멘터리 〈위대한 로마〉 3부작, 〈천불천탑의 신비, 미얀마〉 3부작 외 1982년부터 백 수 십여 편에 이르는 다큐멘터리 집필
- 2015 현재 설문 통계를 기반으로 한 인터뷰와 휴먼 스토리를 결합한 세대 간 쌍방향 토크다큐멘터리 〈살아본께 사는 게 별맛이데이(가제)〉 프로젝트 진행 중
- 2014 UHD 다큐 〈패셔너블〉 2부작 제작
- 2008~2012 한국방송작가협회 이사장
- 1999~2008 서울여대, 한국예술종합학교 영상원 겸임교수
- KIPA상, 방송위원회상, 한국방송작가상 수상-방송통신위원회 & 백상예술대상 심사위원

김창민

(주)KCM Creative CEO

- 2011~2013 CJ E&M Corp. 콘텐츠 개발실/퍼블리싱 파트장
  〈미생〉, 〈노블레스〉, 〈보듣사〉 등 만화 원작 구매 및 영상화 기획개발 진행
- 2006~2007 HanbitSoft Corp. 콘텐츠 사업팀/팀장
  〈댄스배틀 오디션〉 IP를 활용한 OSMU 사업 진행 총괄
  국내 최초 Dynamic In-Game-AD 상용화 모델 론칭
- 2005~2006 Channel[V]Korea Corp. 전략사업국/PD
  클럽[V] 프로그램 및 오프라인 클럽 론칭, MO서비스 및 DMB서비스 론칭
- 2003~2005 Fine&Good Ent. 콘텐츠사업팀/팀장
  만화 콘텐츠를 활용한 '싸이월드', '다음플래닛' 디지털 사업 진행
- 2002~2003 MBC game Corp. 제작팀/PD
  〈위클리게임통신〉, 〈줌인게임천국〉 및 각종 스타리그 제작 등

김태희

영화감독

- 2014 EBS 통일기획드라마 〈슴슴한 그대〉 5부작 연출
- 2014 웹 드라마 〈모모살롱〉 / KOREA UHD Festival 2014 우수상
- 2013 모바일 무비 〈미생 프리퀄〉 / 제17회 부천판타스틱영화제 비전 익스프레스 부문 상영
- 2008 장편 영화 〈동거, 동락〉 / 2008년 3월 개봉
- 2006 단편 영화 〈붉은 나비〉 / 2006년 부산아시아단편영화제 경쟁부문
2006 팜스프링스 국제 단편 영화제 경쟁부문
제7회 서울영화제 디지털 익스프레스 부분 선정
제12회 홍콩 독립단편어워즈 심사위원 추천작
- 2004 단편 영화 〈어떤 식으로의 위로〉 / 2004 영화진흥위원회 독립영화 제작 지원작
- 2001 단편 영화 〈삼 Three〉 / 제3회 서울국제청소년영화제 심사위원 특별상

이민석

(주)와이낫컴퍼니 대표
前(주)앤미디어 콘텐츠 사업실 실장
CT 연구소 책임연구원(겸임)
한국전파진흥협회 크로스미디어 분야 교육 전문위원

- KBS 〈무한지대 큐〉, 〈과학카페〉, 〈한식탐험대〉(기획/연출)
- EBS 〈하나뿐인 지구〉, 〈요리비전〉, 〈세계테마기행〉
- 2015 SK 플래닛 〈아이돌릭 TV〉(총괄/제작)
- 2015 KCA 양방향 프로그램 〈미스터 츄〉
웹 오리지널 쇼 〈미스터 츄〉와 양방향 커머스 서비스(총괄/기획)
- 2014 KCA 양방향 프로그램 JTBC 〈백만장자 엘리베이터〉(총괄/제작)
구글 퀴즈게임 앱 파일럿 론칭
- 2013 RAPA UHD 3D드라마 〈독도평전〉(기획/총괄)
- 2013 KISA 양방향 포맷 창작랩 사업 〈해운대〉(기획/총괄)
- 2013 KOCCA 신규포맷개발사업 JTBC 〈상상여행사〉 선정(기획/팀장)

임희준

(주)와이낫컴퍼니 이사
前(주)앤미디어 콘텐츠 사업실 PM
카이스트 문화기술대학원 박사과정

- 2014 양방향 방송 프로그램 JTBC 〈백만장자 엘리베이터〉 PM
- 2013 카이스트 CT 협력 연구개발 사업 PM
- 2013 KISA 양방향 포맷 창작랩 사업(기획/PM)
- 2012 트랜스미디어 프로젝트 〈Wishshop〉(기획/제작)
- 2006~2010 KBS 〈무한지대 큐〉, 〈과학카페〉, 〈퀴즈대한민국〉 연출

Q 우선 대담에 참여해주신 각 분야 전문가들께 감사드립니다. 본 대담에서는 국내 트랜스미디어의 현황과 전망에 대한 생생한 이야기를 나눌 수 있는 장을 만들어보고자 합니다. 대담의 첫 질문으로 '트랜스미디어란 무엇일까?'라는 개념적 정의에서 출발해볼까 합니다. 대담에 참여하신 전문가들은 현재 각기 다른 분야에서 연구, 활동 중이신데요. 현장에서 트랜스미디어는 어떤 개념으로 이해되고 있나요?

김창민 트랜스미디어는 OSMU의 진화로 보면 될 것 같습니다. 양자의 차이점은 하나의 성공적인 킬러 IP가 생성이 되면 같은 내용이 단순히 다른 미디어로 확장되는 것이 OSMU이고, 트랜스미디어는 사전적으로 확장될 수 있는 세계관과 설정을 우선하고 만들어지는 것이지요. 기획이 우선 이루어진다는 것입니다. 그래서 세계관-캐릭터-내용이 유기적으로 연결됩니다. 영화에서는 A가 주인공이면 모바일에서는 B가 주인공이 되는 것처럼 스핀오프(spin-off), 프리퀄이 넘나드는 구조라고 할 수 있습니다.

김신엽 트랜스미디어, 혹은 트랜스마케팅이란 간단하게 말하면 이야기의 전이와 확산이라고 할 수 있습니다. 광고계에서는 트랜스미디어가 공감 전략으로 활발히 사용되고 있습니다. 광고 마케팅 현장에서는 트랜스미디어 전략, 트랜스마케팅 전략을 처음부터 의도적으로 계획했다기보다는 해당 컨셉을 여러 미디어를 통해 전달하고 확산시키는 과정에서 트랜스미디어 전략, 혹은 트랜스마케팅적 방법론이 활용되지 않았을까 생각합니다. 현재 광고에서는 단지 제품의 특장점을 알리는 활동에 그치지 않고 광고주의 마케팅 문제에 대해 해답을 제시할 수 있는 솔루션 프로바이더로서의 역할이 점점 커지고 있습니다. 그 방법 중의 하나가 단지 광고를 만드는 것에 그치지 않고, 문제해결을 위한 다양한 접근을 하는데, 이것이 바로 트랜스-적인 시도라고 할 수 있지요.

이민석 트랜스미디어라는 용어는 학술적인 표현에 가깝습니다. 그래서 보통 제작자가 다양한 플랫폼에 존재하는 소비자를 타깃팅하기 위한 기획 방법론으로 주로 쓰이곤 합니다. 하지만 실제로 트랜스미디어 콘텐츠는 소비자(시청자)에 의해 변용되고 구축되는 경우가 많습니다. 예를 들면, 2010년 오렌지 텔레콤에서 만든 참여형 추리 시리즈 〈알트 마인즈(Alt-minds)〉[1]가 있습니다. 〈알트 마인즈〉는 페이크 다큐로

1 orange.com/sirius/hello/2013/en/2012-innovations/my-life-at-home/alt-minds.html

제작된 영상에서 벌어지는 리얼한 살인 사건을 해결하는 추리게임으로, 시청자가 다양한 미디어를 횡단하며 단서를 조합해서 실마리를 풀어가는 형식입니다. 웹, 모바일, 태블릿 등 미디어에 관계없이 특정 어플리케이션을 통해 양방향 추리게임에 참여해서 문제를 해결해야만 다음 단계로 넘어갈 수 있는 단서나 보상이 주어집니다. 〈알트 마인즈〉는 시청자가 참여해서 내용을 풀어가고 공유하지 않으면 줄거리 자체가 성립하지 않게 됩니다. 이처럼 트랜스미디어 기획은 완벽하게 구축된 제작자의 세계관보다는 소비자에게 소구될 주제를 던지고 그들이 노는 판을 만드는 기획이 주효합니다. 물론 유명한 미드인 〈덱스터(Dexter)〉나 마블코믹스의 히어로들처럼 강력한 충성도의 킬러콘텐츠는 다릅니다. 그 경우엔 오랜 세월 시청자와의 피드백을 통해 구축된 세계관이 있기 때문에 거의 모든 플랫폼을 활용할 수 있게 되는 겁니다.

Q 현장에서 파악하고 계신 트랜스미디어의 핵심 개념은 '세계관', '이야기의 확산과 전이', '양방향' 등으로 요약할 수 있을 것 같습니다. 즉 트랜스미디어란, 멀티 플랫폼에서 콘텐츠의 생산과 소비가 양방향으로 이루어지는 구조라고 할 수 있겠군요. 단일 미디어 시대에는 상상할 수 없는 현실인 것 같은데요. 그렇다면 트랜스미디어가 등장하게 된 시대적 배경은 어디에 있다고 보십니까?

김창민 시장의 사이즈, 소비층에 대한 부분, 그리고 미디어 기기의 발전 때문입니다. 첫째, 시장의 사이즈는 시장이 넓으면 소비층도 많아집니다. 둘째, 미디어의 발전은 인터랙티브로 발전하는데 이 때 필요한 것이 트랜스미디어 기획인 거지요. 즐길 거리가 많아지다 보니 똑같은 내용을 다른 미디어로 보는 것은 의미가 없어지게 된 것이죠. 그래서 영역의 파괴가 일어납니다. 따라서 이제 엔터테인먼트에서 트랜스미디어 기획은 선택이 아니라 필수입니다. 하나의 콘텐츠를 얼마나 다양하게 보여줄 것인가에 포커스를 맞추고 있습니다.

김옥영 트랜스미디어는 디지털 시대의 산물입니다. 디지털 시대가 불러온 플랫폼의 확장이 미디어를 트랜스하는 것을 가능하게 했기 때문이죠. 해서 필연적으로 여기에서는 사용자와의 상호작용성이 극히 중요합니다. 트랜스미디어 스토리텔링은 고정된 이야기라기보다 참여하는 유저들이 각각 자기 자신의 스토리를 만들어가는 재미가 있다고 할 수 있습니다. 방송화면 하단에 즉시적으로 들어온 시청자 의견을 소개하는 정도가 인터랙티브라고 할 수는 없죠. 다양한 플랫폼을 통해 적극적으로 이야기에 참여하고 그럼으로써 계속 변화하는 자기의 스토리를 가지게 되는 거라고 봅니다.

Q 인터넷 포털 사이트에서 '트랜스미디어'를 검색하면 가장 많이 기사화된 국내 콘텐츠가 〈미생 프리퀄〉입니다. 윤태호 작가의 웹툰을 기반으로 한 프리퀄 형식의 모바일 무비, TV 드라마가 모두 인기를 끌면서 다양한 미디어 플랫폼 전략이 주목을 받았었죠. 〈미생〉을 본격적인 국내

트랜스미디어 콘텐츠의 성공 사례로 볼 수 있을까요?

김태희 〈미생 프리퀄〉은 TBWA의 박웅현 대표가 Daum 어플 홍보용으로 기획한 콘텐츠였어요. 〈미생 프리퀄〉은 TBWA의 박웅현 대표가 기존의 평이한 CF가 아닌 차별화된 방식으로 다음의 어플리케이션을 홍보해보자! 라는 취지에서 시작된 기획이었죠. 다음 어플에 오면 새로운 형식의 모바일 무비라는 콘텐츠를 볼 수 있다! 뭐 이런 전략이죠. 마침 다음에서 인기리에 연재 중인 윤태호 작가의 웹툰 〈미생〉이라는 좋은 콘텐츠가 있었고, 이걸 활용해서 '미생 세대가 만드는 미생 모바일 무비'를 만들어보면 어떻겠냐고 TBWA가 광고주 다음 측에 제안한 겁니다. 이 프로젝트를 성사시키기 위해서 윤태호 작가님 앞에서 프리젠테이션도 했던 걸로 알고 있구요. 원작의 방대한 규모는 짧은 모바일 무비에 어울리지도 않을 뿐더러 다른 형태로 가공할 수도 있으니 '프리퀄'이라는 약간 빗겨간 노선을 선택하게 되었는데 결국 그게 신의 한수가 되었다고 생각해요. 미생 프리퀄은 마케팅 기획으로는 특이한 케이스였고요. 그 이후에 모바일 무비, 웹 드라마가 많이 생산되기 시작했죠.

임희준 〈미생〉의 경우, 엄밀히 말하면 트랜스미디어 1.0이라고 할 수 있습니다. 트랜스미디어 1.0은 즉, 하나의 강력한 세계관을 공유하면서 미디어 분기에 따라 스토리를 만든 사례인데요. 미디어와 스토리의 확장 측면에서는 트랜스미디어가 맞지만 사용자 참여를 통한 스토리 또는 세계관의 구축이라는 관점에서 보면 한계가 있는 거죠.

이민석 트랜스미디어의 스토리 권력은 소비자들에게 있습니다. 소비자들은 오리지널 콘텐츠가 제공하는 세계관 안에서 캐릭터와의 연대감을 통해 새로운 이야기를 상상합니다. 예를 들면, 마블에서 '스파이더맨과 헐크가 싸우면 누가 이길까?'와 같은 상상력이 새로운 스토리를 만들어냅니다. 이는 기존의 생산자 중심 시대에서는 있을 수 없는 일이었죠. 작가가 구축한 세계를 함부로 침범한다거나 각기 다른 작가들의 세계를 융합시켜 새로운 세계관을 구축하는 것과 같은 것은 상상할 수 없었죠. 그러나 트랜스미디어의 스토리 권력은 소비자에게 이양됩니다. 다양한 캐릭터와 세계관의 컨버전스를 가능하게 해주는 것은 바로 멀티 플랫폼들이죠. 〈미생〉의 경우 모바일 무비에서 시도한 프리퀄과 같은 형태가 원작의 스토리를 새로운 상상력으로 확장시킨 사례라고 할 수 있습니다.

Q '프리퀄'이라는 장르가 사실 방송에서는 생소하고, 낯선 영역이었는데, 〈미생 프리퀄〉 이후에 그나마 익숙해졌다는 생각이 듭니다. '프리퀄'이란 어떤 형식이고, 원작과는 어떤 차이가 있는 건가요?

김태희 스토리의 전사(前史)죠. 이미 알고 있는 콘텐츠들의 이전 이야기. 이야기를 쓴다고 할 때, 2시간짜리 영화를 보여주는 것 외에 이 인물은 왜 이렇게까지 되었는가를 설명하는 보완해주는 역할이죠. 캐릭터를 설명하고, 성장과정, 배경 등을 보여주는 식으로. 〈미생 프리퀄〉의 경우, 팬 서비스 차원도 있었죠. 팬들이 궁금해 하는 인물들의 히스토리를 제공하는 것으로 설정되었으니까요. 원작에 있는 작은 힌트를 단서로 해서 스토리를 만들었어요. 예를 들어, '안영이' 편의 경우, 웹툰 본편에서 안영이가 장그래한테 농담하는 장면이 나와요. '인사 잘~ 받았다' 이런 거. 안영이는 왜 썰렁한 농담을 하게 됐을까에서 출발해서 알고 보니까 사춘기 때 이런 농담을 당한 적이 있었고, 그 남자를 좋아했었어. 이런 식으로 웹툰을 자세히 본 사람이라면 프리퀄이 왜 이렇게 됐는지 연결시키는 재미를 찾을 수 있죠. 윤태호 작가님이 설정해놓은 캐릭터를 상상력을 동원해서 번외 편으로 만든 거죠.

Q 프리퀄은 기존 콘텐츠의 스토리를 확장하는 역할을 하는 거군요. 〈미생 프리퀄〉은 양방향 미디어를 활용한 독립된 세계관의 구축이라는 관점에서는 완벽한 트랜스미디어 기획이라고 할 수는 없지만, 그래도 국내에서는 트랜스미디어 전략을 활용한 첫 번째 사례라는 점에서 의의가 있는 것 같습니다. 〈미생 프리퀄〉이 2013년에 제작되었으니, 한국의 트랜스미디어 시장은 이제 시작이라고 해도 과언이 아닐 것 같은데요. 해외에서는 이미 1999년 〈매트릭스〉, 〈블레어 윗치〉 등과 같은 콘텐츠가 제작되면서 본격적인 성장과 도약을 거듭하고 있는 트랜스미디어 산업이 왜 한국에서는 아직 활성화되지 못하고 있는 걸까요?

김창민 시장 사이즈의 문제입니다. 트랜스미디어 자체가 글로벌 콘텐츠를 지향하기 때문에 장르적 제약이 있습니다. 액션, 무협, 공포, 판타지 정도로 특화된 장르가 아니면 트랜스미디어로 확장하기 쉽지 않습니다. 또한 현재 한국의 상황은 크게 두 가지로 요약할 수 있습니다. 첫째는 트랜스미디어를 기획할 수 있는 시장이 아직 열리지 않았다는 점이고, 둘째는 트랜스미디어 프로듀서라고 불릴만한 전문 인력이 없다는 점입니다.

김옥영 투자자 입장에서 보면 수익 모델이 있어야 되는데, 트랜스미디어 콘텐츠가 어떤 수익 모델을 구축할 수 있을지 확신이 없는 거죠. 헐리우드물 같은 스토리 월드는 이해하기도 쉽고 수익 모델도 분명한데 〈마리카에 관한 진실〉, 〈알파 0.7(Alpha 0.7)〉, 〈선(善)을 위한 음모(Conspiracy for Good)〉 같은 트랜스미디어 콘텐츠는 여러 플랫폼을 걸쳐서 이야기가 진행되니 콘텐츠 제작을 장악하는 데도 자신이 없고 어떻게 수익을 창출해서 나누어야 할지도 난감하여 선뜻 덤벼들지 못해요.

나 역시 작가니까 내가 재미있어서 '야, 이거 해보자!' 싶어서 트랜스미디어 콘텐츠를 기획했는데, 사업 모델을 만들지 못하고 있는 상황이니까요.

김태희 제작비가 관건인 것 같아요. 제작비가 더 많으면 더 많은 에피소드를 만들 수 있겠죠. 다양한 방식이 가능할 것 같아요. 〈미생 프리퀄〉의 예를 든다면, 처음엔 〈미생〉처럼 각 주요 인물들을 따로따로 소개하는 걸 만들고 뒤에부터는 스토리가 엮인 방식으로 갈 수도 있고. 스토리를 전개해나갈 수 있는 재미있는 방법론적인 것이 더 많은 것 같아요. 실험적 포맷의 영화를 보면 시점을 다양하게 나누잖아요. 각 인물의 시점으로 나눴다가 합치면 어떻게 되고, 전혀 다른 이야기처럼 보이는데 나중에 보면 연결되게 만드는 옴니버스라든지. 재미있는 시도를 해볼 수 있는 여지는 많은 것 같아요. 그러기 위해서는 제작비가 기본적으로 뒷받침 되어야 합니다. 작품의 퀄리티는 결국 자본인데, 방송사들은 낮은 단가로 많은 시리즈를 요구해요. 스낵 컬처(snack culture)로만 인식하는 거죠. 방송사에서는 한 번 제작하고 소비하면 그만이지만, 감독 입장에서는 필모그래피로 쌓이기 때문에 선뜻 수락하기가 어려워요.

Q 다양한 미디어 플랫폼을 통해 새로운 스토리를 파생시키고, 사용자를 참여시키려면 매혹적인 스토리도 중요하지만 콘텐츠 속으로 이용자를 유입하기 위한 기술적 장치들도 필수일 것 같은데요. 트랜스미디어 콘텐츠를 기획할 때, 중요하게 고려해야 하는 핵심 요소는 무엇일까요?

김신엽 요즘 광고계에서 많이 듣는 단어가 세계관입니다. 즉, '확장할 수 있는 이야기 혹은 가치가 있느냐?' 혹은 '어떻게 확장할 수 있겠느냐? 이것을 가지고 어떻게 새로운 가치로 재편할 수 있겠느냐?'에 대해 이야기를 많이 하고 있습니다. '세계관'이란 점점 빠르게 변화하고 있는 지금의 세상에서 그

때그때 적응할 수 있는 탄력성을 말하지 않을까 싶습니다. 그런 의미에서 먼저 브랜드라면 자신의 아이덴티티 그리고 이야기의 세계관(narrative universe)를 명확히 설정하여 변화하는 세상에 능동적으로 대응할 수 있는 전략이 트랜스 전략이라고 생각됩니다. 단, 자신의 정체성을 매번 바꾸라는 이야기는 아닙니다. 본질적 가치는 변하지 않되 그 이야기를 전달하는 방식이 변해야 한다는 것이죠.

김옥영 실제 기획에서 저에게 가장 중요했던 것은 유저들이 이야기에 참여할 수 있게 하는 동기를 부여하는 일이었습니다. 대중이 자발적으로 이야기에 참여할 수 있게 만들려면 보다 강력한 동기가 필요하지요. 그런 의미에서 시대적으로 사람들이 갈구하는 것이 무엇인지를 간파하여 콘텐츠의 소재와 컨셉을 잡는 것이 가장 중요했습니다. 그 이후엔 무엇이 그 이야기를 계속 쫓아가게 할 수 있을지 견인의 요소를 고려해야 합니다. 외국의 선형적 트랜스미디어 콘텐츠에서도 이런 점 때문에 주로 수사물의 방식을 차용하는 것 같습니다만, 이야기에 스스로 뛰어들고 싶게 하는 강력한 게임적 요소가 필요한 이유입니다.

이민석 트랜스미디어 콘텐츠 기획의 핵심은 비전과 캐릭터입니다. 비전은 트랜스미디어에서 시청자의 롤인 참여자에게 부여되는 목표입니다. 캐릭터는 직접적 참여가 불가능한 시청자에게 동질감과 재현성 부여해주는 장치입니다.

Q 트랜스미디어의 핵심 전략은 미디어 분기와 스토리의 확장과 세계관의 구축이라고 할 수 있을 것 같습니다. 제 생각에 트랜스미디어가 오랜 시간 사랑받는 콘텐츠로 살아남기 위해서는 사용자 참여가 무엇보다 중요하다고 생각되는데요. 단순히 콘텐츠를 소비하는 주체로서의 사용자가 아니라 스토리를 만들어내고, 새로운 세계관을 구축하는 데에 기여하는 역할을 하는 것 같습니다. 트랜스미디어에서 사용자 참여는 어떤 의미를 가질까요?

임희준 저는 우리나라에서 자연발생적으로 트랜스미디어를 시도한 콘텐츠는 〈무한도전〉이라고 생각해요. 맨 처음부터 그렇게 기획된 건 아니지만, 오랜 시간 동안 자연발생적으로 캐릭터와 스토리 월드가 구축되어 있고, 그걸 활용해서 사진전, 가요제, 투표 등 파생 콘텐츠를 제작하니까요. 파생 콘텐츠 하나하나는 각각 개별 콘텐츠로서 다양한 미디어를 통해 활용됩니다. 그리고 이 모든 과정들은 〈무한도전〉 출연자와 시청자 간의 결속력을 강화시켜줍니다. 트랜스미디어적이죠.

이민석 〈무한도전〉은 '평균 이하의 남자들'이라는 친숙한 캐릭터가 시청자에게 진득한 동질감과 재현성을 부여해 줍니다. 이 시청자-캐릭터의 관계가 밀착되면 비전이 부여되었을 때 강력한 트랜스미디어적인 파급력을 만들게 됩니다. 가령 〈무한도전〉의 선거 특집이나 가요제 같은 경우가 그 예라고 할 수 있습니다. 이런 기획에서 시청자는 그저 '보는 사람'이 아니라 '참여자'가 되면서 플랫폼을 넘나드는 세계관을 형성하게 됩니다.

김옥영 트랜스미디어 스토리라는 것이 참여하는 사람들에게 충속감을 줘야 한다고 생각해요. 한 사람이 게임을 하는 것이 아니기 때문이죠. 인터넷 게임은 다시 도전할 수 있지만 이건 다시 도전할 수 있는 게임이 아니에요. 사람들에게 이 스토리에 참여함으로써 충족감을 주지 않는다면 다시 하고 싶어 하지 않겠죠. 자신의 참여가 이야기의 형성에 기여하고 그 이야기의 결말이 스스로에게 만족감을 안겨주는 방식으로 귀결될 때 참여자들은 일종의 성취감을 갖게 된다고 봅니다.

김신엽 광고 용어로 설명하자면 브랜드와 관련성이 가장 중요할 것이고, 소비자의 참여를 위해 다양한 이야기 진입점을 설계하는 것, 그리고 이야기 중간에 참여하게 되더라도 '이 이야기는 이러이러한 것이다'를 친절하게 설명하여 참여자가 중간에 이탈하지 않도록 하는 장치를 적재적소에 잘 갖춰놓는 것이 필요합니다. 이러한 장치를 개인적으로는 리텔링(retelling) 장치라고 부릅니다.

Q 지금까지 국내의 각 분야에서 사용되는 트랜스미디어의 개념과 개발 전략에 대해 들어봤는데요. 대담의 내용을 종합해본 결과, 국내 트랜스미디어 콘텐츠 제작은 이제 막 시작하는 단계라고 할 수 있을 것 같습니다. 그렇다면 과연 트랜스미디어라는 용어와 개발 전략이 콘텐츠 트랜드를

설명하기 위한 학술적 용어나 현상에서 그칠 것인지, 아니면 지속가능한 시장의 한 축으로 자리 잡게 될 것인지에 대해서는 어떻게 생각하시는지요?

김창민 모든 콘텐츠를 트랜스미디어화할 필요는 없지만 소비층의 확산과 다양한 재미를 위해서 이제 트랜스미디어는 개발자들이 필수적으로 알아야 할 기법이라고 생각합니다.

김신엽 저는 '트랜스'라는 용어가 계속 갈지 안 갈지는 잘 모르겠습니다. 트랜스의 다른 용어는 '융합'이 아닐까라고 생각합니다. 그래서 트랜스적 현상은 계속 될 것입니다. 광고는 광고적인 수단에서 멈추지 않고, 마케팅도 마케팅적 수단에서 멈추지 않을 것입니다. 최근에 마케팅의 트랜스적 현상이 콜라보입니다. 트랜스미디어 용어를 쓰는 이유는 미디어의 한계를 극복하자는 것이므로 트랜스마케팅, 트랜스콜라보라는 용어와 현상이 계속 될 수 있을 것입니다. 예전의 브랜드와 브랜드의 제휴는 주종의 관계였는데 현재는 서로 협업할 수 있는 포인트가 있다면 기업의 규모를 가리지 않습니다. 그러므로 광고 마케팅의 방법 자체에서 트랜스적인 시도를 찾아볼 수 있습니다.

한편으론 용어적인 천착에 너무 사로잡히는 것이 트랜스미디어 콘텐츠 개발을 저해하는 것은 아닌지 하는 생각도 듭니다. 그래서 강의할 때 처음 제목은 '트랜스미디어의 이해'였는데 현재는 '트랜스적인 시도의 이해'로 바꾸었어요. 트랜스미디어라는 용어에 천착하지 않으면서 관련 현상들을 좀 더 폭넓게 이해하고 싶어서였습니다.

이민석 저는 트랜스미디어가 하나의 장르로 국한되는 것은 반대입니다. 그냥 현상을 얘기해주는 것이라고 생각합니다. 현상으로 설명하자면 사용자, 경험자가 엔터테인먼트 쪽으로 다양한 미디어를 쓰게 한다는 거죠. 그렇게 하려면 스토리도 오픈을 해야 되고, 바이블도 오픈을 해야 됩니다. 다만 여기서 지켜야 할 것은 기획자와 사용자의 프로토콜입니다. 비전, 캐릭터, 감정의 연대 그 세 가지만 있으면 되는 거죠.

임희준 제 생각엔 지상파보다 1인 방송을 하면 트랜스미디어 전략을 취하기가 훨씬 유리한 것 같습니다. 요즘 아프리카TV에서 1인 방송하는 친구들이 매일 하나씩 콘텐츠를 올려서 시리즈를 만들잖아요. 그러면 BJ의 캐릭터와 콘텐츠를 공유하는 사람들만의 세계가 형성됩니다. 일단 세계가 구축되면, 아프리카TV를 벗어나서 여행도 가고, 음식점도 가면서 다양한 콘텐츠로 파생시키는 거죠.

Q 1인 방송으로 유명해진 BJ가 연예인처럼 유명해지고, 팬덤이 형성되면서 다양한 콘텐츠를 제작하는 것은 기존의 연예인들이 해왔던 여행 사진집, 팬 싸인회, 일본가수들의 악수회 또는 그것을 소재로 만든 동영상과 같은 것이 아닐까요?

임희준 팬덤을 위한 콘텐츠 제작의 관점에서 보면 트랜스미디어라고 할 수 없습니다. 제가 말씀드리고 싶은 사례는 대도서관과 윰댕이라는 아프리카TV 최고의 인기 BJ 커플 스토리입니다. 트랜스미디어적 관점에서 보면 두 캐릭터는 각각의 세계관과 스토리가 구축된 상태입니다. 대도서관TV는 게임 해설 콘텐츠이고, 윰댕은 얼짱이 진행하는 토크 콘텐츠입니다. 두 사람은 각각의 세계관 안에서 강력한 팬덤과 스토리를 갖고 있습니다. 독립된 세계관을 구축한 두 캐릭터가 '결혼'이라는 사건을 통해 새로운 세계를 만들고, 그것과 관련된 콘텐츠를 파생시키기 시작합니다. 결혼에 관련해서 파생된 스토리 중에서 윰댕 카테고리에 맞는 아이템은 윰댕TV에, 대도서관에 맞는 아이템은 대도서관TV로 송출합니다. 때로는 같은 프로그램에 출연해서 기존에 없는 전혀 새로운 콘텐츠를 만들면서 스토리를 확장해나가죠.

각자의 세계관은 그대로 보존하면서 결혼이라는 사건을 통해 미디어와 스토리의 컨버전스를 시도한 것이라고 할 수 있습니다. 이러한 관점에서 1인 방송이 트랜스미디어를 시도하기에 유리한 지점이 있다고 생각됩니다.

이민석 트랜스미디어의 핵심 요소가 비전, 캐릭터, 컨센서스(consensus)라고 하면, MCN은 그 세 가지를 다 갖춘 거죠. 캐릭터가 있고, 캐릭터가 지향하는 방향성이 있고, 목적성이 있습니다. 그리고 팬덤들과 함께 하는 컨센서스가 있습니다. 컨센서스가 형성된 1인 방송끼리 콜라보를 이루어내면 파급력이 커지는 거죠.

2절의 대담에서는 트랜스미디어의 개념과 특성에 관한 각 분야별 정의와 차이를 들어봤습니다. 트랜스미디어의 핵심 요소로서 세계관, 스토리의 전이와 확장, 인터랙티브, 비전, 캐릭터, 감정의 연대 등 트랜스미디어만의 문화적·기술적 조건을 규정하는 개념들에 관한 다양한 의견을 나누어 봤는데요. 다양한 논의들을 정리해보면, 트랜스미디어라는 용어는 학술적으로, 산업적으로 매우 광범위하게 해석될 수 있는 여지가 있는 것 같습니다. 대담의 내용 중 흥미로운 지점은 트랜스미디어의 스토리 권력이 사용자에게 이양되고 있다는 점입니다. 사용자의 참여와 기여, 상상력에 따라 트랜스미디어의 세계가 무궁무진하게 구축될 수 있다는 점은 앞으로 트랜스미디어 콘텐츠를 기획, 제작하는 국내외 전문가들에게 큰 시사점을 주는 것 같습니다.

이어지는 3절에서는 각 분야별 심층 인터뷰를 통해 국내 트랜스미디어 제작 현황과 전망을 들어보도록 하겠습니다.

[김희경·신정아]

[Break time] 국내 트랜스미디어 콘텐츠 맛보기

〈미생 프리퀄〉 포스터

모바일 무비 〈미생 프리퀄〉(2013)

감 독 : 손태겸·김태희

제 작 : 기린제작사

원 작 : 윤태호 / 각 본 : 민예지

내 용 :

- 웹툰 〈미생〉의 등장인물 6명에 관한 이야기를 프리퀄 형식으로 제작.
- 웹툰 속 인물에 대한 궁금증과 호기심을 자극하는 내용으로 구성.

Daum 모바일 앱에서 순차적 개봉

[1편] 장그래 편 (2013.5.24.) / 9′3″ / 손태겸 감독

[2편] 안영이 편 (2013.5.31.) / 8′11″ / 김태희 감독

[3편] 오차장 편 (2013.6.7.) / 8′27″ / 김태희 감독

[4편] 김동식 편 (2013.6.14.) / 10′3″ / 손태겸 감독

[5편] 장백기 편 (2013.6.14.) / 13′20″ / 손태겸 감독

[6편] 한석률 편 (2013.6.21.) / 9′20″ / 김태희 감독

JTBC 양방향 퀴즈쇼 〈백만장자 엘리베이터〉(2014)

방 송 : 2014년 11월 30일 밤 11시 30분

기 획/제 작 : ㈜앤미디어

연 출 : 성기석·홍수정·박소명·박은경·정소명

진 행 : 김구라·김경란·샘 해밍턴

내 용 :

- 모바일 게임 〈백만장자 퀴즈〉를 통해 상위 랭킹 12명에게 생방송 퀴즈쇼 참가권 부여.
- MC 1명당 도전자 4명이 한 팀을 이뤄 총 상금 3천만 원에 도전.

국내 최초 양방향 퀴즈 쇼

- 모바일 퀴즈 앱을 통해 시청자가 함께 정답을 맞힐 수 있는 서비스 제공

문화콘텐츠와 트랜스미디어

3

한국형 트랜스미디어 콘텐츠 개발 현황 (분야별 인터뷰)

1. 트랜스미디어와 광고 : 김신엽

Q 현재 트랜스미디어가 활발하게 적용되는 분야는 단연 광고인 것 같습니다. 해외에서는 이미 다양한 장르적 실험과 형식들이 제작되고 있는 데요. 최근에 인상 깊게 본 트랜스미디어 광고가 있으신가요?

김신엽 칸 국제광고제 2015에서 그랑프리를 수상한 볼보(VOLVO)의 라이브 테스트 시리즈가 있습니다. 총 6편의 사례 중 장 끌로드 반담이 별다른 안전장치도 없이 주행하고 있는 두 대의 볼보 트럭 사이에 양 다리를 뻗쳐 부드럽게 버티고 있는 6편이 많은 화제를 불러일으켰는데요. 비단 6편이 아니더라도 기존의 딱딱했던 제품 설명 일색의 광고를 떠나 일종의 실험 카메라 같은 라이브 테스트 시리즈를 감상한 수많은 사람들이 자연스럽게 볼보 트럭의 우수성을 알게 되지 않았을까 합니다. 또 다른 예로는 다양한 브랜드 스토리를 통해 해피 바이러스를 퍼트리는 코카콜라 역시 다양한 미디어에 걸쳐 활발한 트랜스적인 시도를 하고 있는 브랜드라고 할 수 있습니다.

Q 국내에도 트랜스미디어 광고 사례가 있을까요?

김신엽 국내에서는 2014년에 출시된 동아제약 〈모닝케어 레이디〉의 '티안나 걸스' 사례를 말씀드릴 수 있습니다. 보통 숙취해소 음료의 경우 술이 잘 깨는 성분, 효능 등을 가지고 말하는데요. 모닝케어 레이디의 경우 티안나 걸스라는 여성 댄스 그룹을 결성, 유튜브를 통해 뮤직비디오를 발표하고 티안나 걸스의 리더, 안나가 운영하는 페이스북을 통해 다양한 상황에서의 티 안 나는 방법–남친 몰래 소개팅 했을 때 티 안 나는 법, 티 안 나는 뽕브라 착용법–을 소개하며 페이스북 팬들과 함께 '(술 먹은) 티 안나'라는 세계관을 확장해 나아갔습니다. 이와 함께 티안나 걸스가 함께 하는 서울과 부산에서의 샘플링 행사, 티안나 걸스 캐릭터가 이야기하는 옥외 광고 등을 집행하는 한편, 한정품으로 실제 제품의 뚜껑을 티안나 걸스의 마스크인 통 헤드로 만들어 출시하기도 했습니다. 한정판 제품은 편의점 등에서 한눈에 띄는 효과와 함께 소비자들에게도 큰 인기를 끌어 어디에 가면 한정판 제품을 살 수 있는지에 대한 문의가 쇄도하기도 했었고 5개의 캐릭터 병을 모두 수집하여 페이스북에 올리며 팬심을 자랑하기도 했는데요. 뮤직비디오 발표 시 티

안나 걸스의 연관 검색어로 유명 엔터테인먼트 기획사가 나오기도 하고, 관심 있는 블로거들의 포스팅 등을 통해 유튜브 조회 100만회 돌파 및 자연스러운 바이럴 효과를 거두며 매출에도 긍정적인 영향을 미칠 수 있었습니다.

이처럼 브랜드의 컨셉을 브랜드와 소비자가 함께할 수 있는 이야기로 트랜스하고 소비자에게 전달하기 위한 각 미디어 역시 하나의 이야기를 그대로 전달하는 것이 아니라 유튜브에서의 뮤직비디오, 페이스북과 함께 하는 소통, 홈페이지의 공식적인 브랜드 소개, 우연히 마주치는 옥외와 편의점 내에서의 브랜드 환기, 샘플링 행사를 통한 화제성 전달 등 각 미디어–touch point–특성에 맞춰 새롭게 각색되되, 결국 '(술 마셔도) 티 안나'라는 하나의 세계관을 공유할 수 있었던 점이 가장 큰 성공요소라고 말할 수 있습니다.

Q 흥미로운 시도가 많은 것 같습니다. 광고계에서 트랜스미디어를 활발하게 활용하는 이유가 있을까요?

김신엽 트랜스미디어가 이야기가 전이되고 확산되는 공간을 기존의 범주가 아닌 세계관을 확장하는 데 유용하기 때문입니다. 나이키 퓨어 밴드의 경우 스포츠 브랜드에서 건강 영역까지 관리할 수 있는 툴(tool)을 만들어 보급하고 상업적인 성공까지 거둔 사례가 현재 트랜스미디어, 트랜스마케팅 전략의 대표적인 사례가 아닐까 생각됩니다.

2010년 한국야쿠르트의 건강 살피미 서비스의 경우 고객이

홀로 계신 부모님이나 지인을 위해 제품을 주문하면 야쿠르트 아주머니가 매일 제품을 전달하며 한국야쿠르트 홈페이지를 통해 부모님, 지인의 건강상태를 알려주는 서비스입니다. 고객들은 개인화 페이지를 통해 야쿠르트 아주머니가 전해주는 부모님, 지인의 안부 그리고 현재의 사진 등을 확인하며 걱정을 한결 덜 수 있는 거죠. 아날로그 배달 서비스가 디지털과 결합되어 건강과 안전이라는 브랜드의 세계관을 확장시키며 언론의 주목을 받고 소비자와의 관계를 더욱 향상시킬 수 있었던 사례라고 할 수 있습니다.

트랜스미디어, 트랜스마케팅에서의 전이와 확산의 개념이란 브랜드 혹은 어떤 이야기의 세계관에 대해 흔히 알려져 있는 일반적 미디어의 범주에서의 전이와 확산이 아니라 경계를 해체할 수 있는 시공간적 범위로 확장하는 것을 말합니다. 이 때 나이키의 퓨어 밴드 혹은 건강 살피미 서비스의 경우 제품의 우수성을 광고로서 어떻게 더 잘 말할 것이냐가 아니라 소비자와 직접 대면할 수 있는 서비스로 개발하여 브랜드의 이야기를 전달할 수 있었던 사례라고 할 수 있습니다. 바로 이점이 광고계에서 이야기하는 '솔루션을 제공한다'라는 개념과 일치한다고 볼 수 있습니다.

2. 트랜스미디어와 방송 : 이민석·임희준

Q 2014년에 방영된 JTBC 양방향 퀴즈쇼 〈백만장자 엘리베이터〉는 TV 프로그램으로서는 드물게 생방송 양방향 퀴즈쇼로 진행되었습니다. 사전에 모바일 앱을 통해 게임을 출시해서 퀴즈쇼의 도전자를 선발한 것이 흥미로웠는데요. 프로그램의 기획 배경이 궁금합니다.

이민석 처음 목적은 재미있는 인터랙티브 포맷의 발굴이었습니다. 당시 뜨겁게 논의되던 멀티스크린 기반의 방송 포맷(TV쇼와 앱의 융합)을 생각했고 적합했던 장르는 퀴즈였습니다. 〈백만장자 엘리베이터〉의 제작사인 앤미디어는 KBS 〈퀴즈 대한민국〉을 11년 간 제작한 퀴즈 전문 제작사이고, 보유하고 있는 퀴즈 문항 수가 5만 개로 국내 최다였어요. 그런 레버리지를 기반으로 인터랙티브 퀴즈 포맷을 개발하려고 했고, 앱이 아닌 게임을 개발해서 TV 프로그램과 연동하려고 했습니다.

임희준 이런 고민을 하다 보니 게임과 TV 프로그램을 이어줄 수 있는 창구로 페이스북과 같은 SNS를 활용해서 사람들을 방송으로 모을 수 있는 구조를 고민했어요. 이렇게 하나의 스토리 월드 안에 포맷을 차곡차곡 구성해 넣었죠. 그러다 보니 단순한 멀티스크린형 방송이 아니라 트랜스미디어 방송 콘텐츠가 되었습니다.

Q 〈백만장자 엘리베이터〉는 방송 사상 최초로 기획된 트랜스미디어 콘텐츠라고 알고 있습니다. 가장 중점적으로 고려한 트랜스미디어 전략이 있었는지요?

임희준 초기 기획은 팬트 하우스에 있는 리치맨(rich man) 캐릭터가 이 대회를 열게 된 비하인드 스토리를 통해 대회를 SNS로 공표하고, 참여는 게임으로 유도하고, 게임을 통해 수많은 빌딩들을 정복해나가면서 리치맨이 있는 빌딩까지 오게 하는 스토리였습니다. 나중에 리치맨 비하인드 스토리를 유튜브 클립으로 만들어서 추가로 비하인드 스토리를 공개하려고 했었죠. 처음엔 이런 원대한 포부를 갖고 기획했는데, 예산 부족으로 다 실현하지는 못 했어요. 그래서 선택을 했죠. 게임에서 TV로 연결되는 플랫폼을 살리자. 온라인 게임을 통해 리치맨이 이 대회를 연 것에 대한 사전 스토리를 공개하고, 게임에 참여한 사람들이 리치맨이 있는 만렙타워에 도전해서 방송 출전권 12장을 따는 형식으로 변경이 됐죠. 온라인 게임에서 상위 랭킹된 12명은 생방송에 출연해서 퀴즈에 도전했습니다.

Q 기획 단계에서 가장 중점을 두었던 것은 하나의 세계관을 공유하는 멀티 플랫폼을 연결하는 것이었군요. 전통적인 방송제작 구조를 떠올려 봤을 때, 인터넷과 모바일, 지상파TV를 횡단하는 것은 마치 지구와 화성의 연결을 떠올리게 하는 듯한 인상을 받는데요. 아직 우리의 미디어 현실이 TV를 중심으로 구축되어 있다는 한계점 때문입니다. TV 중심의 미

디어 현실은 매스미디어적 사고의 틀에서 벗어나지 못하고 있다는 것을 뜻하는 것이죠. 참으로 안타까운 것은 원대한 포부를 갖고 기획한 〈백만장자 엘리베이터〉 방송이 트랜스미디어로서 진가를 발휘하기도 전에 1회 방송(파일럿)으로 막을 내리게 된 건데요. 정규 편성이 되지 못한 배경은 무엇이었나요? 제작 과정에서 발견된 트랜스미디어 기획의 문제점이나 한계가 있었나요?

이민석 방송 편성이 시리즈 형태, 그러니까 4-6편 정도로 이어졌으면 저희가 생각한 트랜스미디어 스토리텔링이 시청자에게 제대로 전달되었을 거라고 생각해요. 제작 기법으로 보자면 게임은 방송과 마찬가지로 하나를 온전히 다 만들어서 공개해야 하는 콘텐츠거든요. 그렇기 때문에 그걸 한번만 경험해 봐서는 일방향의 소통 밖에 이루어지지 않아요. 구축되는 캐릭터도 없고 달성해야 할 비전도 약해지는 거죠. 그렇기 때문에 시청자가 충분히 참여하려면 일정한 시간과 기회가 주어줘야 돼요. 그게 방송에서는 정규 편성이고, 게임에서는 오픈 베타와 상용 서비스로 이어지는 일련의 학습 시간이 되는 거죠. 하나도 바로 이해하기 어려운 두 개의 콘텐츠가 이어져서 통합된 세계관을 구축하려면 이처럼 절대적인 시간이 필요해요. 하지만 우리 프로그램은 정규 편성이 되지 않았어요. 그게 아쉬워요.

파일럿을 제작할 때 시청자를 콘텐츠로 접근시키고, 사용하도록 하는 데에는 성공을 했어요. 페이스북을 통해 순간 랜딩 수가 몇 백만 뷰에 육박할 만큼 유저들을 유입시켰고, 최종 앱 다운로드 수는 22만에 달했죠. 구글 신규 앱 다운로드 순위 7위까지 올라갔어요. 마케팅을 투입하지 않고도 그 정도면 기적적인 수치입니다. 그 단계에서 가장 중요한 것은 이 앱을 통한 게임이 방송 출연까지 이어진다는 목표(비전)였어요. 시청자를 직접 이 퀴즈 대결에 참여시키는 방식을 통해 캐릭터도 잡았죠. 방송이 송출되는 당일에도 양방향으로 시청자들이 참여할 수 있는 서비스도 했어요. 하지만 거기까지가 끝이었죠. 방송이 종료되고 이어지지 않으니까 DAU(일일 사용자수)가 급감하게 되었죠. 결과적으로 우리는 여러 플랫폼과 서비스를 연결한 트랜스의 방법론은 제대로 시도했지만 미디어가 되지는 못했죠. 미디어가 되려면 앞에서 말했듯이 시청자에게 접근하고 안착시킬 시간과 반복학습이 절대적으로 필요합니다.

Q 기존의 방송에서는 일방적으로 콘텐츠를 만들고, 송출하는 것이 가장 중요했고, 시청자 참여는 시청률이라는 표본조사나 홈페이지 게시판, 전화 등 수동적이거나 소극적인 참여가 대부분이었는데요. 트랜스미디어 환경, 즉 양방향 미디어와 사용자 참여를 통한 세계관의 구축이라는 새로운 전략을 도입하기 위해서는 방금 말씀하신 새로운 지표, 다운로드 수/조회 수/접속 시간/플랫폼에 머문 시간 등 다양한 데이터가 필요할 것 같습니다. 트랜스미디어 콘텐츠로 승부하기 위해서는 콘텐츠의 기획, 제작, 유통에서 TV 중심의 사고방식을 뛰어넘어야 하는 걸까요?

이민석 TV 중심으로 생각하면 미디어를 TV와 그 외로 나누기 쉽죠. 그런 관점에서 보면 TV와 페이스북, TV와 인스타그램,

TV와 네이버를 어떻게 엮을 것인가를 고민하게 됩니다. TV가 메인이고, 그걸 어떻게 활용해서 마케팅적으로 승부할 것인지, 수익모델을 창출할 것인지, 소비자층을 다변화시킬 것인지에 대한 고민에 머물게 되죠. 다시 말해 멀티스크린 전략이죠. 그러나 트랜스미디어는 불가능합니다. 트랜스미디어는 다양한 미디어와 플랫폼이 중첩되고, 횡단하면서 새로운 파생 콘텐츠를 만들어내야 하기 때문입니다.

이미 10대들은 유튜브 이용자 수가 TV를 넘어섰습니다. 그렇다면 다른 미디어는 이용하지 않을까요? 그렇지 않다는 거죠. 10대들은 TV 대신 유튜브, 페이스북, 인스타그램 등 다양한 미디어를 통해 콘텐츠를 이용합니다. 그렇다면 이젠 TV의 멀티스크린 전략이 아니라 다양한 미디어들의 채널을 운영하는 멀티채널네트워크사업(MCN)이나 다양한 플랫폼을 운영하는 멀티플랫폼네트워크사업(MPN)이 방송의 미래라고 할 수 있죠.

소비자가 미디어의 주도권을 갖게 된 시대가 온 거죠. 그렇다면 소극적인 표본조사나 획일적인 편성 전략보다는, 보다 시청자들의 달라진 미디어 이용행태와 라이프스타일, 세대별 선호하는 미디어 등에 대한 데이터와 알고리즘을 분석하고, 타깃 마케팅이 중요한 전략이 되는 겁니다.

임희준 TV의 경우 시간대에 따라 프로그램을 따로 편성한다면, 웹채널의 경우 이용자들의 사용패턴과 피드백, 접속 시간 등의 정보를 분석해서 편성을 합니다. 웹 콘텐츠의 경우 모바일 이용자가 많기 때문에 오전 10-11시에 콘텐츠를 업로드

하는 것이 유리합니다. 점심시간에 소비량이 집중하기 때문이죠. 그 다음엔 야밤을 공략하는 것도 있습니다. 네이버 V 앱의 경우 저녁 런칭 시간이 8-10시입니다. 소비자들의 생활패턴을 고려한 방식이죠. 웹드라마의 경우에는 금요일을 선호하는 경향이 있습니다. 주말에 몰아보기 좋기 때문이죠. 웹 채널의 경우, 최초 공개에서 조회 수가 많지 않더라도 시간이 지날수록 이용패턴에 관한 알고리즘이 적용되면서 조회 수가 급격히 상승하는 경우도 있습니다.

Q 트랜스미디어의 핵심 전략이 미디어 분기와 세계관 구축이라고 했을 때, 지금의 방송 현실은 트랜스미디어를 시도하기엔 기술과 예산의 한계가 무척 큰 것 같습니다. 국내 최초로 방송과 웹, SNS를 연결한 트랜스미디어를 기획했던 팀으로서, 방송콘텐츠가 트랜스미디어로서 성공을 거두기 위해서는 어떤 전략이 필요하다고 생각하시나요?

임희준 방송은 어쨌든 첫 편이 중요하고, 첫 방송을 해야 편성이 잡히기 때문에 첫 방송에 많은 인력과 예산을 투입하면서 엄청난 공을 들이죠. 그런데 웹이나 모바일 쪽 일하는 사람들을 만나보면 사람들과 소통하면서 하나하나 만들어가는 과정을 중요하게 생각합니다. 양방향 콘텐츠로서 갖추어야 하는 것이 바로 유연성과 열린 포맷입니다. 방송 기획은 처음부터 완벽한 기획과 스토리가 구축되어야 한다는 고정관념이 강합니다. 그러나 완결된 콘텐츠는 소통의 여백이 없습니다. 트랜스미디어는 인터랙티브 콘텐츠입니다. 참여와 공감으로 완성되는 구조를 지향하죠. 따라서 트랜스미디어로 성공하려면 꽉 찬 구성과 이야기에서 벗어나 과연 이 콘텐츠가 이용자들에게 어떤 비전과 가치를 던져줄 것인가에 집중해서 소재와 형식을 설계하고, 그걸 다양하게 구현할 수 있는 미디어 전략을 동시에 기획해야 합니다.

이민석 비전과 캐릭터가 있으면 캐릭터와 사용자(이용자) 사이에 컨센서스가 형성되어야 하는데, 그게 어려워요. 〈백만장자 엘리베이터〉는 컨센서스가 없었습니다. 2년 전 처음 기획할 당시에는 컨셉이 '누구나 부자를 꿈꾼다'였어요. 그래서 '일확천금을 꿈꾸게 하자', '1억을 주자'로 정했죠. 그런데 그것도 단지 보상책으로서의 강렬함이었지, 지속가능한 참여를 유도하는 컨센서스는 아니었죠. 포맷 닥터로 유명한 스크로지(Justin Scroggie)가 강조하는 것처럼, 결국엔 '감정의 연대'가 있어야 하는 거죠. 스크로지는 감정의 연대가 없는 기획은 성공하지 못한다고 했어요. 누구나 갖고 있을 법한, 누구에게나 올 수 있는 특별한 감정의 순간을 함께 느끼고, 공유하는 것이 가장 중요한 기획의 완성인 거죠.

3. 트랜스미디어와 웹툰 : 김창민

Q 〈미생〉 이후 등장하는 국내 콘텐츠들을 보면 웹툰을 원작으로 하는 경우가 많습니다. 트랜스미디어 제작에 있어서도 만화 또는 웹툰이 많이 활용되는데, 그 이유가 궁금합니다.

김창민 만화가 가장 효율적이기 때문입니다. 원작으로서 만화의 장점은 첫째, 팬덤 확보에 유리(소비자 확보)하고, 둘째, 브랜드 인지도가 상승하는데 유리하고, 셋째, 만화원작이 있으면 영상화할 수 있는 화면설정에 유리하며, 넷째, 배우 캐스팅, 작가, 감독 패키징이 쉬우며, 다섯째, 원작만으로도 수익발생이 되기 때문입니다. 따라서 만화가 가장 효율적인 원작으로서의 가능성 때문에 트랜스미디어 콘텐츠 기획에 중점을 둡니다. 또한 만화는 문화적 장벽이 낮기 때문에 만화원작 활성화에 집중합니다.

Q 한국형 웹툰의 강점은 무엇이라고 보십니까?

김창민 우선 한국형 웹툰이라는 표현이 맞는 것인지 의문이 듭니다. 왜냐하면 한국은 웹툰의 발생지이고, 웹툰을 독창적인 고유 콘텐츠로 성장시킨 본토이기 때문입니다. 한국을 제외하면 중국 그리고 일본 순으로 웹툰 시장이 형성되고 있는 정도라고 생각하시면 됩니다.

이런 관점에서 제가 생각하는 한국 웹툰의 강점은 첫째로 참신한 소재입니다. 기존 출판만화보다 더 참신하고 기발한 소재로 구성된 웹툰들이 많습니다. 이는 기존 도제식 시스템을 거치지 않은 작가들의 창작환경이 다양하게 열려있기 때문이라고 생각합니다. 물론 도제식 시스템이 가지고 있는 작화력의 완성도는 현재 웹툰에서 아쉬운 부분입니다.

두 번째는 스크롤에 최적화된 연출방식인데요. 한국 웹툰은 그 동안 빠른 시간 내에 스크롤 연출의 발전에 적응해 왔고, 기존 출판만화가 컷 연출의 예술이라면 웹툰은 스크롤 연출에 최적화되어 있다고 할 수 있습니다. 이는 마치 웹툰을 보면서 영상을 보고 있는 듯한 효과를 줍니다. 이런 연출 방식은 스마트폰이 급속도로 발전하면서 유저와 콘텐츠간의 시너지효과를 극대화 하고 있습니다.

마지막 세 번째는 풍부한 창작인력풀입니다. 한국의 문화콘텐츠는 한류드라마, K-pop 등 세계적으로도 인정받고 있는데, 제 개인적으로는 한류 콘텐츠 중에서 가장 성장 가능성이 높은 분야가 웹툰이라고 생각합니다. 그 이유는 그림 잘 그리는 사람들이 엄청 많기 때문이죠. 그들이 모두 예비 웹툰 작가 후보군으로 향후 웹툰 시장의 든든한 버팀목이 될 거라 생각합니다. 지금처럼 칼라 방식으로 1주일에 1회 마감이라는 무시무시한 일정을 소화해낼 수 있는 능력은 한국이 최고라고 생각합니다.

Q 현재 한-중 합작으로 트랜스미디어 콘텐츠를 기획하고 계신다고 들었습니다. 글로벌 전략을 추진하게 된 배경이 궁금한데요. 혹시 국내 시장의 한계를 극복하기 위한 방안인가요?

김창민 일단 국내 시장의 한계는 아직 표현하기 성급한 단계라고 생각합니다. 아직 국내 시장은 계속 발전하고 있는 중이며 국내 시장의 성공사례를 기반으로 해외 진출을 시도하는 단계라고 생각합니다. 웹툰의 글로벌 전략을 추진하는 이유는 국내 문화콘텐츠 중 가장 지역의 경계 없이 세계로 나갈 수 있는 장르이기 때문입니다. 다른 콘텐츠들에 비해 지역적 차이에 유연하고 해당 국가의 언어로만 트랜스레이션하면 이질감 없이 다가갈 수 있는 특징이 있습니다. 이런 이유로 웹툰의 글로벌 전략을 추진 중이며 공동제작의 형태는 두 가지 형식입니다. 하나는 한국에서 프로젝트를 기획하고, 중국의 자본으로 〈웹툰+웹 드라마〉를 제작해서 중국 플랫폼에 서비스 하는 방식이고, 또 다른 하나는 한국에서 기획된 작품을 일본의 작가가 작화를 맡아 작업하는 방식입니다. 무엇보다 한국의 콘텐츠 기획력이 우수하기 때문에 해외 시장을 겨냥한 국제 공동제작 프로젝트들을 추진할 수 있습니다.

4. 트랜스미디어와 드라마 : 김옥영·김태희

Q 김옥영 작가님께서는 최근 트랜스미디어 드라마를 기획하셨다고 들었습니다. 국내에서는 아직 시도되지 않은 영역인 것으로 아는데요. 잠시 소개를 부탁드려도 될까요?

김옥영 2014년 한국전파진흥원의 콘텐츠 기획 개발 지원 사업에 선정됐습니다. 트랜스미디어 드라마 〈아이들을 구하라〉(가제)[1]를 기획했는데, 〈마리카에 관한 진실〉처럼 실종된 아이

1 〈아이들을 구하라〉(가제)는 김옥영 작가가 운영하는 스토리연구소 ON에서 기획한 작품으로, 현재 콘텐츠 기획 및 시놉시스 개발이 완료된 상황이다. 본격적인 콘텐츠 제작

들을 찾아가는 아버지의 여정에 함께 참여하는 포맷입니다. 60분짜리 6편으로 구성된 TV 드라마를 메인스트림으로 하고 있습니다. 현재 기획과 시놉시스는 완료된 상태이고, 제작은 예산이 아직 확보되지 않아 보류 중입니다.

Q **N스크린, ZERO TV 등 현대 콘텐츠 소비 트랜드는 TV라는 미디어의 독점적 지위가 무너지고 있는 듯 보이는데요. 그럼에도 불구하고, TV 드라마 시리즈를 메인 스트림으로 기획하신 배경은 무엇인가요?**

김옥영 트랜스미디어 기획에서 가장 중요한 것은 많은 유저들을 유입시키는 것입니다. 그래서 대부분 첫 번째 플랫폼으로 택하는 것이 TV에요. TV 중에서도 드라마. 외국의 사례를 보면, 웹에서 시작한 경우도 있기는 해요. 그런데 많은 경우 TV 플랫폼에서 드라마로 시작하는 것을 선호하는 이유가 초기 유입인구를 넓히는 데 유리하기 때문이라고 봅니다. TV가 과거와 같은 독점적인 지위를 누리고 있지는 못하지만 아직까지는 TV 플랫폼의 위력이 크기 때문이겠죠. 그러나 출발점이 TV라고 해서 TV 드라마라고 부르기에는 적절치 않을 것 같습니다. 스토리가 진행되면서 웹과 SNS, 라이브 퍼포먼스가 함께 진행되고 이러한 양상이 다시 드라마에 반영되는 등 전통적인 TV 드라마와는 근본적으로 다르기 때문입니다.

을 위한 채널 및 투자사 미팅이 진행 중인 관계로 구체적인 시놉시스의 내용은 공개하지 않는 것으로 한다.

저희 기획에서도 이야기를 추동하는 핵심은 주인공이 웹에 만든 '얼라이브'라는 블로그가 되고요, 이 블로그를 중심으로 적극적인 유저들이 행동하면서 이 유서들의 움직임을 TV 드라마에서 다시 받아서 이어가는 그런 방식이 됩니다. 수동적인 TV 시청자 집단 가운데서 상당수는 떨어져나가고 스토리의 전개에 적극적으로 동참하는 충성도 높은 유저들이 이야기를 끌고 가게 되는 것이죠. 주로 10-30대입니다. 그 친구들이 타깃층입니다.

Q 작가님께서 기획하신 〈아이들을 구하라〉는 기존 드라마와는 달리 다양한 미디어 플랫폼을 횡단하면서 스토리가 확장되고, 유저들이 참여하는 전형적인 트랜스미디어 포맷입니다. 정통 방송 프로그램 작가로서 30년 이상 교양, 다큐, 드라마 등 다양한 장르를 넘나들며 활동해오셨는데요. 트랜스미디어 콘텐츠를 기획하는 과정에서 겪으신 어려움이나 문제점들은 없으셨는지 궁금합니다.

김옥영 기획 기간이 오래 걸렸어요. 일단 트랜스미디어의 개념을 이해하는 게 너무 힘들었습니다. 전통적인 장르 안에서는 해결할 수 없는 형식이니까요. 그래서 '트랜스미디어란 무엇인가' 세미나부터 시작했죠. 모든 장르의 작가가 한 명씩 다 투입됐어요. 다큐멘터리, 예능, 드라마, SNS와 모바일에 강한 20대도 합류했고, 온라인 연구하는 사람도 있었고, 전공한 교수님도 계셨고. 트랜스미디어 세미나를 두 차례 진행했습니다.

트랜스미디어에 대한 기본적인 이해가 있어야 웹이라든가 SNS라든가 스트리트 게임들이 틈입할 수 있는 이야기 구조를 구축할 수 있기 때문이죠. 그렇지 않으면 그냥 모니터에서 쭉 흘러가버리고 마는 이야기가 되니까. 근데 그게 엄청나게 어려웠어요. 방송 작가들이 너무나 장르적 틀에 갇혀 있어서 장르를 넘어서거나 해체하는 것이 생각보다 더 어렵다는 것을 확인한 셈입니다.

Q 전통적인 매스미디어 환경에서는 미디어에 담을 콘텐츠에만 집중하면 되는 구조였기 때문에 미디어의 형식이나 플랫폼은 그리 중요하지 않았습니다. 그런데 새로운 융합 환경에서는 미디어마다 스토리 전략을 다르게 구사해야 하고, 유통방식과 유저의 참여도 고려해야 하는 어려움이 있습니다. 작가님께서는 그동안 다큐 극장, HD 다큐, 다큐라마, 3D 다큐, UHD 다큐, 토크 다큐 등 다양한 포맷의 방송콘텐츠를 기획하고, 제작해 오셨는데요. 작가님께서 보시기에 트랜스미디어 콘텐츠가 기존의 방송 콘텐츠와 어떻게 다르다고 보시는지요?

김옥영 트랜스미디어는 OSMU와 현격하게 다른 포인트를 갖습니다. 즉 같은 콘텐츠에서 출발했다고 해도, 각 플랫폼에서 실행되는 건 완전히 다른 독립적 역할인데요. 가령 페이스북에서는 주인공과 시청자(유저)들이 직접적으로 대화를 할 수 있는 역할을 제공한다면, 블로그에서는 TV에서 단서를 제공한 캐릭터의 히스토리를 제공한다든지. 그런데 그것이 나중에 끝에 가보면 하나의 관계망 속에 엮여서 하나의 거대한 세계, 거대한 스토리로 연결되는 거죠. 헐리우드형이 공간적으로 흩어놓는 것이라면, 이러한 선형적인 트랜스미디어 같은 경우에는 긴 이야기의 흐름 속에서 모든 플랫폼들이 유기적인 형태로 들어오는 방식이라고 할 수 있습니다.

트랜스미디어의 유형은 크게 두 가지 방식이 있습니다.

가장 흔한 유형은 헐리우드 유형입니다. 〈어벤져스(The Avengers)〉와 같은 형태죠. 전통적인 드라마에선 주인공이 한 사람으로 그 사람이 겪는 사건이 이야기의 전부가 되는 데 반해, 트랜스미디어적 세계에서는 주인공의 프리퀄이나 후일담뿐만 아니라, 출연한 모든 인물들이 각각의 이야기로 만들어질 수 있습니다. 울버린을 주인공으로 하는 영화가 있을 수 있고, 헐크를 주인공으로 하는 영화가 있을 수 있고… 이런 식으로 각각의 히어로들이 다 자기의 스토리를 가지고 하나로 뭉쳐서 어벤져가 모인 영화가 되는 거죠. 이것이 다시 책이나 게임으로 분화될 수도 있습니다. 이런 식으로 거대한 스토리 월드가 형성이 됩니다.

또 한 가지 유형으로 트랜스미디어라는 개념, 스토리 월드적인 개념을 가지고 있으나, 영화가 아니라 TV나 웹에서 출발하여 선형적인 내러티브를 가지는 경우입니다. 이 선형적 진행에 온갖 종류의 플랫폼이 들어와 운영되는 방식이죠. 그 효시가 2008년 스웨덴의 국영방송이 만든 드라마 〈마리카에 관한 진실〉입니다. 전통적인 방송 플랫폼과 인터넷과 SNS를 망라하는 플랫폼을 펼쳐놓고 바느질로 누비듯이 하나의 이야기로 완성해 가는데, 거기에 굉장히 중요한 것이 네티즌들이 자기의 스토리로 참여할 수 있다는 겁니다.

Q 김옥영 작가님이 구분하신 트랜스미디어의 두 가지 유형을 정리해보면 마블로 대표되는 헐리우드 유형과 〈마리카에 관한 진실〉(이하 마리카)로 대표되는 대체현실게임 유형으로 나눌 수 있을 것 같은데요. 두 가지의 가장 큰 차이점은 스토리 전략과 세계관 구축인 것 같습니다. 마블의 경우 캐릭터가 각자의 세계관을 갖고 있으면서 다양한 형태로 컨버전스되면서 스토리와 세계관이 확장됩니다. 반면 〈마리카〉 유형은 하나의 세계관을 공유하면서 최후의 결론에 도달하기 위해 다양한 미디어를 횡단하면서 스토리를 체험하는 방식입니다. 김옥영 작가님은 〈마리카〉와 같은 대체현실게임 유형을 선형적인 내러티브로 규정하셨습니다.

그렇다면 여기서 '선형적'이라는 것은 어떤 의미일까요? 그렇다면 헐리우드형은 '비선형적'이라고 할 수 있을까요? 이점에 대해서는 전문가들 사이에서도 의견이 다를 수 있을 것 같다는 생각이 드는데요. 같은 방송계에서 활동하신 이민석 대표, 임희준 이사의 의견을 들어보겠습니다.

이민석 트랜스미디어를 선형적으로 보는 관점은 사전 기획을 염두에 둔 관점이라고 생각됩니다. A라는 타깃, B라는 타깃, C라는 타깃을 염두에 두고, 다양한 복합 소비자들을 충족시키기 위해 트랜스미디어를 기획했다면 스토리가 선형적으로 전개되어야 하겠죠. 반면 비선형적 트랜스미디어는 기획 단계에서는 염두에 두지 않았던 스토리나 세계관이 자연발생적으로 생산되는 것이라고 생각됩니다.

임희준 제 석사논문[2]에서 밝혔듯이 〈마리카에 관한 진실〉은 트랜

2 임희준, 「트랜스미디어 환경에서 사용자의 사회적 참여를 확장하는 제작 모델 디자인」, KAIST 문화기술대학원 석사학위논문, 2013.

스미디어보다는 크로스미디어로 보는 관점들이 많습니다. 크로스미디어는 전체 이벤트가 하나의 쇼처럼 진행되기 때문에 최종에 가서 라이브 이벤트를 하고, 그 사이사이에 TV 프로그램이 중간 중간 배치됩니다. 멀티 플랫폼을 이용하지만 하나의 시나리오 상에서 연결되기 때문에 순서대로 체험하고, 참여해야 온전한 몰입과 이해가 가능합니다. 그런 면에서 선형적이라고 할 수 있습니다.

반면 트랜스미디어의 경우 각각의 콘텐츠를 독립적으로 봐도 스토리의 연결성이 있습니다. 따라서 어떤 세계관을 통해 진입해도 이야기가 연결되고, 이해하는 데 어려움이 없습니다. 반드시 순서대로 경험하지 않아도 되기 때문에 트랜스미디어는 비선형적인 참여와 전개가 가능합니다.

Q 김태희 감독님께서 제작하신 〈미생 프리퀄〉이나 웹 드라마는 TV가 아닌 모바일 소비 환경을 고려한 장르라고 할 수 있는데요. 스토리만큼이나 중요한 것이 미디어의 특성을 고려한 영상 구성과 편집인 것 같습니다. 〈미생 프리퀄〉은 국내 트랜스미디어의 효시라고 해도 과언이 아닌데요. 미디어적 특성이 콘텐츠 제작에 얼마나 영향을 미쳤는지요?

김태희 모바일의 경우, 화면이 워낙 작으니까 풍광이 주는 데서 오는 뉘앙스를 살릴 수는 없기 때문에 공간이 주는 것에 대한 의미를 부여한다기보다는 캐릭터 무비가 잘 어울리는 장르라고 생각이 들어요. 인물에 집중하는 구조라고 할 수 있죠. 예를 들면 〈미생 프리퀄〉이 부천 판타스틱 영화제에 초청 받아서 극장에서 상영을 하는데, 화면이 엄청 부담스러웠죠. 클로즈업이 많이 들어가니까 휴대폰 화면으로 볼 때는 상관이 없었는데 커다란 스크린에서 보니까. 그 이후로는 많이 알게 됐는데 맨 처음엔 시행착오도 있었고, 샷 크기와 샷 수가 중요하더라구요.

예를 들어 〈안영이〉 편 마지막에 사진 꺼내보는 장면이 있어요. 렌즈 최단거리로 찍어 왔는데도 모바일에서 보니까 얼굴이 안 보이는 거죠. '화면 속 인물이 (아이돌) 바로인걸 알까?' 이렇게 되는 거죠. 심지어 액정을 가로로 놓고 보는 사람도 많지 않고, 그냥 세로로 보는 사람도 많다고 하더라구요. 엄청 작은 화면에 정보를 넣어줘야 하는 거잖아요. 그래서 편집에서 디지털 후작업으로 최대한 당겨서 정확하게 정보를 줘야 했죠.

그리고 시각적인 CG, 그래픽, '뿅뿅' 거리는 소리 등 이런 걸 많이 넣으면 좋은 것 같아요. 분량이 짧기 때문에 캐릭터에 대해 빨리 정리를 해줘야 하니까 스틸 걸어놓고 자막 처리 하고. 재미없으면 금방 꺼버리니까. '뿅뿅' 이런 소리도 넣어야 하고, 컷 수도 많아야 되고. 빨리 빨리 지나가는 게 나으니까요. 정보는 줄이고 단순화시키는 거죠.

Q 최근 트랜스미디어 환경에서 가장 중요한 플랫폼은 모바일 무비나 웹드라마와 같은 장르일 것 같은데요. 직접 제작하신 경험에 비추어볼 때, 소비자들이 선호하는 모바일이나 또는 웹 콘텐츠 포맷의 특징이 있을까요?

김태희 모바일 콘텐츠의 경우, 뮤직비디오와 드라마의 중간이 되어야 해요. 뮤직비디오는 샷 수가 많습니다. 샷을 타이트하게 잡는다든지, 광량(光量)이라든지. 일단 제가 시청자 입장이라면 화면이 예뻐야겠다는 생각을 해요. 다른 콘텐츠들보다 제가 찍는 모바일 무비는 영상이 예쁜 걸 차별화해서 사람들이 봤을 때 '아, 예쁘다' 이런 생각이 들면 훨씬 좋겠다. 영화처럼 다양한 경험을 줄 수 없으니까. 청각적으로도 많이 쓸 수가 없어요. 영화는 다양한 시각적 장면, 소리까지 레이어드(layered) 해서 사운드 디자인을 하는데. 그렇게 해봤자 안 들려요. 투 트랙 정도밖에. 투 채널로 하는데, 그것도 이어폰을 끼고 들어야 분산되지, 그냥 열어놓고 들으면 뮤직비디오에서 음악 듣는 정도밖에 사운드가 안 들리기 때문에 과도한 사운드 효과, 과도한 대사량은 약간 힘든 것 같아요.

음악도 많이 써야 해요. 다른 팀들은 어떨지 모르겠지만, 제 노하우는 거의 뮤직비디오에 버금갈 정도로 리듬감을 만들어줘요. 영상의 아름다움과 음악이 잡아놔야 한다는 강박이 있어서. 〈미생 프리퀄〉도 보면 음악이 안 들어간 구간이 없었죠. 〈안영이〉 편은 거의 뮤직비디오 수준이에요. 대사 전달이나 이런 걸로 표현할 수 없는 감정을 최대한 인물의 클로즈업과 음악으로 도와줄 필요가 있다는 것이죠.

Q 트랜스미디어에서 중요한 것은 사용자의 반응과 참여, 조회 수와 이용시간 등등 일텐데요. 웹 드라마의 경우 가장 효과적인 콘텐츠의 길이와 스토리의 양은 어느 정도라고 생각하세요?

김태희 계속 시도 중인 부분인 것 같아요. 저는 제가 시청자 입장에서 볼 때 10분 정도가 적당하다고 생각해요. 학교 쉬는 시간 정도. 쉬는 시간에 보는 아이들이 엄청 많아요. '쉬는 시간에 잠깐 봐도 꿀잼~' 이런 댓글이 많았었거든요. 지하철 이동 시간에 본다거나, 버스 안에서 많이 보죠. 이런 시간을 생각하면 15분에서 20분 사이 정도라고 하는데, 저는 작은 화면에서 오래 보면 짜증날 것 같고. 그래서 제가 생각하는 길이가 10분 정도에요.

시간이 짧다보니까 이런 제약은 있어요. '좀 더 미스테리하거나 감정 깊은 얘기를 하려니까 끝나네?' 이런 아쉬움은 있죠. 계속 시도해보고, 테스팅해봐야 알 것 같은데 그전까지는 정답이 없는 것 같습니다. 5분은 너무 뮤직비디오 같고. 왜냐하면 요즘 뮤직비디오들도 3-4분 길이에 앞에 뭐 붙으면 7-8분짜리도 있으니까요. 그래도 7-8분짜리 뮤직비디오를 봤을 때보다는 좀 더 감동이 있는 이야기가 있었으면 좋겠고. 그렇다고 그것보다 너무 길어지면 지루할 것 같고. 그래서 10분 내로 끊으려고 하죠. 〈미생 프리퀄〉도 제가 연출한 3편은 모두 러닝 타임이 7-9분 사이였어요.

Q 국내 웹 드라마의 경우, 아직까지 기업의 홍보 영상이나 마케팅 기획으로 제작되는 사례들이 많은 것 같습니다. 웹 드라마의 수익 모델이 많지 않은 상황에서 감독님께서 제작하신 〈모모살롱〉의 기획 배경과 제작 성과는 어땠나요?

김태희 드라마는 광고가 붙는 시스템이니까 다양한 방법으로 펀딩이 이루어지지만, 웹 드라마는 자체적으로 광고 수익이 발생하는 토대가 아직 마련되지 않아서 투자 또는 홍보 개념이 강합니다. 따라서 제작사에서 〈모모살롱〉(G마켓)은 생활의 팁, 〈출출한 여자〉(이금기 소스)는 레시피, 이런 식으로 차별화된 포인트로 제안서를 써서 업체에 제안하며 판로를 마련하고 있습니다. 다만 단순히 PPL이나 광고성 영상은 사람들이 거부감이 심하니까 제약을 많이 안 받으면서 나름의 이야기를 풀 수 있는 환경들이 중요하죠.

〈모모살롱〉의 컨셉은 '모두가 모이는 모모살롱'인데, 그 자체가 G마켓입니다. G마켓엔 정말 모든 게 다 있잖아요. 운동화, 전기 모기채, 어깨 지압기, 손톱 깎기 등의 작품 속 소품들이 모두 G마켓에서 구입 가능한 것들입니다. 이 제품들을 링크 걸어서 매회 별로 재미있는 수익 사업의 모델이 될 수 있도록 플랫폼을 만들었죠. 결과적으로 G마켓은 비싼 광고 모델료보다 적은 금액으로 양질의 콘텐츠를 6개나 확보했고, 2014년 KOREA UHD Festival에서 우수상까지 받아서 무척 좋아했어요.

Q 마지막으로 웹 콘텐츠의 스토리전략이 궁금한데요. 정통 미디어에서는 불특정 시청자와 장르, 편성에 맞춘 콘텐츠 제작이 중요했다면, 웹 콘텐츠의 경우, 다양한 디바이스로 접속하는 이용자들의 생활패턴과 취향이 매우 중요한 기획의 요소일 것 같습니다. 〈모모살롱〉의 스토리 월드는 어떻게 구축되었나요?

김태희 〈모모살롱〉은 예산을 줄이기 위해 한 공간에서 하는 이야기를 쓰자는 게 첫 번째 제작 방향이었어요. G마켓이라는 특성, 모든 것들이 다 있는 쇼핑몰, 그리고 이 쇼핑몰을 집에서 받아볼 수 있는 택배 시스템. 이걸 가지고 뭔가 재미있는 한 공간에서 벌어지는 걸 만들 수 있지 않을까? 맨 처음엔 아트박스 같은 팬시점에서 일하는 알바 여대생을 할까? 하다가 장사하는 사람이었으면 좋겠다, 이런 식으로 이야기를 만들어 간 거죠. 일본 드라마 〈심야식당〉 같은 포맷. 근데 계속 같은 사람들이 나오면 지겨우니까 주인공은 있되, 게스트들이 바뀌자. 게스트들의 에피소드로 가면 환기가 되겠다. 그래서 회차 별로 스토리는 다르지만, 구조는 똑같아요. 계속 메인으로 등장하는 사람들은 정해져 있고, 매회 주인공이 따로 있는 거죠.

미용실 사장 리지는 누군가를 위로해주는 캐릭터인데, 리지가 주인공인 에피소드는 몇 개 안 되요. 그건 창균과의 러브라인이 메인으로 끌어가준 거고. 첫 화에서는 택배 아저씨가 주인공일 수도 있고, 두 번째 화에서는 첫 손님인 창균을 받는 것이 메인일 수도 있고, 추석날에는 아줌마들일 수도 있고. 상견례 가는 아줌마, 이발하러 온 꼬마. 그 사람들이 매화 주인공인 거죠. 그런 식으로 이야기를 만들어가자. 얘가 주인공이지만 결국 그래서 다양한 인간 군상을 보여주자.

지금까지 트랜스미디어의 개발 전략을 토대로 국내 트랜스미디어의 제작 현황과 전망에 대한 이야기를 나누어 봤습니다.

트랜스미디어가 하나의 현상으로 흘러갈 것인가 또는 지속적인 성장 모델로 확장될 것인가에 관한 논의에 앞서 '지금 이 시대에 왜 트랜스미디어인가?'라는 근본적 물음을 던지는 것은 유의미한 방향인 것 같습니다. 트랜스미디어가 인터넷과 모바일 미디어로 압축되는 현재의 세계를 가장 효과적으로 표현하고, 연결하는 도구임에는 분명한 것 같습니다. 융합과 창조의 시대, 우리는 어떤 이야기와 도구로 세계와 소통하고, 공감을 이루어낼 수 있을까요? 우리에게는 어떤 문화적 잠재력과 소통의 키워드가 있을까요? 이 물음에 대한 답을 찾아가는 여정이 국내 트랜스미디어 콘텐츠의 개발에 중요한 토대가 될 것이라고 생각됩니다.

[김희경·신정아]

[Epilogue] 트랜스미디어 전문가를 꿈꾸는 사람들에게 전하는 조언

다른 분야에 대한 관심과 융합적 시도가 필요합니다. 과거에는 T자형 인재를 추구했다면, 현재는 H형 인재를 추구하는데 이는 여러 가지 알고 있는 지식을 연결시키는 사람을 말합니다. 본질을 이해하고, 거기에서 파생시킬 수 있는 열린 사고를 가져야 합니다.

(김신엽)

트랜스미디어의 전문가를 꿈꾸기보다 앞으로의 세계가 미디어를 트랜스할 수밖에 없는 세계가 될 것을 이해하는 것이 중요하다고 봅니다.장르에 대한 고정관념과 장르적 경계에 대한 상투적 관습 속에 머물면, 이 세계에 적응하는 콘텐츠를 만들 수 없을 것입니다.

(김옥영)

콘텐츠 소비에 대한 편식을 버리는 것이 중요합니다. 기획자가 되려면 장르와 영역에 관계없이 콘텐츠를 소화할 수 있어야 합니다. 콘텐츠 소비경험이 중요하기 때문입니다. 성공한 것, 실패한 것 모두 보기, 좋아하는 장르 외에도 다양한 장르를 접해야 합니다.

(김창민)

다양한 플랫폼과 각 매체에 대한 이해가 가장 중요합니다. 소위 말하는 아이템이라는 건 태생적으로 제각각 맞는 옷과 그릇이 있다는 걸 잊지 마세요. 매체의 특성을 이해하고 아이템을 그에 맞게 늘렸다 줄였다 그리고 뒤틀고 변형하는 것을 겁내지 말고 자유자재로 할 줄 알아야 합니다.

(김태희)

수많은 미디어가 연결되어 있는데, 콘텐츠를 기획하는 사람들이 하나의 미디어에만 머물러있으면 안 될 것 같습니다. 앞으로는 TV가 먼저, 웹, 모바일이 먼저 인지하는 구분보다 사람들에게 전달하고자 하는 가치나 재미를 표현하기에 어느 플랫폼이 적합한지가 더 중요하게 되리라 생각합니다.

(임희준)

지금의 시청자를 이해하고 그와 연대하는 진정성을 갖는 것. 기획 및 제작 기술을 모두 흡수한다는 열린 사고로 학습하고 시청자들이 보는 채널들을 보고 분석하는 태도를 가져야 해요. 미래의 방송은 과거 동굴벽화시절 때처럼 계급이 없이 자연발생적으로 탄생하는 미디어일 가능성이 높아요. 결국 미디어는 평평해질 거에요. 빠르게 표현하고 주변과 피드백을 잘 주고받는 사람이 이 미디어 세상의 주인이 될 겁니다.

(이민석)

참고문헌

권명숙, 「도시 아이덴티티 정립을 위한 스토리빌딩의 활용 방안 연구: 도시 브랜드 슬로건 'Dynamic Wonju'를 중심으로」, 상지대학교 대학원 석사학위논문, 2014.

김일철·유지희, 『스토리두잉』, 컬처그라퍼, 2014.

사이먼 사이넥, 『나는 왜 이 일을 하는가?』, 이영민 옮김, 타임비즈, 2013.

요시미 순야, 『미디어 문화론』, 안미라 옮김, 커뮤니케이션북스, 2006.

유인오·신동윤, 「스토리텔링을 넘어 스토리빌딩으로」, 『동아비즈니스 리뷰』 통권 제79호, 2011.

이상민, 『대중매체 스토리텔링 분석론』, 북코리아, 2009.

윤지영, 『오가닉 미디어』, 21세기북스, 2014.

지나 키팅, 『넷플릭스, 스타트업의 전설』, 박종근 옮김, 한빛비즈, 2015.

프랑크 하르트만, 『미디어 철학』, 이상엽·강웅경 옮김, 북코리아, 2008.

최혜실, 『문화산업과 스토리텔링』, 다할미디어, 2007.

헨리 젠킨스, 『컨버전스 컬처: 올드 미디어와 뉴 미디어의 충돌』, 김정희원·김동신 옮김, 비즈앤비즈, 2008.

인터넷 자료

머니투데이 테크M, 「소비자 전략, 쉬운 구매보다 '즐거운 경험'을 줘라'」, 『머니투데이』, 2015.04.25. (mt.co.kr/view/mtview.php?type=1&no=2015032716163132326&outlink=1)

안지영, 「'말보다 실천' 스토리텔링 넘어 스토리두잉(story-doing)하는 기업들, 왜?」, 『조선비즈』, 2014.04.11. (biz.chosun.com/site/data/html_dir/2014/04/11/2014041100980.html)

3

트랜스미디어 콘텐츠 유형과 사례

미디어 분화와 이야기 분기

3부에서는 트랜스미디어 콘텐츠의 유형과 사례에 대해 알아보고자 한다. 유형화는 유무형의 대상을 이해하기 위해 취할 수 있는 가장 기본적이고 과학적인 접근 방법이다. 때문에 이미 국내외에서 유형화 작업을 통해 트랜스미디어 콘텐츠에 대한 이해 도모가 시도된 바 있다. 이에 3부에서는 기존 연구에 대한 비판적 검토와 한계 극복을 위해 다양한 스펙트럼을 대입함으로써 트랜스미디어 콘텐츠의 유형을 구체적으로 정립하고자 한다. 특히 1장에서는 '미디어 분화'와 '이야기 분기'라는 트랜스미디어 콘텐츠의 특징적 개념을 기준으로, 유형 세분화와 함께 사례를 제시하여 트랜스미디어 콘텐츠의 본성에 접근해보도록 하겠다.

1. 컨버전스 패러다임과 트랜스미디어 콘텐츠

어떤 방향으로 수렴된다는 의미의 컨버전스는 1960년대 초반 로젠버그(Nathan Rosenberg)가 '다양한 산업이 각자의 기술적 문제를 해결해가는 과정에서 일어나는 공동 기술혁신 활동'이라고 정의하면서 활발하게 논의되기 시작하였고 그 시작점에서 알 수 있듯이 기술 및 산업 차원에서 발생한 개념이다.(이용관, 9) 이처럼 본래 이종 기술 및 산업 간 융합을 이야기하던 것에서 이후 논의가 확대 및 진화하여 서비스 및 제품 간 융합을 뛰어넘어 인문 및 예술 등 다양한 분야의 융합을 망라하기에 이르렀고 21세기 패러다임의 변화를 주도하며 '컨버전스 혁명', '컨버전스 시대', '컨버전스 패러다임'이라는 개념이 자연스럽게 등장하게 되었다.

콘텐츠 분야에서도 컨버전스 현상이 예외 없이 일어나고 있는데 사전적으로는 디지털 기술과 통신망의 발달에 따라 통신과 방송으로 각각 분리되었던 콘텐츠, 네트워크, 단말기 및 서비스의 경계가 허물어지고 통합되는 현상[1]을 의미한다. 젠킨스는 컨버전스의 '변화와 이동'이라는 특징에 주목하면서 미디어 간의 물리적인 결합, 복합, 통합에 덧붙여 콘텐츠 및 미디어 간의 융합 현상을 컨버전스라고 보았다. 이는 컨버전스가 단순하게 기술 변화만을 의미하는 것이 아니라 기술, 산업, 시장, 장르 그리고 시청자 간의 관계를 변화시키는 과정이며, 콘텐츠 생산과 소비에 있어서 거대한 변화를 초래하는 현상이라고 파악한 것이다.(헨리 젠킨스, 35-36)

컨버전스 시대에, 먼저 미디어는 다양하게 확장되고 있다. 영화, 텔

---

1 지식경제용어사전 (terms.naver.com/entry.nhn?docId=303331&cid=50376&categoryId=50376)

레비전, 라디오, 책, 만화, 신문, 잡지 등 전통 미디어가 여전히 건재한 가운데 애니메이션, 웹사이트, 컴퓨터 게임, 모바일 앱, SNS 등 뉴미디어가 출현하면서 미디어는 그 영역이 방대하게 확장되고 있다. 개별 미디어의 발달과 더불어 미디어 간의 융합 현상이 일어나면서 웹과 만화가 융합된 웹툰, 영화와 모바일이 융합된 모바일 무비 등 끊임없이 미디어의 영역이 새롭게 확장되고 있다.

이와 같은 미디어 컨버전스는 미디어를 향유하는 사용자의 행태에 영향을 미친다. 개별 미디어를 순차적으로 향유했던 과거에는 수동적으로 콘텐츠를 수용했던 사용자들이 이제는 주체적이고 능동적으로 미디어를 향유하고 있다. 다양한 재미를 찾는 사용자들은 끊임없이 이동하면서 미디어를 접하고 이를 토대로 창작의 영역까지 능력을 발휘하고자 한다. 또한 과거의 사용자들이 서로 고립된 개인들의 집합이었다면 이제 새로운 사용자들은 보다 사회적으로 긴밀하게 연결되어 있는 존재들이다. 즉, 컨버전스 시대 사용자들은 능동적이고 사회적인 존재로 새롭게 인식되고 있다.

이처럼 미디어 컨버전스로 미디어의 영역이 확장되고 이를 수용하는 사용자가 능동적이고 사회적인 존재로 재인식되고 있는 컨버전스 시대에 요구되는 콘텐츠는 무엇일까? 그 콘텐츠가 바로 이 책에서 주목하는 트랜스미디어 콘텐츠이고 트랜스미디어 스토리텔링이다. 트랜스미디어 콘텐츠는 복수의 미디어를 기반으로 다양한 이야기가 담겨 있다. 때문에 미디어 영역이 확장되고 적극적이고 사회적인 사용자를 대상으로 했을 때 가장 적합한 콘텐츠라고 볼 수 있다.

트랜스미디어 콘텐츠가 오늘날 미디어 환경에 적합한 콘텐츠임에도 불구하고 관련 연구는 아직 걸음마 단계이다. 특히 국내 연구는 성공 사례를 찾아보기 힘든 상황에서 개념 정립과 특징 분석 등으로 연구 주제가 한정되어 있는 것이 현실이다. 이에 여기에서는 트랜스미디어 콘텐츠 관련 연구의 폭을 넓히기 위해 개념을 재정리하면서 개념 요소인 '미디어 분화'와 '이야기 분기'를 기준으로 유형화하고 해당 사례를 분석하고자 한다.

트랜스미디어와 관련한 학문적 연구는 2000년대 중반 젠킨스가 트랜스미디어 스토리텔링이라는 개념을 대중화시키면서 본격화되기 시작하였다. 관련 연구가 미국을 중심으로 국외에서 활발하게 진행된 것은 국외를 중심으로 다양한 성공 사례가 존재하기 때문으로 생각된다. 이에 반해 현재까지 성공 사례를 찾아보기 힘든 국내[2]에서는 2000년대 중반부터 트랜스미디어 콘텐츠의 개념 및 특징을 주제로 한 학문적 연구가 시작되었지만 본격적으로 활성화되지 못하고 있다.

때문에 트랜스미디어 콘텐츠 유형화와 관련된 선행 연구도 국외 연구가 중심으로 이룬다. 해당 선행 연구로는 국외 연구로 라이언(Marie-Laure Ryan, 2013), 필립스(Andrea Phillips, 2012), 프랫튼(Robert Pratten, 2011), 올셋(Espen Aarseth, 2006)의 연구가, 국내 연구로 서성은(2015)의 연구가 대표적이다.

라이언의 연구에서는 전체 스토리시스템 안에서의 스토리 세계 수를 기준으로 다수 세계(many worlds)와 동일 세계(same world)로 구분하였다. 여기서 다수 세계는 전체 스토리시스템 안에서 다수의 스토리 세계를 가지는 경우를 동일 세계는 전체 스토리시스템 안에서 동일한 하나의 스토리 세계를 구현하는 경우를 말한다.

필립스의 연구에서는 전체 스토리 세계의 파편화 방식에 따라 트

2 트랜스미디어의 국내 성공사례는 〈미생〉의 성공과 함께 본격적으로 논의되기 시작했다. 손영훈·홍원균, 「드라마 미생을 통해 본 콘텐츠 생태계와 비즈니스 기회」, 디지에코 보고서, 2014.

랜스미디어 콘텐츠를 대형(big pieces)과 소형(tiny pieces)으로 구분하였다. 대형은 조각낸 스토리 단위가 충분히 크고 독립적이어서 자체로 온전한 콘텐츠 상품이 될 수 있는 경우를 말하며 소형은 스토리 조각이 작고 비독립적이어서 매체 간 긴밀한 연결이 필요한 경우를 말한다.

프랫튼의 연구에서는 내러티브 공간과 플랫폼을 기준으로 분기형(franchise), 혼성형(portmanteau) 등으로 트랜스미디어 콘텐츠 유형을 구분하였다. 분기형은 싱글 플랫폼/멀티 내러티브 공간에 해당하는 유형으로 하나의 플랫폼을 중심으로 전편, 속편 등을 통해 순차적으로 배급되며 플랫폼 사이에 소비자 인터랙션이 적은 경우이다. 혼성형은 멀티 플랫폼/싱글 내러티브 공간에 해당하는 유형으로 대체현실게임처럼 다양한 플랫폼을 통해 하나의 내러티브 공간을 형성하는 경우를 말한다.

올셋의 연구에서는 스토리 버전들의 공개 유형을 기준으로 동기식(synchronous)과 비동기식(asynchronous)으로 구분하였다. 동기식은 여러 콘텐츠가 동시다발적으로 공개되는 경우를 말하며 비동기식은 여러 콘텐츠가 시간차를 두고 순차적으로 공개되는 경우를 말한다.

마지막으로 서성은의 연구는 앞선 필립스와 올셋의 연구를 종합하여 유형화 작업을 실시하였다. x축과 y축에 각각 매체별 스토리의 독립성과 콘텐츠 공급의 동시성을 기준으로 설정하여 대형/비동기식, 대형/동기식, 소형/비동기식, 소형/동기식 등 4가지로 유형을 구분하였다.

앞선 연구들이 최근 들어 각광받고 있는 트랜스미디어 콘텐츠의 유형화 작업을 실제적으로 실시했다는 데 의의가 있고, 특히 서성은의 연구는 국내에선 처음으로 유형화 연구를 시도했다는 점에서 의

의가 있다. 하지만 이상의 선행 연구가 트랜스미디어 콘텐츠의 다양한 형태를 포괄하기에는 무리가 있고 서성은의 연구는 선행 연구들을 종합했다는 점에서 한계를 보인다. 이에 트랜스미디어 콘텐츠를 이해하기 위한 새로운 관점을 제시하는 입장에서 트랜스미디어의 개념 요소를 중심으로 유형화 작업을 실시하고자 한다.

[표 1] 트랜스미디어 콘텐츠 유형화 관련 선행연구

연구자(연도)	기준	내용
서성은(2015)	매체별 스토리의 독립성/ 콘텐츠 공급의 동시성 문제	소형·비동기식/소형·동기식/ 대형·비동기식/대형·동기식
라이언(2013)	스토리 세계의 수	다수세계/동일세계
필립스(2012)	전체 스토리 세계의 파편화 방식	소형/대형
프랫튼(2011)	내러티브 공간/플랫폼	분기형/혼성형
올셋(2006)	스토리 버전들의 공개 유형	동기식/비동기식

2. 트랜스미디어 콘텐츠의 개념 요소

트랜스미디어 콘텐츠라는 용어는 트랜스, 미디어 그리고 콘텐츠의 합성어로 미디어 간의 경계를 넘어 콘텐츠 이야기 간 일어나는 결합 및 융합 현상을 의미한다. 트랜스는 사전적 의미로 '넘어서', '횡단하여', '꿰뚫어'라는 의미와 함께 '초월하여', '다른 상태로'라는 의미까지 다양한 의미로 해석될 수 있는데 트랜스미디어 콘텐츠에서의 트랜스는 다양한 미디어 간 넘나들기라고 정의할 수 있겠다. 그리하여 트랜스미디어 콘텐츠는 복수의 미디어를 넘나들면서 콘텐츠 이야기가 개별로 변형 및 변주되고 궁극적으로는 그 이야기 세계가 하나로 통합 및 수렴되는 현상을 말한다.

트랜스미디어라는 용어를 최초로 사용한 이는 문화연구가 킨더로, 1991년 그녀가 한 작품의 캐릭터가 여러 플랫폼에 걸쳐 나타나는 현상인 미디어 프랜차이즈를 서술하기 위해 트랜스미디어 상호텍스트성이라는 용어를 언급한 것을 시초로 보고 있다.(류철균·한혜원 외, 34) 이처럼 트랜스미디어라는 용어가 탄생한 지 20년이 넘었지만 이를 대중화시킨 이는 트랜스미디어 스토리텔링 개념을 제시한 젠킨스이다. 그는 트랜스미디어 스토리텔링이란 ① 다양한 미디어 플랫폼을 통해 공개되며, ② 각각의 새로운 텍스트가 전체 스토리에 분명하고도 가치 있는 기여를 하고 ③ 이상적인 형태의 트랜스미디어 스토리텔링에서 각각의 미디어는 각자 최선의 역할을 수행해야 한다고 보았다. 또한 ④ 각 프랜차이즈(콘텐츠)로의 진입은 자기 충족적이어야 하는데 영화를 보지 않고도 게임을 즐길 수 있어야 하며, 그 역도 마찬가지여서 어떤 상품이든지 전체 프랜차이즈로의 입구가 되어야 한다고 했다.

디자이너이자 프로듀서로 트랜스미디어 콘텐츠 디자인 전문가로 활동하고 있는 롱(Mark Long)은 트랜스미디어 콘텐츠에 대해 그것이 하나의 콘텐츠이면서 달라야 함을 강조하였다. 그는 트랜스미디어 콘텐츠가 하나의 비전을 가지고 적어도 3가지 이상의 미디어에서 시작해야 하며 모든 미디어마다 독특한 점이 있어 사람들로 하여금 호기심을 자극시킬 수 있도록 기획 단계에서부터 설계한다고 보았다.[3]

---

3 롱, 「TRANSMEDIA storytelling」(kocca.kr/cop/bbs/view/B0000180/1303482.do?searchCnd=&searchWrd=&cateTp1=&cateTp2=&useAt=&menuNo=20095

또한 게임 디렉터인 허드슨(Casey Hudson)은 트랜스미디어 콘텐츠의 이야기는 통합된 이야기로 모든 미디어를 하나의 거대한 이야기로 묶어야 한다고 주장하였다. 그는 이 거대한 이야기에는 확장되기 쉬운 세계관과 현실에서는 찾아보기 힘든 판타지가 있어야 하고 더불어 이 거대한 이야기는 계속 콘텐츠가 늘어나더라도 헤매지 않도록 미리 스토리를 짜놓아야 한다는 점을 강조하였다.[4]

마지막으로 트랜스미디어 작가인 필립스는 젠킨스가 제시한 요건이 트랜스미디어 콘텐츠의 다양한 유형을 담아내기에는 한계가 있다는 점을 인식하고 ① 복수매체 ② 단일하고 통일된 스토리와 사용자 경험 ③ 매체 간 불필요한 반복 방지를 트랜스미디어 스토리텔링의 요건으로 제시하면서 폭넓은 정의를 시도하였다.

이상에서 전문가들의 의견을 중심으로 트랜스미디어 콘텐츠의 개념을 정리하면 트랜스미디어 콘텐츠는 다양한 미디어가 기반이 되어 서로 다른 이야기로 변형 및 변주되면서 확대된 이야기가 다시 하나의 거대 이야기(세계)로 수렴되는 콘텐츠를 말한다. 즉, 다양한 미디어를 기반으로 하여 각각 분리된 이야기도 의미를 가지고 이 이야기들이 결합되고 융합된 거대 이야기 역시 의미를 가지는 '따로 또 같이' 콘텐츠라고 할 수 있다.

3&categorys=0&subcate=0&cateCode=&type=&instNo=0&questionTp=&uf_Setting=&recovery=&pageIndex=1)

4 허드슨, 「[KGC2010]트랜스미디어 스토리텔링: Mass Effect Universe에서 게임, 만화, 영화가 합쳐진 스토리라인 만들기」 (kocca.kr/cop/bbs/view/B0000180/1316928.do?searchCnd=&searchWrd=&cateTp1=&cateTp2=&useAt=&menuNo=201020&categorys=0&subcate=0&cateCode=&type=&instNo=0&questionTp=&uf_Setting=&recovery=&option1=&option2=&pageIndex=20)

3. 트랜스미디어 콘텐츠의 유형

앞서 전문가들의 의견을 중심으로 트랜스미디어 콘텐츠 개념에서 공통분모를 추출해보면 미디어 분화와 이야기 분기를 들 수 있다. 이에 여기에서는 트랜스미디어 콘텐츠의 두 가지 중요 요소-미디어 분화와 이야기 분기-를 중심으로 트랜스미디어 콘텐츠 유형을 분석해보고자 한다.

1) 미디어 분화에 따른 분류 – 가상세계와 실제세계

트랜스미디어 콘텐츠의 기본 개념 요소 중 하나는 미디어 분화이다. 젠킨스는 다양한 미디어 플랫폼을, 롱은 적어도 세 가지 이상의 미디어를, 필립스는 복수 매체를 트랜스미디어 스토리텔링의 주요 요소로 언급하며 미디어 분화를 강조했다. 특히 오늘날과 같이 개별 미디어가 빠르게 등장하고 성장함과 동시에 미디어 간의 컨버전스가 지속적으로 이루어지는 미디어 환경 속에서는 다양하게 미디어가 분화되는 것은 자연스러운 현상이다. 즉, 콘텐츠의 이야기를 담기 위해 다양한 미디어를 활용하게 된 것이다.

미디어 분화에 대한 논의를 좀 더 이어나가면 개발자와 사용자 모두의 입장에서 '미디어의 분화는 필수'라는 명제는 분명해진다. 개발자 입장에서는 오늘날과 같은 미디어 환경이 더 이상 단일 미디어를 고집할 수 없게 만들었다. 경제적으로도 다양한 수익 모델을 창출하기 위해서 적극적으로 미디어를 사용하는 것이 효과적이라는 사실을 여러 성공 사례를 통해 볼 수 있기에 다양한 미디어를 활용하는 것은 일반적인 현상이 되었다. 더욱이 콘텐츠 개발자는 사용자의 취향이나 스타일에 대한 충분한 분석 없이 성공적인 콘텐츠를 개발할 수 없다는 점에서 오늘날 사용자의 경향을 알아보는 일은 중요하다. 프랫튼은 더 이상 단일 미디어가 스토리텔링에 대한 사용자의 호기심과 삶의 방식을 채워주지 못한다고 단언하며 복수의 매체를 통해 스토리를 말해야 함을 강조하였다. 그는 트랜스미디어 스토리텔링은 사용자가 원하는 형태로, 원하는 시간에, 원하는 장소에서 콘텐츠가 공급될 수 있으며 이는 더 많은 사용자에게 다가갈 수 있고 더 많은 사용자를 만족시킬 수 있다고 했다.(서성은, 8) 이러한 주장은 오늘날 사용자가 단일 미디어로는 더 이상 만족할 수 없으며 미디어의 분화를 통한 다양한 미디어 경험을 선호하고 있음을 나타낸다고 하겠다.

미디어 분화에서 또 하나 주목할 점은 온·오프라인의 경계가 모호해지고 있다는 점이다. 온라인 미디어나 오프라인 미디어의 구별 없이 다양하게 미디어를 활용하고 있기 때문이다. 미디어의 분화로 다양한 온·오프라인 미디어를 넘나들며 즉, 미디어를 트랜스하며 콘텐츠가 생산되고 있다. 특히 최근 각광받고 있는 가상현실게임은 가상과 현실을 모호하게 설정하여 온라인과 오프라인을 넘나드는 적극적인 미디어 경험을 제공함으로써 사용자의 흥미와 호기심을 자극하는 트랜스미디어 스토리텔링의 대표적인 기법이다. 즉, 미디어의 분화로 인한 다양한 미디어의 활용은 온·오프라인의 경계가 무너지는, 가상과 현실이 공존하는 결과를 초래하게 되었다.

한편 미디어 분화는 미디어를 사용하는 사용자 경험과 관련이 크다. 어떠한 미디어를 사용하느냐에 따라 사용자 경험의 범위가 달라질 수 있다는 것이다. 미디어에 따라 사용자 경험이 단순하게 혹은 소극적으로 가상의 이야기 공간에만 머물러 있을 수도 있고 아니면 복잡하게 혹은 적극적으로 실재 공간까지 연결되어 가상과 실재가 공존할 수도 있다. 이에 여기에서는 미디어 분화를 기준으로, 미디어의 분화가 사용자 경험에 미치는 범위를 크게 가상세계와 실제세계로 구분한다. 이에 따르면 미디어 분화에 따른 사용자 경험이 실재 현실과 관계없이 허구적 이야기 공간에 머무르는 경우를 가상세계로, 사용자 경험이 가상과 실재를 넘나들며 현실과 관계를 가지는 경우를 실제세계로 설정할 수 있다. 즉, 전자인 가상세계에는 〈매트릭스〉, 〈미생〉, 〈레지던트 이블(Resident Evil)〉, 〈하이라이즈(Highrise)〉, 〈이너니메이트 앨리스(Inanimate Alice)〉 등과 같이 사용자 경험이 허구적 이야기 공간에 머무르는 경우가, 후자인 실제세계에는 〈블루버드 AR(Bluebird AR)〉, 〈로스트(LOST)〉, 〈배트맨(Batman)〉, 〈비스트(The Beast)〉, 〈기름 없는 세상(World without Oil)〉 등과 같이 사용자 경험이 가상과 실재를 넘나들며 현실에까지 영향을 미치는 경우가 포함된다.

2) 이야기 분기에 따른 분류 – 독립형과 통합형

트랜스미디어 콘텐츠의 유형화 분석의 두 번째 준거는 이야기 분기이다. 이야기 분기는 트랜스미디어 스토리텔링과 연관이 깊다. 사실 복수 매체 사용은 트랜스미디어 스토리텔링 이전에도 존재하고 있었다. 그것이 바로 콘텐츠 산업에서 수익모델 창출을 위해 하나의 원천 이야기를 다양한 매체를 통해 표현하는 이른바 OSMU 전략이다.

트랜스미디어 스토리텔링과 OSMU는 미디어 분화를 기반으로 하나의 서사체를 표현한다는 점에서 외형적으로 공통점을 갖는다. 하지만 그 구조를 살펴보면 차이점은 명확하다. OSMU가 하나의 이야기를 완결된 결과물로서 미디어에 맞게 각색하여 다매체로 확장하는 방식인 반면 트랜스미디어 스토리텔링은 하나의 이야기를 미디어의 특성에 맞게 각각 다른 형식으로 분기시키는 방식이다. 즉, 전자가 서사 구조나 질서를 그대로 유지한 상태에서 각색이 이루어지기 때문에 이야기가 반복되는 반면 후자는 개별 미디어에 맞는 형식으로 이야기가 분기되기 때문에 미디어마다 새로운 이야기가 생산된다. 때문에 사용자 입장에서는 OSMU가 반복된 이야기로 인해 쉽게 싫증을 낼 수 있는 반면 트랜스미디어 스토리텔링은 새로운 이야기로 인해 재미와 참여의 폭이 확장될 가능성이 높다.

앞서 주지하다시피 트랜스미디어 스토리텔링이 논의되고 활성화되기 이전부터 복수매체를 활용한 OSMU 전략은 계속되고 있으며 여기에 다양한 미디어의 발달과 적극적인 사용자 참여가 이루어지면서 트랜스미디어 스토리텔링이 점점 확대되고 있는 추세이다. 이에 여기에서는 서사 형태에 영향을 미치는 이야기 분기를 기준으로, 이야기 분기가 OSMU와 트랜스미디어 스토리텔링이 함께 적용된 경우를 통합형으로 순수하게 트랜스미디어 스토리텔링이 적용된 경우를 독립형으로 구분하였다. 즉, 전자는 원천 이야기가 반복되면서도 독립적인 이야기가 전개되는 반면 후자는 이야기가 반복되지 않고 미디어별로 각각 다른 이야기가 전개되는 경우를 말한다. 사례별로는 〈트랜스포머(Transformer)〉, 〈심슨가족(The Simpsons)〉, 〈셜록 홈즈〉, 〈앵그리 버드(The Angry Birds)〉, 〈글리(Glee)〉 등이 통합형에, 〈마리카에 관한 진실〉, 〈노르망디의 이방인〉, 〈콜렙서스(Collapsus)〉, 〈디텍티브 애비뉴(Detective Avenue)〉 등이 독립형에 포함된다. 이를 시기적으로 보면 1990년대 말 〈매트릭스〉나 〈블레어 윗치 프로젝트〉를 전후로 하여 이전에는 OSMU와 트랜스미디어 스토리텔링이 공존하는 통합형이 다수를 이루고 있는 반면 이후로는 의도적으로 트랜스미디어 스토리텔링을 적용한 독립형이 등장하여 확산되고 있는 추세이다.

앞서 제시한 미디어 분화와 이야기 분기를 기준으로 주요 트랜스미디어 콘텐츠를 xy좌표 위에 위치시키면 다음과 같다. 각 영역에 관한 설명 및 사례 분석은 다음에서 다루도록 한다.

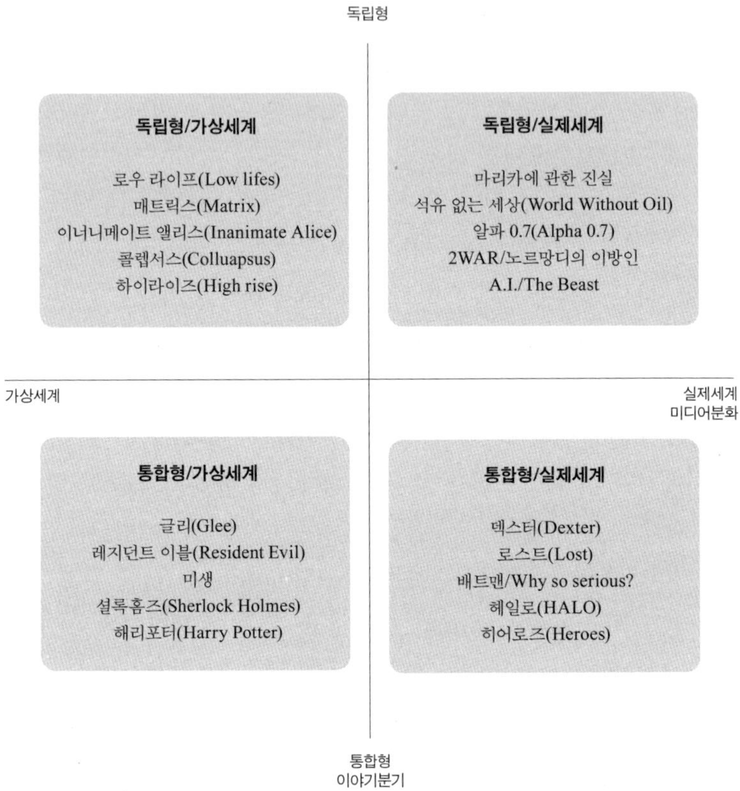

[그림 1] 트랜스미디어 콘텐츠 유형

4. 트랜스미디어 콘텐츠 유형화 사례

1) 제1영역 – 독립형/실제세계

독립형/실제세계 영역은 미디어 분화로 인한 사용자 경험이 가상세계에 머무르지 않고 실제세계까지 영향을 미치며 이야기 분기는 미디어 간 반복 없이 각 미디어별로 새로운 이야기가 담긴 경우를 말한다. 이 유형의 대표적인 사례로는 〈노르망디의 이방인〉, 〈마리카에 관한 진실〉, 〈알파 0.7〉 등을 들 수 있으며 그 중 국내 사례인 〈노르망디의 이방인〉을 살펴본다.

〈노르망디의 이방인〉은 1인칭 슈팅 게임 〈2워(2WAR)〉의 홍보를 위해 2007년에 선을 보인 트랜스미디어 콘텐츠이다. 〈노르망디의 이방인〉은 한 녹음실에서 다큐멘터리 작가 김진환의 오디오 드라마 파일 30개를 이방인이 훔쳐갔다는 허구적 사건에서 시작된다. 드라마의 내용은 2차 세계대전 중에 있었던 노르망디 상륙작전을 모티브로 하여 당시 일본군에 징병되어 포로가 되었던 한국인들의 일화를 담고 있다. 사용자들은 이 드라마 파일을 찾기 위해 이방인이라는 익명의 범인에게서 정보들을 제공받는다. 이 과정에서 사용자들은 블로그, 이메일, 이미지, 영상, 음성 메시지, 라이브 이벤트 등을 통해 사건의 실마리를 쥐고 있는 단서들을 제공 받고 사라진 오디오 파일들을 하나씩 되찾아가면서 이방인의 실체를 밝혀낸다.

이방인은 매주 다양한 방법으로 정보를 제공한다. 그는 자신의 고유 마크를 여러 곳에 남기며 문제를 내기도 하고 이메일을 보내거나 자동 응답기에 애매한 음성 메시지를 남기거나 소포를 보냄으로써 사용자들에게 사건 해결을 위한 실마리를 제공한다. 이에 사용자들은 이방인이 제공하는 정보를 토대로 자료를 찾거나 직접 관련 장소

(탑골공원, 한강 밤섬 철새 조망대 등)로 찾아가 이방인이 남긴 마크와 파일에 대한 힌트를 얻는다. 사용자는 이방인이 제시한 문제를 맞히거나 미션을 해결할 경우 ARS 번호로 오디오 파일을 일부 청취하거나 회수하기도 한다.

이 과정에서 〈노르망디의 이방인〉은 단순한 추리게임과는 차별화된 모습들을 보인다. 먼저 〈노르망디의 이방인〉은 가상의 사건임에도 추적하는 과정에서 실재적인 현실에 영향을 미친다. 사용자들은 사건 해결을 위해 컴퓨터 앞에 앉아 자신들의 상식이나 검색에만 기대어 문제를 풀어나가지 않는다. 사용자들은 서울역, 신촌역 등을 비롯한 수도권의 16개 지하철역을 돌아다니며 숨겨져 있는 USB 메모리를 찾아 단서를 획득하거나 '탑골공원에 가서 나에게 전화를 걸어라'라는 정보를 받고 현실 속의 탑골공원을 직접 찾아가 사건 해결의 실마리를 스스로 찾아낸다. 또한 당시 실제로 서점에서 판매되고 있던 『마케팅 2.0 I WOM』이라는 책 속에서 힌트를 발견하기도 한다. 즉, 〈노르망디의 이방인〉의 사용자는 가상 세계의 이야기를 현실에서 해결해 나감으로써 사용자의 경험이 가상세계에만 머무르지 않고 실제세계까지 영향을 미치는 모습을 보이고 있다. 두 번째 단순한 추리게임과 〈노르망디의 이방인〉의 차이점은 사건 해결 과정에서 작가나 소수의 사용자 참여가 아니라 다수의 사용자 참여를 필요로 한다는 것이다. 즉, 사건 해결에 있어 사용자들의 지혜를 모은 집단지성이 필요하다는 것이다. 이방인이 제공하는 단서는 난이도가 높으며 복잡하기도 하고 앞서 언급하였듯이 실제 특정 장소를 방문해야 하는 등 거리적 제약도 존재한다. 때문에 사건을 해결하기 위해서는 소수의 능력에 기댈 수 없으며 다수의 협업이 필요하고 사용자 간의 원활한 의사소통이 이루어져야 한다. 이를 위해 〈노르망디의 이방인〉

에서는 김진환의 블로그 내에 포럼과 카페를 개설하여 사용자들의 커뮤니티로 활용하면서 상호간의 협력을 돕도록 한다.

이상에서 보듯이 〈노르망디의 이방인〉은 김진환이라는 가상의 라디오 작가의 파일을 찾고 용의자를 추적하는 사건을 배경 이야기로 블로그, 이메일 메시지, 이미지, 음성 메시지, 라이브 이벤트 등의 다양한 미디어를 활용한 트랜스미디어 콘텐츠이다. 특히 〈노르망디의 이방인〉은 블로그, 이메일 메시지, 라이브 이벤트 등으로 미디어가 분화되는 과정에서 사용자 경험이 가상세계뿐만 아니라 현실세계와도 긴밀한 연관을 가지면서 실제세계에 영향을 미치고 있으며 이야기가 분기되는 과정에서 미디어에 맞게 개별 이야기가 독립적으로 존재하다는 점에서 독립형/실제세계 트랜스미디어 콘텐츠의 대표적인 사례로 볼 수 있다.

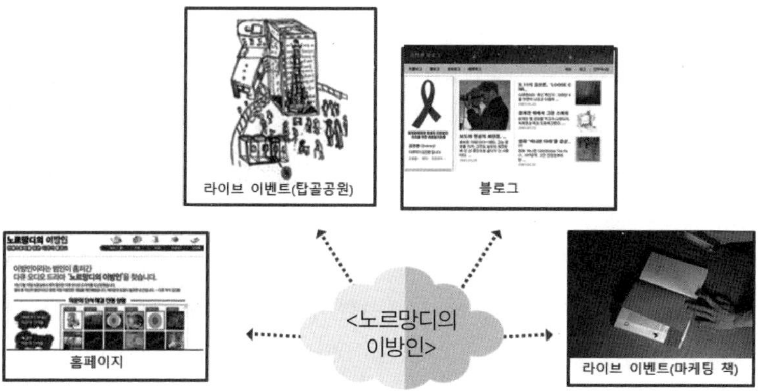

[그림 2] 트랜스미디어 콘텐츠 〈노르망디의 이방인〉

2) 제2영역 - 독립형/가상세계

독립형/가상세계 영역은 미디어 분화로 인한 사용자 경험이 실제 세계까지 영향을 미치지 않고 허구적 가상세계에만 머무르며 이야기 분기는 미디어 간 반복 없이 각 미디어별로 새로운 이야기가 담기는 경우를 말한다. 이 유형의 대표적인 사례로는 〈매트릭스〉, 〈로우 라이프(Low lifes)〉, 〈콜렙서스〉 등을 들 수 있으며 그 중 〈콜렙서스〉를 살펴본다.

〈콜렙서스〉는 2010년 서브마린 채널에서 만든 새로운 형식의 프로젝트로 기존의 다큐멘터리에서 흔하게 볼 수 있었던 단순한 영상 기법이 아닌 트랜스미디어 스토리텔링이 적용된 콘텐츠이다. 〈콜렙서스〉는 전 지구적 에너지 위기 관련 이야기를 크게 TV와 웹이라는 두 종류의 미디어를 기반으로 하여 제작된 콘텐츠다. 여기서 TV와 웹이라는 두 종류의 미디어가 트랜스미디어 스토리텔링에서 이야기하는 다매체 혹은 복수매체[5]와는 거리가 멀다고 볼 수도 있다. 하지만 웹이라는 미디어는 좁은 의미로 하나의 웹페이지 자체를 개별 미디어로 볼 수 있지만 넓은 의미로 이미지, 영상, 애니메이션 등 개별 미디어를 포함한 복합 미디어로 볼 수도 있기에 그 속에서 미디어 분화가 일어난다고 볼 수 있다. 〈콜렙서스〉에서는 하나의 웹페이지 안에 애니메이션, 다큐멘터리 영상, 비디오 웹로그(VLOG), 뉴스캐스트, 라이브액션 장면, 미니 게임에 이르기까지 다양한 미디어가 분화되어 개별 이야기를 담고 있기에 트랜스미디어 콘텐츠의 사례로 다루고자 한다.

---

5 트랜스미디어 스토리텔링의 주요 특성으로 젠킨스는 다양한 미디어 플랫폼을, 롱은 적어도 3가지 이상의 미디어를, 필립스는 다매체를 강조하였다.

〈콜렙서스〉는 TV와 웹이라는 두 가지 미디어를 통해 콘텐츠 경험을 제공한다. TV를 통해서는 시청자들이 전통적인 다큐멘터리를 시청하도록 하며, 웹페이지를 통해서는 사용자들이 인터랙티브한 경험을 하도록 한다. TV 및 웹을 관통하는 이야기는 각국의 젊은이들이 가까운 미래에 처하게 될 에너지 음모와, 에너지 위험이 가지고 올 결과에 대한 공포 이야기가 주를 이룬다. 전통적인 구조로 이루어진 TV 다큐멘터리에 비해 웹에서는 다양한 미디어가 활용된다. 먼저 웹의 인트로 영상은 에너지 운동가 베라의 눈을 통해 본 에너지 위기 관련 내용을 담고 있으며 실제 상황들을 담은 다큐멘터리 영상 장면과 애니메이션이 결합되어 제공된다. 이를 통해 점점 줄어드는 석유 매장량을 둘러싼 복잡한 지리적 정치 공작과 음모에 대한 정보를 제공한다. 인트로 페이지 외에 웹페이지는 크게 3부분으로 구분된다. 메인 페이지 중앙에는 주인공 젊은이들을 둘러싼 에너지 관련 영상과 함께 웹페이지 내 콘텐츠로 이동할 수 있는 내비게이션이 제공된다. 또한 메인 페이지 왼편에서는 인터랙티브 맵을 통해 전 지구적 석유 공급과 관련한 부가 정보를, 오른편에서는 〈에너지 위기(Energy Risk)〉라는 허구의 석유 보고서 및 뉴스캐스트, 전문가 인터뷰 등을 통해 에너지 관련 전문 정보를 받게 된다. 또한 베라와 그녀의 친구들의 비디오 웹로그에는 그들의 개인적인 문제뿐만이 아니라 에너지 위기로 붕괴되고 있는 세계에서 일어나는 일들과 그들이 생존 가능한 미래 세계를 만들기 위해 할 수 있는 일들을 소개한다. 〈콜렙서스〉 웹사이트 사용자는 다큐멘터리 영상, 애니메이션, 인터뷰 영상, 뉴스캐스트, 라이브액션 등 다양한 미디어가 제공하는 이야기를 스스로 탐험하고 경험하면서 에너지 위기를 실감하고 현안에 대한 답을 찾는다.

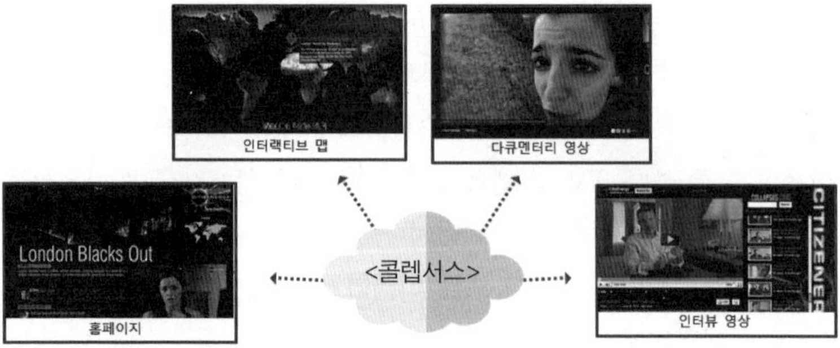

[그림 3] 트랜스미디어 콘텐츠 〈콜렙서스〉

앞서 살펴보았듯이 〈콜렙서스〉는 전 지구적 문제인 에너지 위기 상황을 배경 이야기로 TV와 통합 미디어로서 웹이라는 두 가지 미디어를 적극적으로 활용한 트랜스미디어 콘텐츠이다. 〈콜렙서스〉는 TV와 웹(다큐멘터리 영상, 인터뷰 영상, 비디오 웹로그, 뉴스캐스트, 라이브액션 등)으로 미디어가 분화되는 과정에서 사용자 경험이 이야기 속 가상세계에 머무르고 있으며 이야기가 분기되는 과정에서 미디어에 맞게 개별 이야기가 독립적으로 존재한다는 점에서 독립형/가상세계 트랜스미디어 콘텐츠의 대표적인 사례로 볼 수 있다.

3) 제3영역 – 통합형/가상세계

통합형/가상세계 영역은 미디어 분화로 인한 사용자 경험이 실제세계까지 영향을 미치지 않고 가상세계에만 머무르며 이야기 분기는 미디어 간 이야기의 반복이 이루어지면서도 새로운 이야기가 추가되는 즉, OSMU와 트랜스미디어 스토리텔링이 동반되는 경우이다. 이 유형의 대표적인 사례로는 〈미생〉, 〈레지던트 이블〉, 〈해리포터〉 등을 들 수 있으며 그 중 국내 사례인 〈미생〉을 살펴본다.

〈미생〉은 바둑이 인생의 모든 것이었던 청년 장그래가 프로바둑 기사 입단에 실패한 후, 냉혹한 현실에 던져지면서 벌어지는 이야기를 웹툰, 만화책, 모바일 무비, TV 드라마 등을 통해 미디어를 분화시키며 선보인다. 〈미생〉은 2012년 1월 윤태호 작가가 다음 포탈에 웹툰을 처음 연재하면서 알려지게 되었고 그 해 9월 인기에 힘입어 단행본 만화책이 9권으로 출간되었다. 웹툰에서 만화책으로 미디어가 분화되는 과정에서는 원작 웹툰의 이야기를 동일하게 반복하면서 서사 구조나 질서를 그대로 유지한 것으로 OSMU로 볼 수 있다. 이후 〈미생〉은 모바일 무비, TV 등 다양한 미디어로 분화되고 이야기가 분기되면서 세계가 점차 확대되는 트랜스미디어 콘텐츠의 면모를 보여준다.

먼저 2013년 5월 〈미생〉은 모바일 무비에서 주인공인 장그래를 비롯하여 안영이, 오차장, 한석율, 장백기, 김대리 등 중심 캐릭터의 과

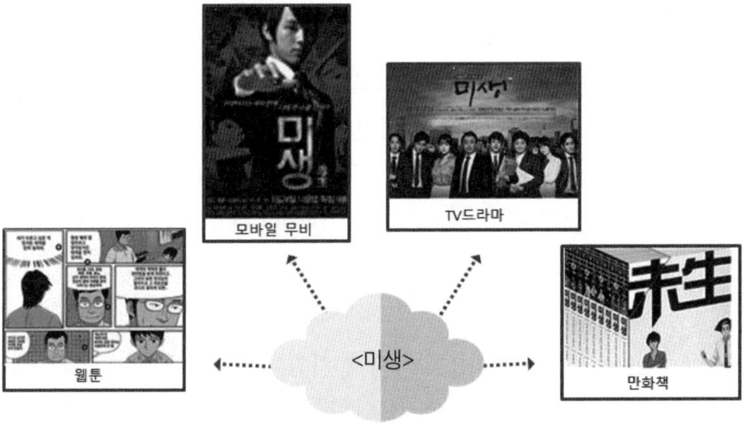

[그림 4] 트랜스미디어 콘텐츠 〈미생〉

거 이야기를 다룬다. 이전의 웹툰이나 만화책에서는 볼 수 없었던 새로운 이야기이다. 6개의 에피소드 중 장그래 편은 프로바둑 기사 입단에 실패하고 바둑계를 떠난 장그래가 그 동안의 습관과 집착을 잊으려 노력하면서 세상으로 한 발 들어서는 모습을 그렸다. 여주인공 〈안영이〉 편에서는 냉철함을 유지하지면서도 장난기 어린 면이 있는 그녀의 풋풋한 로맨스를, 〈오차장〉 편에서는 위아래로 치이면서도 엄청난 업무량을 소화하며 힘든 하루하루를 보냈던 오차장의 오대리 시절을 그렸다. 또한 〈한석율〉, 〈장백기〉, 〈김대리〉 편에서는 각각 지나치게 현장의 중요성을 강조한 한석율의 크리스마스이브 이야기를, 소심하면서도 은근히 승부욕 넘치는 장백기의 취업준비생 시절의 모습을 그리고 소개팅에서 매번 거절당하며 연애만큼은 젬병이었던 김대리의 설레는 순간을 다루었다. 이처럼 중심 캐릭터의 과거 이야기는 사용자로 하여금 이전의 웹툰이나 만화의 내용을 좀 더 논리적으로 이해하도록 돕는 동시에 〈미생〉 세계에 대한 관심을 유지하는 데 크게 기여했다고 볼 수 있다.

다음으로 2014년 10월부터 12월까지 〈미생〉은 드라마로 방송되면서 TV로 미디어가 분화되고 원작에 없는 에피소드가 추가되거나 캐릭터의 성격이 변화되면서 이야기가 분기된다. 장그래와 오상식을 일종의 유사 부자 관계로 그려내고 장백기나 원작에서 미미했던 조연들까지 훨씬 입체적인 인물로 그려낸 것이다. TV 드라마 첫 방송을 하루 앞두고는 미디어가 다시 분화되어 미생-사석이라는 이름으로 총 5회의 에피소드가 웹툰으로 공개된다. 이 특별 웹툰에는 오차장이 장그래에게 선물한 검정 넥타이에 얽힌 사연 및 아내와의 만남 이야기 등 오차장 관련 에피소드를 담았는데 이를 통해 〈미생〉의 이야기 세계는 더욱 확장된다.

이상에서 보듯이 〈미생〉은 프로기사 입문에 실패한 장그래라는 청년이 냉혹한 현실에 던져지면서 벌어지는 이야기를 웹툰을 비롯하여, 만화책, 모바일 무비, TV 드라마 등의 다양한 미디어로 담아낸 트랜스미디어 콘텐츠라고 볼 수 있다. 특히 〈미생〉은 웹툰, 만화책, 모바일 무비, TV 드라마 등으로 미디어가 분화되는 과정에서 사용자 경험이 미생이라는 이야기 가상공간에 머무르고 있으며, 원작인 웹툰이 만화책으로 분화되는 과정에서는 기존의 이야기가 반복되고 모바일 무비, TV 드라마 등으로 분화되는 과정에서는 새로운 이야기가 지속적으로 생산되는 즉, OSMU와 트랜스미디어 스토리텔링이 동반된다는 점에서 통합형/가상세계 트랜스미디어 콘텐츠의 대표적인 사례로 볼 수 있다.

4) 제4영역 - 통합형/실제세계

통합형/실제세계 영역은 미디어 분화로 인한 사용자 경험이 가상세계에 머무르지 않고 실제세계까지 영향을 미치며 이야기 분기는 미디어 간 이야기의 반복이 이루어지면서도 새로운 이야기도 추가되는 즉, OSMU와 트랜스미디어 스토리텔링이 동반되는 경우이다. 이 유형의 대표적인 사례로는 〈배트맨〉, 〈덱스터〉, 〈로스트〉 등을 들 수 있으며 그 중 〈로스트〉를 살펴본다.

미국 ABC의 드라마 〈로스트〉는 '무인도 조난'이라는 모티프를 토대로 제작되어 2004년 9월부터 2010년 5월까지 약 6년에 걸쳐 총 6시즌이 방영되었으며 한국을 비롯한 일본, 프랑스 등 전 세계적으로 큰 인기를 끌었다. 〈로스트〉의 이야기는 시드니발 로스앤젤레스행 비행기 오세아닉 815편이 남태평양 미지의 섬에 추락하고 다양한 국적과 인종으로 구성된 48명의 생존자들이 무인도에 고립되면서 시작된다. 이후 생존자들이 무인도에서의 생존 및 탈출을 위해 펼치는 치열한 모험과 투쟁 과정의 이야기와 함께 더 나아가 각 인물들이 비행기를 타게 된 연유 등의 배경 이야기가 더해지면서 이야기의 폭과 깊이가 넓어지고 깊어지게 된다. 〈로스트〉는 이 거대한 이야기를 TV 드라마 즉, 하나의 미디어로만 소화하지 않고 시즌 사이의 휴방기를 이용하여 사용자들이 〈로스트〉 세계에 좀 더 몰입할 수 있도록 다양한 미디어를 활용한 트랜스미디어 스토리텔링을 선보인다. 〈로스트〉의 트랜스미디어 스토리텔링 전략에서 활용된 미디어로는 대체현실게임, 소설, DVD, 모비소드, 팟캐스트, 웹사이트 등이 있다.

먼저 〈로스트〉의 대체현실게임은 휴방기를 활용한 효과적인 트랜스미디어 스토리텔링 전략으로 평가받는다. 〈로스트〉 시즌 2와 3 사이에 〈로스트 익스피리언스(LOST EXPERIENCE)〉가, 시즌 3과 4 사이에 〈파인드 8.15(FIND 8.15)〉가 마지막으로 드라마 시즌 4와 5 사이에 〈달마 원츠 유(Dharma Wants You)〉라는 대체현실게임이 선을 보였다. 일종의 퍼즐을 맞추듯 부분을 채워나가며 전체를 완성해 나가는 방식의 대체현실게임은 온·오프라인을 넘나들며 각종 단서와 증거들을 바탕으로 의문의 사건을 해결하고 스토리를 완성하는 방식을 취한다. 이 과정에서 사용자들의 경험은 가상세계뿐만 아니라 실제세계에도 영향을 미치게 된다.

구체적으로 대체현실게임을 하나하나 살펴보면 첫 번째 〈로스트 익스피리언스〉에서는 한소 재단의 이전 직원이었던 레이첼 블레이크가 회사의 비도덕적 활동에 대한 진실을 파헤쳐 가는 이야기를 다룬다. 사용자는 공식 웹페이지, 블로그, 동영상 클립 등의 온라인 미디어와 함께 베드 트윈 출판물, 한소 재단 TV 광고, 캔디바 이벤트, 인터뷰 쇼 등의 오프라인 미디어를 탐험하며 단서를 획득하고 문제를 해결한다. 이를 통해 TV 드라마에서 표면적으로 나온 적이 없던 한소재단과 육각 문양을 로고로 하는 달마 이니셔티브의 관계가 드러남으로써 오세아닉 8.15편의 추락 사고에 대한 사건 배후가 밝혀지게 된다.

두 번째 〈파인드 8.15〉에서는 오세아닉의 IT 기술자인 샘 토마스가 추락한 비행기의 승무원이었던 연인 소냐를 찾기 위해 항공사의 비행기 수색 중단에 반대하는 캠페인을 벌이며 수색 재개를 요청하는 내용을 담고 있다. 사용자들은 샘에게 지속적으로 도착하는 의문의 메일에 담긴 암호들을 해독하며 사고 비행기의 잔해를 발견해 나간다. 이 때 단서를 제공하기 위해 오세아닉 항공 홈페이지, 블로그, 메일, 동영상 등의 온라인 미디어뿐만 아니라 지면 광고, 옥외 광고, TV 방송 등의 오프라인 미디어를 활용한다. 세 번째 대체현실게임 〈달마 원츠 유〉는 코믹 콘에서 열리는 새로운 인재 발굴 프로젝트로 달마 이니셔티브의 재건에 참여를 독려하는 내용의 메일을 받는 것으로 이야기가 시작된다. 사용자는 리쿠르팅 지원자가 되어 주어진 문제나 미션을 수행하고 해결해 나간다. 이 때 리쿠르팅 웹페이지, 유튜브 동영상, 이메일을 비롯하여 리쿠르팅 부스, 테스트 용지 등 온·오프라인 미디어를 넘나드는 확장된 경험을 통해 정보를 획득하고 주어진 문제를 해결한다. 이처럼 〈LOST〉 시즌 사이에 제공된 3번의 대체현실게임에서는 온·오프라인을 넘나들며 사용자의 경험을 확장시킨 개별 이야기들이 각각 TV 드라마와 유기적으로 연관을 맺으며 의미를 가지는 동시에 전체 스토리 구성에도 기여하는 트랜스미디어 스토리텔링 전략이 구현되었다.

대체현실게임 외에도 〈로스트〉에서는 단편 에피소드를 모비소드 형태로 시즌 3과 4사이 휴방기에 제공했다. 〈로스트: 미싱 피시스(Lost: Missing Pieces)〉라는 이름의 모비소드는 13개의 비디오 클립으로 구성되었으며 1분에서 4분가량의 짧은 이야기를 담고 있다. 비행기 추락 이전에 있었던 잭 아버지의 사죄 이야기, 벤과의 공모(共謀)를 고백하는 줄리엣의 이야기 등 TV 〈로스트〉에 나오지 않는 숨겨진 뒷이야기를 다룸으로써 〈로스트〉의 전체 이야기를 이해하는 단서를 제공한다.

또한 〈로스트〉의 인기에 힘입어 열성적인 팬 사이에 팬 커뮤니티가 만들어지고 자발적으로 수많은 팬사이트가 생겨난다. 대표적으로 팬들은 2005년 9월 로스트피디아(Lostpedia)라고 하는 위키 문서를 만들어 〈로스트〉와 관련된 다양한 인물 및 사건 정보 등을 포함한 정보들을 계속해서 담는다. 또한 팬들은 포럼을 열기도 하고 팬픽션과 비디오를 제작하기도 한다. 이처럼 〈로스트〉의 세계 확장은 제작자뿐만 아니라 이를 향유하는 팬들의 적극적인 참여에 의해서도 이루어졌다고 볼 수 있다.

한편 〈로스트〉에서 대체현실게임, 모비소드, 웹사이트 등이 다양한 미디어를 통해 서로 다른 새로운 이야기를 창출함으로써 〈로스트〉의 세계를 구성했다면 소설이나 DVD 등은 TV 드라마와 동일한 기존의 이야기를 반복함으로써 〈로스트〉의 세계를 구성했다고 볼 수 있다. 즉, 〈로스트〉에서는 이야기가 분기되는 과정에서 새로운 이야기가 생성될 뿐만 아니라 기존 이야기가 반복되는 트랜스미디어 전략과 함께 OSMU 전략도 병행되고 있다는 것을 보여준다.

앞서 살펴보았듯이 〈로스트〉는 추락 사고로 무인도에서 생존을 위한 치열한 싸움을 펼치는 생존자들의 이야기를 TV 드라마를 비롯하여, 대체현실게임, 소설, 모비소드 등의 다양한 미디어로 담아낸 트

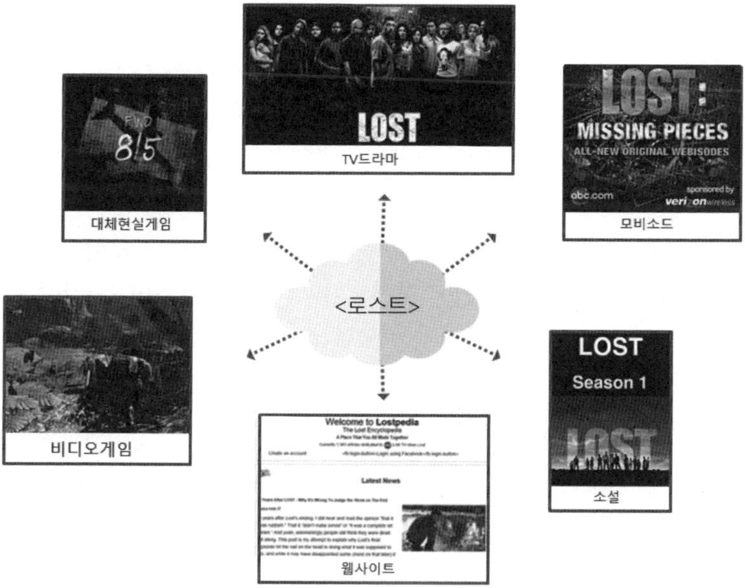

[그림 5] 트랜스미디어 콘텐츠 〈로스트〉

랜스미디어 콘텐츠이다. 〈로스트〉는 TV 드라마, 대체현실게임, 소설, 모비소드 등으로 미디어가 분화되는 과정에서 사용자 경험이 가상의 이야기세계뿐만 아니라 현실세계와도 긴밀한 연관을 가지면서 실제 세계에 영향을 미치고 있으며, 소설 등을 통해 기존의 이야기가 반복되는 한편 대체현실게임, 모비소드 등을 통해 새로운 이야기들이 지속적으로 생산되는 다시 말하자면 OSMU와 트랜스미디어 스토리텔링이 함께 나타난다. 이런 의미에서 〈로스트〉는 통합형/실제세계 트랜스미디어 콘텐츠의 대표적인 사례로 볼 수 있다.

5. 나가는 말

지금까지 컨버전스 시대 각광받고 있는 트랜스미디어 콘텐츠의 개념과 유형에 대해 차례대로 살펴보았다. 트랜스미디어 콘텐츠는 다양한 미디어를 기반으로 서로 다른 이야기가 변형 및 변주되면서 확대된 이야기가 다시 하나의 거대 이야기(세계)로 수렴되는 콘텐츠를 말한다. 이러한 정의를 바탕으로 트랜스미디어 콘텐츠를 특징짓는 요소인 '미디어 분화'와 '이야기 분기'를 유형화의 준거로 활용하였다. 미디어 분화가 사용자 경험에 영향을 미치는 범위를 기준으로 가상세계와 실제세계로, 서사 형태에 영향을 미치는 이야기 분기를 기준으로 독립형과 통합형으로 각각 구분하여 유형화 작업을 실시하였다. 이를 통해 트랜스미디어 콘텐츠를 독립형/실제세계, 독립형/가상세계, 통합형/가상세계, 통합형/실제세계 등 크게 4가지로 유형화하였으며 각 유형별로 〈노르망디의 이방인〉, 〈콜렙서스〉, 〈미생〉, 〈로스트〉를 사례 분석하였다.

이 글은 트랜스미디어 콘텐츠의 개념 및 특징을 규정하는 연구가 대부분이고, 유형과 관련한 연구를 찾아보기 힘든 국내에서 새로운 시각으로 트랜스미디어 콘텐츠의 유형화 작업을 실시했다는 데 의의를 가진다. 하지만 트랜스미디어 콘텐츠는 지속적으로 다양한 모습으로 변화하고 있기 때문에 앞으로 어떻게 발전되고 확장될지는 단언하기 힘들다. 때문에 학계에서의 후속 연구와 현장에서의 개발이 공존해야 할 것으로 생각된다. 앞으로 트랜스미디어 콘텐츠와 관련된 다양한 주제의 심도 깊은 후속 연구가 활성화되어 국내에서 성공사례가 등장하는데 밑거름이 되기를 기대해 본다.

[남정은]

문화콘텐츠와
트랜스미디어

2

분야별 적용 특성과 이야기의 변화

미디어 분화와 이야기의 분기를 중심으로 수행된 앞선 장의 유형화를 통해 트랜스미디어 콘텐츠의 특성에 대해 자세히 고찰해 보았다. 이번 장에서는 다른 스펙트럼의 유형화를 통해 트랜스미디어의 실제적, 효용적 특성에 대해 알아보겠다. 트랜스미디어는 이론의 세계에서만 존재하는 미래의 가능성과 같은 것이 아니라 이미 시장에 출시된 수많은 문화콘텐츠 상품을 통해 체화된 현재진행형 콘텐츠이다. 이들은 매우 다종 다기한 형태와 성격을 보이고 있는데, 이러한 성격을 적합한 기준을 제시해 유형화해내는 작업이야말로 현재 트랜스미디어 콘텐츠 연구에서 필수적이고 가치 있는 시도라 하겠다. 이런 의미에서 놀이, 경험, 환영, 홍보, 교육 등의 특성을 기준으로 트랜스미디어 콘텐츠를 분류하며 그 본성과 중요한 특징에 대해 알아보도록 하겠다.

1. 미디어 2.0과 트랜스미디어 콘텐츠

트랜스미디어 콘텐츠의 적용 분야에 따른 유형은 어떤 용도로 만들어졌는가에 따른 분류이다. 국내의 경우 트랜스미디어 콘텐츠 개발이 걸음마 단계에 지나지 않지만 국외의 경우 엔터테인먼트 분야에서 시작되어 현재 광고·교육 등의 분야에 이르기까지 점차 활발하게 제작하고 있다. 이것은 정보기술의 보편화가 미디어 및 콘텐츠 환경을 변화시키고 있기 때문이다. 즉, 기술의 발전은 끊임없이 새로운 미디어를 만들고, 수없이 많은 콘텐츠를 향유할 수 있는 환경을 만든다는 것을 의미한다.

미디어 2.0 시대라고 불리는 디지털 네트워크 환경은 과거 인간의 활동이 고정된 장소에 크게 의존하던 거점 중심 사회에서 접속성과 이동성이 증가한 연결 중심 사회로 변화시키고 있다.(김문조, 12) 연결 중심 사회는 다른 분야들끼리 무수히 연결된다는 특징이 있다. 무수히 이것은 특정 미디어나 콘텐츠에 편중하지 않고, 사용자의 필요와 선호에 따라 개방, 공유, 참여가 이루어진다는 뜻이다.

이러한 환경에 있는 디지털 사용자의 특성은 정보 지향, 참여 지향, 관계 지향적이어서 정보에 접근하는데 주저함이 없고, 의미와 재미를 추구하는데 있어서 적극적으로 참여하며, 오프라인 혹은 SNS를 이용한 온라인을 가리지 않고 자연스럽게 관계를 형성한다. 이에 따라 사용자는 수동적 역할에서 적극적 참여자로 바뀌었다.

그러므로 트랜스미디어 콘텐츠는 이러한 미디어 2.0의 특징을 잘 반영한 결과물이라고 할 수 있다. 단일 콘텐츠의 단절성과는 달리 이질적인 미디어 및 콘텐츠와 끊임없이 연결한다. 엔터테인먼트용 트랜스미디어 콘텐츠의 대표적인 사례라고 할 수 있는 〈스타워즈〉, 〈스타트렉(Star Trek)〉, 〈트랜스포머〉, 〈마블 시네마틱 유니버스(Marvel

Cinematic Universe)》는 첫 콘텐츠가 등장한지 벌써 수십 년 전이지만 앞으로도 언제 끝날지 알 수 없는 변주를 계속할 것이다. 이러한 변주는 우리에게 모험적 콘텐츠 향유를 시도하게 하여 세월이 지나도 사라지지 않거나 잊히지 않는 놀이를 제공한다. 엔터테인먼트 분야뿐만 아니라 우리가 늘 접하는 광고 역시 미디어 크리에이션의 일환으로 트랜스미디어 기법을 적극 활용하고 있다. 미디어 크리에이션은 미디어의 창의적 활용을 뜻하는 용어로 기존 미디어를 새롭게 활용하는 것, 미디어 특성에 맞는 크리에이티브를 개발하는 것, 소비자와의 접점을 만드는 것을 의미한다. 교육이라는 말보다 에듀테인먼트라는 용어가 이미 대중화되어 있고, 그것의 효용성을 잘 알고 있음에도 교육 방식을 변화시키자는 주장은 계속되고 있다. 이것은 기존 에듀테인먼트 콘텐츠가 제 역할을 못하고 있음과 동시에 미디어 2.0에 부합하지 못하고 있음을 의미한다. 트랜스미디어 러닝은 이 부분을 해결하기 위한 시도를 하고 있다. 다음에서 그 유형과 사례를 살펴본다.

2. 적용 분야별 유형

1) 엔터테인먼트용–트랜스미디어 놀이

'놀이', 'play'는 고대 영어 'pleg(e)an'에서 왔는데 '모험을 감수한다', '위험과 실패에 노출한다'는 것을 의미한다. 이 의미를 미디어 향유 측면에서 보면, 오늘날 우리가 과거와 똑같이 영화관에서 영화를 보고, TV로는 드라마나 뉴스를 보고, 게임 플랫폼에서 게임만 한다면 우리는 모험적인 미디어 향유를 하지 않는다고 할 수 있다. 다시 말해 우리의 놀이는 매우 안정적이라는 아이러니가 성립된다.

어쩌면 트랜스미디어 현상은 이 아이러니를 해결하기 위해서 나타났다고 해도 과언이 아니다. 영화, 게임, 애니메이션 등 각 문화콘텐츠는 서로 관련 없이 독자적인 위상을 가지고 있었는데 미디어, 기술, 그리고 네트워크의 발달로 그것들이 융·복합되면서 그것들을 서로 연결하는 모험을 시도한 것이 트랜스미디어 콘텐츠라고 할 수 있다. 우리가 지금까지 접한 수많은 트랜스미디어 콘텐츠에 관심을 보이고 재미를 느낀 이유가 바로 놀이의 원뜻을 찾았기 때문일 것이다.

(1) 이동성-트랜스미디어 내비게이션

'미디어를 넘어선 미디어'인 트랜스미디어는 물리적이고 기술적인 미디어의 분기만을 의미하지 않는다. 그것과 함께 콘텐츠와 스토리가 분화된다. 과거 영화는 자체적으로 완결성을 가졌지만 N스크린 시대에 이르러 영화는 게임, 드라마, 애니메이션, 테마파크, 라이브 이벤트를 가로지른다. 영화에서 봤던 조연 캐릭터가 게임에서 주연으로 등장하거나 영화의 배경이 테마파크로 연출되기도 한다. 이것은 마치 어린아이가 종횡무진 여기저기로 뛰어다니면서 노는 것과 같이 사용자가 여러 미디어를 가로지르면서 콘텐츠를 향유한다는 의미에서 이동성을 띤다. 그러므로 트랜스미디어라는 용어가 등장하기 전부터 산업계에서 엔터테인먼트용 트랜스미디어 콘텐츠가 가장 먼저 출현한 것은 당연한 일일 것이다.

그 첫 사례는 1887년 코난 도일의 첫 작품 〈주홍색의 연구(A Study in Scarlet)〉에서 등장한 캐릭터 '셜록 홈즈'로, 이후 공연(1899년), 영화(1900년, 2009~2011년), 라디오(1938년), TV 드라마(1951년, 1964~1965년, 1968년, 2011~2016년), 게임(1984년, 2002~2014년), 박물관(1990년) 등 다수의 OSMU와 트랜스미디어 콘텐츠를 선보였다. 1990년까지 다양한 셜록 홈즈 프랜차이즈가 등장하였지만 그때까지 OSMU라던가 트랜스미디어 콘텐츠라는 용어는 등장하지 않았다. 1900년 프랭크 바움의 동화에서 시작한 〈오즈의 마법사〉 역시 앞으로도 다양한 변주와 미디어 플랫폼으로 끝나지 않는 이야기가 될 것이고, 〈피터 팬〉도 같은 경우이다. 현대적인 트랜스미디어 콘텐츠와 가장 유사한 형태로 제작된 1904년 〈호파롱 캐시디(Hopalong Cassidy or Hop-along Cassidy)〉 또한 소설에서 출발하여 2005년까지 영화, 코믹스, TV 드라마, 라디오 극, 테마파크, 그리고 도시락 통 등의 트랜스미디어 콘텐츠로 제작되었다.

1999년 〈블레어 윗치 프로젝트〉와 〈매트릭스〉 등의 의도된 트랜스미디어 콘텐츠가 등장하면서 엔터테인먼트 분야의 트랜스미디어 현상은 이전보다 조직적이고 체계적으로 가속화되었다. 드라마에서 시작된 〈로스트〉, 〈24〉, 소설 중심의 〈해리포터(Harry Potter)〉, 게임 중심의 〈포켓 몬스터〉, 〈앵그리 버드〉, 애니메이션에서 출발한 〈심슨가족〉, 완구에서 출발한 〈트랜스포머〉, 그리고 웹툰 중심의 〈미생〉이 대표적인 사례이다.

〈미생〉은 2012년 1월에 윤태호 작가가 다음에 연재하면서 알려지게 되었고, 그해 9월 인기에 힘입어 책으로 출판되었다. 여기까지는 미디어만 달리하고 같은 내용을 반복하는 OSMU이며, 이후 2013년 5월에 각 캐릭터 6명(장그래 편, 안영이 편, 오차장 편, 김대리 편, 한성률 편, 장백기 편)의 에피소드를 웹 드라마로 제작하여 개봉하였고, 2014년 10월~12월까지 tvN 드라마로 방영되었다. 방영 도중에 윤태호 작가는 오차장의 대리시절을 그린 특별편 〈미생〉을 웹툰으로 연재하였다. 웹툰 〈미생〉은 주인공 장그래를 중심으로 이야기를 전개하고, TV 드라마 〈미생〉은 장그래를 중심으로 하면서도 직장인들

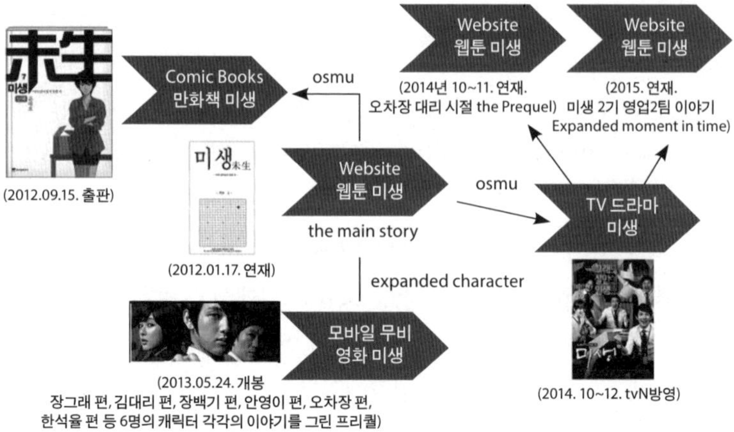

[그림 1] 엔터테인먼트용 트랜스미디어 콘텐츠 사례-〈미생〉

이 겪는 회사생활의 애환을 좀 더 강조하였다. 이후 2015년 말부터 시즌 2가 시작되어 웹툰과 책이 연재 및 출판되고 있다. 이처럼 〈미생〉 프랜차이즈를 인터넷, 스마트폰, 만화책, TV로 종횡무진 이동하면서 본 사용자들은 그 세계관을 충분히 이해하게 된다.

(2) 경험성-역할 놀이

엔터테인먼트용 트랜스미디어 콘텐츠의 핵심은 미디어 분기와 스토리 분화를 통한 놀이와 재미의 극대화에 있다. 기존 엔터테인먼트용 콘텐츠가 우리에게 재미를 주었던 것은 누구나 아는 사실이다. 그러나 기존의 재미는 시청각을 자극하는 정도의 수동적 재미인 반면, 엔터테인먼트용 트랜스미디어 콘텐츠는 사용자(소비자 혹은 시청자)를 콘텐츠의 등장인물이 되게 하거나 게임에 참여시키는 등 체험과 놀이를 경험하게 한다. N스크린 시대에 다중 미디어를 활용하여 다양한 방법으로 콘텐츠 시청에서 나아가 콘텐츠 경험을 하게 한다. 이것은 허구의 스토리가 마치 실제로 일어난 것처럼 가상과 실제의 경계를 허무는 경험도 선사한다.

드라마 로스트만큼 인기가 있었던, 〈리지 베넷 다이어리(Lizzy Benett Diaries, 이하 LBD, 2012~2013)〉는 제인 오스틴의 『오만과 편견(Pride&Prejudice)』을 각색한 미국의 웹 드라마 시리즈다. 2012

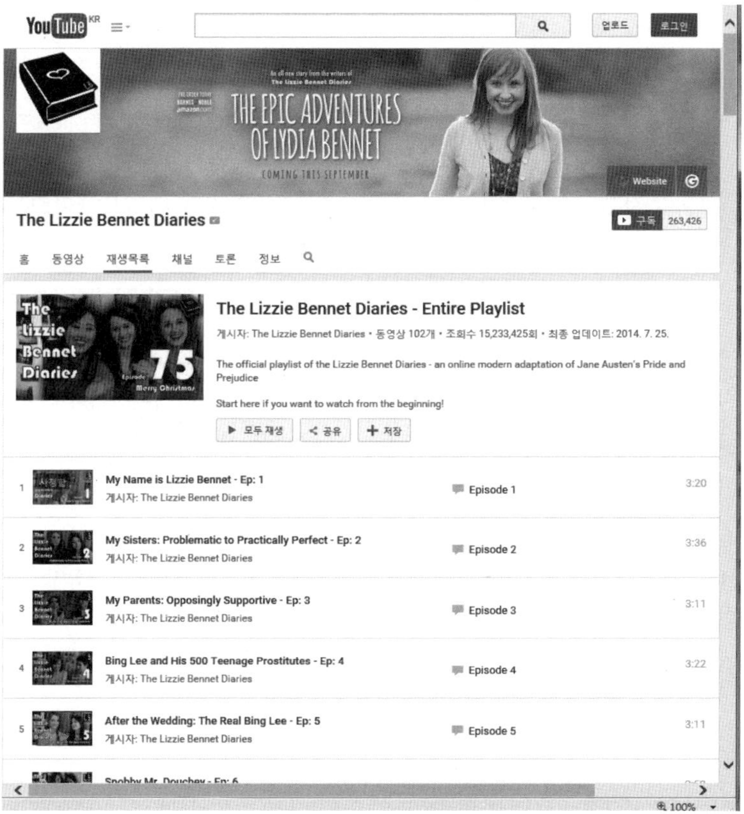

[그림 2] 〈LBD〉의 유튜브

년 4월 9일 유튜브에 비디오 웹로그 다이어리[1]로 첫 방송된 후 2013년 3월 28일까지 100개 에피소드를 끝으로 종영되었다. 고전 소설을 현대식으로 각색하였기 때문에 캐릭터 아크가 일어났다. 주인공 리지 베넷은 대중매체를 전공하는 대학원생으로 등장하는데 자신의 논문 작성을 위해 비디오 웹로그를 시작한다는 설정이다. 첫 에피소드는 리지의 침실에서 발생한 일을 보여주는 것으로 시작해서 전부 실생활에서 일어나는 일을 그렸다.

흥미로운 것은 같은 이야기를 리지, 친구 샬롯, 동생 리디아와 제인의 입장에서 다른 내용과 형식으로 전개한다는 것이다. 또한 10개 에피소드 당 한 번 정도로 Q&A 방식의 비디오를 방영하는데, 주인공 리지는 다른 캐릭터와 함께 실제 시청자들에게서 받은 질문들에 답을 하고 그것을 다음 에피소드에 반영한다. 또한 각 캐릭터들은 SNS 계정을 가지고 있어 SNS로도 시청자들과 상호작용한다. 상호작용뿐만 아니라 리지의 비디오 웹로그에 나타나지 않은 이야기를 SNS에서 공개하기도 한다. 정리하면 〈LBD〉의 주 진입점은 리지의 유튜브 Vlog(youtube.com/user/LizzieBennet)이고, SNS(트위터, 텀블러, 룩북, 페이스북 등)에 있는 각 캐릭터 계정을 통해 메인 콘텐츠에서 소개하지 않았던 이야기를 소개하고, 시청자와 댓글과 질문을 통해 상호작용하면서 관객을 캐릭터로 참여시킨다. 또 하나 〈LBD〉는 '스토리파이'라는 별도의 사이트를 운영하는데 여기에서 시청자들과 캐릭터는 SNS의 내용을 섞어서 새로운 이야기를 생성하는 크리에이터가 되기도 한다.

〈LBD〉는 〈스타워즈〉, 〈스타트렉〉과는 달리 상당히 작은 규모의

1 다음의 URL을 참조 (youtube.com/playlist?list=PL6690D980D8A65D08&feature=g-all-bul)

트랜스미디어 콘텐츠로 등장인물과 시청자가 함께 각각의 역할놀이를 한다는 것이 특징이다. 고전 소설에서 캐릭터의 직업과 역할이 현대 미디어에서 변형된 상태로 캐릭터가 등장한다는 것이 이미 역할놀이를 한다고 볼 수 있고, 시청자가 댓글을 쓰고 올림으로써 이야기 전개에 중요한 역할을 한다는 것도 역할놀이를 한다고 할 수 있다. 이것은 대규모의 대체현실게임이나 라이브 이벤트가 아니어도 충분히 허구세계와 실제세계가 자연스럽게 교류할 수 있음을 시사한다.

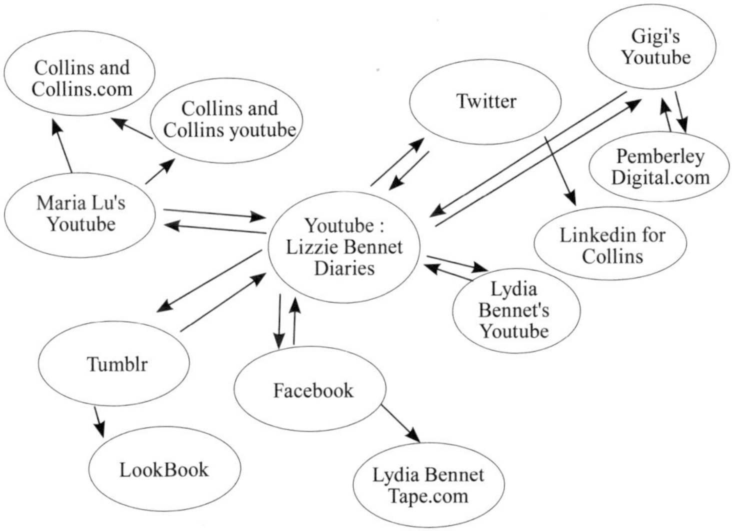

[그림 3] 〈LBD〉 스토리파이의 이야기 생성 흐름도

(3) 환영성-공감적 동일화

사례에서 본 바와 같이 엔터테인먼트용 트랜스미디어 콘텐츠는 재미를 극대화하기 위하여 사용자로 하여금 다양한 미디어를 가로지르게 하고, 각 미디어에 적합한 콘텐츠를 향유하게 하여 엔터테인먼트 경험을 통합하게 한다. 엔터테인먼트 경험은 미디어의 분기와 스토리의 분화에 집중하여 기존 콘텐츠처럼 시청각에 의존하는 〈미생〉과 같은 트랜스미디어 콘텐츠에서부터 〈LBD〉처럼 사용자의 역할놀이 경험을 유도하는 것까지 스펙트럼이 넓다.

〈LBD〉에 푹 빠진 수용자들은 실제로 주인공과 이야기해보고 싶고, 만나보고 싶고, 자신의 이야기를 해 주고 싶어 한다. 더군다나 리지와 친구, 동생은 현실세계에서 존재하는 허구의 인물이므로 직접 대면하고자 하는 수용자의 욕망은 절실할 수 있다. 이 부분을 실현시키기 위해 각 등장인물은 여러 SNS 계정을 만들어 그들과 교류하였다.

영웅, 스타, 소설 주인공 등 특정한 대상과 마주치고 싶어 하는 것은 어릴 적 어린이의 소원과 관련이 있다. 어린이의 소원은 그들과 조

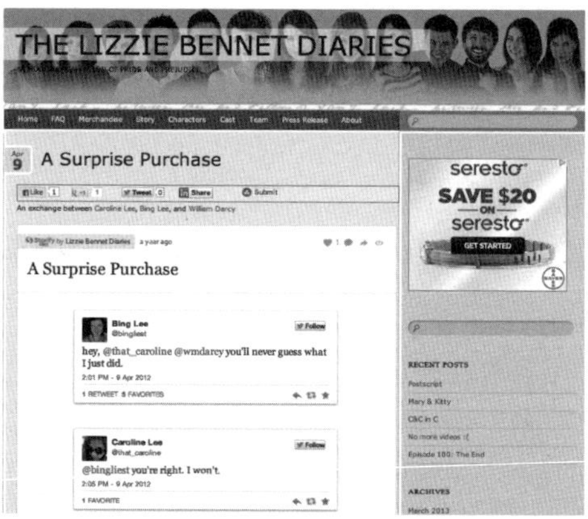

[그림 4] 〈LBD〉의 SNS

우하는 것이다. 이것을 실제화 했다는 것은 꽤나 짜릿한 일이다. 왜냐하면 소설, 영화에서 등장했던 다양한 주인공들이 수용자가 올린 글에 댓글을 달고, 그 다음 에피소드에 반영한다는 것은 가상과 허구를 유지하기 위해 실제 행위가 도움을 주는 것이기 때문이다. 이것은 콘텐츠의 실제화이자 생활화를 뜻한다. 그것은 우리 스스로가 이미 〈LBD〉의 등장인물이 되어 버렸기 때문이다. 이것은 우리가 어렸을 때 애니메이션이나 만화책을 보면서 '저기에 가 보았으면', '멋진 주인공과 만나 봤으면' 하는 소원을 이루게 되는 것이다.

소원의 성취는 영상이미지가 환영성을 실현함으로써 가능하다. 허구적이고 상상적인 영상의 체계를 자연스러운 현실적 경험으로 여기게 하려면 실재화가 이루어져야 하고, 거기에 시공간적 개념이 첨가되어 자연스러운 연속성으로 이어져야 하며, 불가능한 사건 사고 및 등장인물과의 조우까지 극적인 현실감을 만들어 공감적 동일화를 이끌어 내야 한다. 이것을 트랜스미디어적 환영이라고 할 수 있겠다. 트랜스미디어적 환영은 조작된다. 가능 세계이론에서 밝힌 것처럼 '-한 세계(또는 현상)가 있을 수 있다'라는 가능성과 '-한 세계(또는 현상)가 있어야 한다'는 당위성을 가진 세계를 구축하고, 프리퀄, 시퀄, 스핀오프 등을 통한 이야기와 캐릭터를 연속적으로 조작하며, 가상과 현실 세계를 모호하게 하여 이야기 공간을 조작한다.

결국 엔터테인먼트 트랜스미디어 콘텐츠의 목적은 사용자의 직간접 체험을 통해 스토리에 대한 정서적 동화를 일으키기 위하여 다중 플랫폼을 사용하고 연관된 이야기를 파편화하여 실제와 가상공간을 오가는 환영성을 실현코자 하는 것이다.

2) 광고용–트랜스마케팅

오늘날 광고의 특성은 엔터테인먼트 범주에 넣어도 될 만큼 재미있고, 현란하며, 어떤 것들은 심지어 예술적으로 뛰어나거나 사회적 반향을 불러일으킬 정도로 공적인 것들도 있다. 여기에서는 이러한 모든 광고의 특성을 포함한 트랜스미디어 콘텐츠를 다루기보다는 본래 목적인 마케팅과 홍보에 충실한 사례를 살펴보기로 한다. 광고용 트랜스미디어 콘텐츠는 트랜스마케팅이라고 불린다. 이 용어는 2012년 10월 광고대행사 제일기획이 2012년 디지털 리더스 포럼에서 '디지털 시대의 마케팅'으로 제안한 개념으로 기존 마케팅이 가지고 있는 한계 또는 고정관념을 초월한 마케팅을 뜻한다. 트랜스마케팅은 브랜드 이미지를 강화하기 위한 목적과 제품이나 콘텐츠를 홍보하기 위한 목적으로 구분할 수 있다.

(1) 브랜드 이미지 강화-동일 콘셉트 유지를 위한 트랜스 전략

브랜드 강화를 목적으로 하는 대표적인 트랜스미디어 콘텐츠 사례는 코카콜라의 〈행복 프로젝트(Happiness Project)〉를 들 수 있다. 전 세계인이 즐기는 음료수인 코카콜라의 브랜드 콘셉트를 '행복'이라고 설정하고 그것을 뒷받침하는 다양한 트랜스미디어 경험을 펼쳤다.

그 예로, 〈행복 공장(Happiness Factory)〉 애니메이션은 자동판매기 안에 살고 있는 가상 세계의 캐릭터들이 코카콜라를 생산하는 과정을 유머러스하게 표현한 콘텐츠로, TV 광고, 애니메이션, 인터랙티브 비디오 게임, 웹사이트, 뮤지컬 사운드 트랙, 자동판매기 인터렉션 등 다양한 채널로 제작되었다.

뿐만 아니라 〈프렌들리 트위스트(Friendly Twist)〉는 대학 신입생

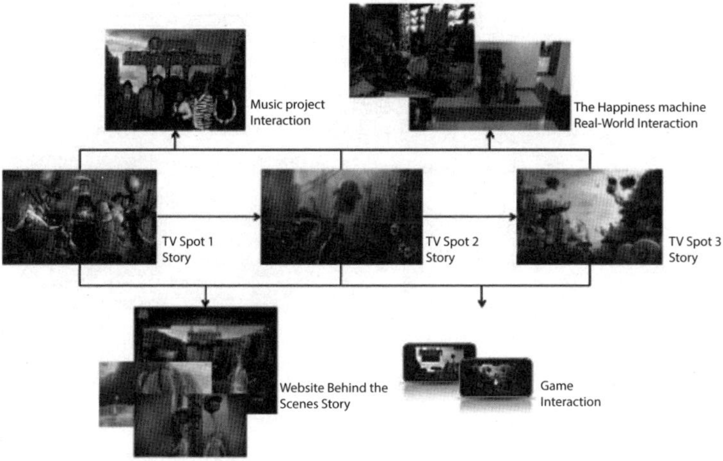

[그림 5] 광고용 트랜스미디어 콘텐츠 사례-〈행복 공장〉

들의 낯설음과 어색함을 극복하기 위하여 기획된 프로젝트로, 코카콜라의 뚜껑을 따려면 다른 콜라 뚜껑과 맞대어 비틀어야만 열 수 있게 함으로써 새로운 친구도 사귀고 말문을 열게 함과 동시에 코카콜라에 관한 좋은 이미지를 심어 주는 이벤트를 벌였다. 이것은 코카콜라와 자동판매기, 그리고 사람이라는 매우 아날로그적인 개체만으로 이루어진 광고용 트랜스미디어 콘텐츠이다. 이러한 라이브 이벤트는 코카콜라가 인기가 없어서 벌이는 것이 아니라 브랜드 이미지를 더욱 강화하기 위한 전략으로 트랜스미디어 기법을 사용한 예라고 볼 수 있다.[2]

2 〈프렌들리 트위스트〉 이외에도 코카콜라의 '행복' 브랜드 이미지 강화를 위한 트랜스미디어 콘텐츠에는 〈허그 머신〉, 〈해피니스 트럭〉, 〈해피니스 아케이드〉 등 다수가 있다.

[그림 6] 광고용 트랜스미디어 콘텐츠 사례-〈프렌들리 트위스트〉

(2) 제품 홍보-브랜디드 엔터테인먼트

제품이나 콘텐츠 홍보를 위한 목적으로 사용된 트랜스미디어 콘텐츠에는 2001년 BMW 7 자동차를 홍보하기 위한 트랜스미디어 단편 영화 〈하이어(The Hire)〉 시리즈가 있다. 마돈나, 게리올드만 등 유명한 연예인이 등장한 이 영화는 BMW 홈페이지(BMWfilm.com)에서만 관람이 가능했는데 2001년 4월 26일 〈앰부시(Ambush)〉을 시작으로 〈초즌(Chosen)〉, 〈팔로우(The Follow)〉, 〈스타(Star)〉, 〈파우더 케그(Powder Keg)〉 등 총 5편이 몇 주 간격으로 2002년 10월경까지 계속 상영되었다. 이후 DVD로 제작된 후 BMW 고객에게 배포되었다. 시리즈 1편 〈앰부시〉는 많은 양의 다이아몬드를 훔친 노인을 비밀스러운 장소로 데려가는 드라이버에 관한 이야기로, 도중에 밴에 타고 있던 무장한 사람들과 충돌하게 되는 과정에서 주인공인 드라이버가 노인을 돕기로 하고 멋진 드라이빙 솜씨로 밴을 따돌린다는 내용이다. 7분여의 단편 영화에서 수용자들은 BMW 7시리즈의 코너링, 가속력, 브레이킹을 간접경험하게 된다.[3] 이후 시리즈의 이야기들도 추격을 핵심 스토리로 하여 BMW 7의 개별 성능을 시리즈에서 하나씩 보여주는 방식을 취한다.

[그림 7] 광고용 트랜스미디어 콘텐츠 사례-〈하이어〉

만약, 〈하이어〉가 BMW 7의 트랜스 마케팅임을 모르고 접한 사람들은 멋진 액션 단편 영화라고 생각했을 것이다. 이러한 광고적이지 않은 은유적인 방법으로 메시지를 전달하는 것을 브랜디드 엔터테인먼트라고 한다. 브랜디드 엔터테인먼트는 인간의 유희적 본능과 스토리텔링을 결합시켜 광고 메시지를 전달하고, 공감도를 높이는 방법이다. 즉, 〈하이어〉의 각 단편 영화는 내용적 연결은 없지만 프로페셔널 드라이버인 주인공을 일관되게 등장시켜 스토리에 맞는 영화적 액션을 선보임으로써 'BMW 7의 성능'이라는 세계 구축 요소로 작용한다. 이 단편 영화 시리즈를 선보인 이후 BMW 7의 매출은 작년 대비 12% 상승하였다.

(3) 콘텐츠 홍보-대체현실게임

콘텐츠 홍보는 제품 홍보보다 더 다양한 방법과 적극적인 방법을 사용한다. 콘텐츠 홍보는 곧 개봉할 영화를 알리기 위하여 또 다른 영화나 디지털 사이니지를 사용하는 소극적인 방법에서부터 오프라

3 다음의 URL을 참조 (blog.naver.com/PostView.nhn?blogId=acroport&logNo=10084512050)

인에서 미션 수행이나 게임 등의 경험을 하는 적극적인 방법에 이르기까지 다양하다. 소극적인 방법은 제품 홍보와 같고, 적극적인 방법에는 라이브 이벤트와 더불어 사용자 참여를 극대화한 대체현실게임[4]이 있다.

대체현실게임은 가상의 사건이 현실에서 일어났다는 가정 하에 사람들이 허구의 사건을 현실에서 해결하는 게임, 즉 가상과 현실을 교차시키는 방식의 게임을 말한다. 2008년 영화 〈다크 나이트(The Dark Knight)〉를 홍보하기 위해서 조커의 추종자와 지방 검사의 지지자가 사전 게임을 벌이는 대체현실게임을 통해 전 세계 1,000만 여명이 수수께끼와 퍼즐, 보물찾기 등에 참여하는 행위를 통해 가상과 현실을 오가는 대체현실게임인 〈와이 소 시리어스(Why So Serious?)〉를 경험했다. 이야기는 가상 도시 '고담'에서 발행한 신문에 '배트맨은 과연 악인인가, 영웅인가? 하비 덴트와 조커는 과연 악인으로만 말할 수 있는가?'라는 질문에서부터 시작하는데, 만약 조커를 지지한다면 그 지지자들에게는 실제 이메일을 통해 지령이 담긴 집회 일정이 전해지며 조커 지지의사를 구체적인 행동으로 옮길 수 있게 되어 배트맨 속 등장인물이 된 것 같은 경험을 한다. 당시 미국 언론은 "〈배트맨〉이라는 69년이나 된 스토리의 새로운 장에 빠져들었다."(김환표, 98)고 할 정도였다. 영화 〈에이아이(A.I.)〉의 홍보를 위해 제작된 대체현실게임인 〈비스트〉를 살펴보면, 영화 〈에이아이〉에는 로봇 테라피스트 셀라가 등장하고, 〈비스트〉에서는 영화보다 40년 이후의 시간을 다루면서 셀라의 손녀가 만든 가족 웹사이트로 추정되는 퍼즐을 사용자가 풀어나가는 방식으로 영화를 홍보하였다.

---

4 대체현실게임은 제품홍보에 적용되기도 하지만 콘텐츠 홍보에 적용 빈도수가 더 크다.

대체현실게임은 대부분 비슷한 형식을 가지고 있다. 처음에는 단서가 될 만한 일부 시나리오와 미션을 사용자에게 제공해 주고, 그 단서들을 다양한 채널에 노출시킴으로써 참여자들은 타인과의 협력을 통해 정보를 수집하고 분석한 뒤 게임을 하듯 사건을 해결할 수 있다. 이 과정에서 사용자는 다양한 미디어를 동원하고, 커뮤니티를 만들어 다른 사용자와 상호교류하며, 미션을 수행한다.

[그림 8] 대체현실게임(ARG)의 구성

사실 광고용 트랜스미디어 콘텐츠는 트랜스미디어 유형 중에서 가장 비난을 많이 받고 있다. 어떠한 멀티플랫폼을 사용하건, 사용자를 어떻게 참여시키건 간에 결국은 기업을 이익을 위해서 제작된 것이라는 인식을 피할 수는 없다. 그래서 광고용 트랜스미디어 콘텐츠 제작자들은 어떻게 하면 노골적으로 홍보한다는 이미지에서 벗어날 수 있을까를 고민한다.

노골적 홍보에 관한 고민은 뒤로 하고, 광고용 트랜스미디어 콘텐츠, 즉 트랜스미디어 마케팅은 기존 마케팅의 한계를 넘어섰다는 것에 의의가 있다고 하겠다. 기존 마케팅은 보통 '영역의 벽', '고객의 벽', '미디어의 벽'이라는 세 가지 벽[5]이 있다고 말하는데 이것을 넘기 위해서 타 영역과 협력을 한다거나 가치를 창출하는 전략을 펼치고 있음을 위 사례를 통해 알 수 있다. 코카콜라는 충치발생과 비만유

5 연합뉴스, 「제일기획 "새 마케팅 키워드는 '트랜스마케팅'"」, 『연합뉴스』, 2012.10.10. (news.naver.com/main/read.nhn?mode=LSD&mid=sec&sid1=101&oid=001&aid=0005863768)

발이라는 비난을 받고 있음에도 세계인이 즐기는 대표적인 청량음료수다. 갈증이 날 때 마시면 시원해지고, 어떤 사람은 탄산 때문에 소화제로 사용할 정도이다. 이러한 기분이 좋아짐을 행복이라는 가치로 확산하여 라이브 이벤트를 벌인 것은 코카콜라가 나쁘다고 인식하고 있는 고객이라는 장벽을 뛰어 넘고, 단지 식품이라는 영역에 머물러 있던 것을 세계 곳곳에 설치된 자동판매기에서의 이벤트를 통해 영역을 파괴하고, 우리가 궁금해 하는 자동판매기 내부를 애니메이션으로 표현함으로써 신문이나 TV라는 올드 미디어의 한계를 벗어나게 하였다.

BMW 7과 〈하이어〉의 경우는 'BMW 7을 어떻게 팔 것인가'에서 벗어나 '어떻게 콘셉트를 연결하여 고객에게 전달할 것인가'로 마케팅 방법을 변화시킨 것이라고 할 수 있다. 이것은 소비자를 더 이상 이윤 추구의 대상으로 보지 않고, 가치 제공의 대상으로 보는 것이다.[6] 또, 〈와이 소 시리어스〉와 〈비스트〉는 사용자를 콘텐츠의 구성원이 되고, 이야기를 전개시키는 해결사가 되도록 '어떻게 참여시킬 것인가'에 집중하여 영역, 고객, 미디어의 벽을 뛰어넘었다. 따라서 트랜스마케팅은 일상주변을 미디어로 인식하는 앰비언트 마케팅을 사용한다. 일상 어디에서나 볼 수 있는 자동판매기, 우리가 늘 접하는 인터넷 홈페이지, 그리고 실제 거리(〈와이 소 시리어스〉를 행한 장소)를 통해 보다 유연하고 탄력적으로 소비자를 생활에 침투시켜 자연스럽게 마케팅이 되도록 한다.

---

6 김미경, 「제일기획, 디지털시대 키워드로 '트랜스마케팅' 제시」, 『이데일리』, 2012.10.10. (edaily.co.kr/news/NewsRead.edy?SCD=JC21&newsid=02709286599691608&DCD=A00302&OutLnkChk=Y)

3) 교육용-트랜스미디어 러닝

트랜스미디어 콘텐츠 분야 중 그 필요성에 현재 가장 제작 편수가 적은 분야가 교육 분야이다. 아직 트랜스미디어 개념이 정착되지 않은 국내에서는 사례를 찾아볼 수 없다. 국외의 경우에는 트랜스미디어 러닝이라는 개념으로 교육용 트랜스미디어 콘텐츠가 개발되고 있다.

2005년도에 제작된 〈이너니메이트 앨리스〉는 9세에서 14세 어린이를 위한 교육용 트랜스미디어 콘텐츠다. 줄거리는 세계에서 가장 큰 게임 회사에서 일하는 비디오 게임 디자이너가 되기 위한 어린 소녀의 이야기다. 앨리스는 웨비소드, 디지털 소설, 웹사이트, 학교 활동 등을 통해 자신의 꿈을 이루기 위한 여행을 한다. 중국, 이탈리아, 러시아, 그리고 고향인 영국을 여행하면서 부모님과 관련된 여러 가지 일을 겪게 되고, 사용자는 인터랙티브 웹사이트를 통해 앨리스와 함께 여행하는 것과 같은 경험을 하게 된다.

사실 〈이너니메이트 앨리스〉는 원래 교육적 목적으로 제작된 것이 아니지만 현재 세계 여러 나라에서 교육용으로 사용하고 있다. 여기에는 다음과 같이 다양한 이유가 존재한다. 첫째, 복합 리터러시 능력을 배양할 수 있기 때문이다. 어린이들이 〈이너니메이트 앨리스〉 웹사이트를 통해 놀면서 자연스럽게 스피치, 텍스트, 사운드, 게임, 음악, 그리고 예술을 조화시킨다. 둘째, 디지털 리터러시 능력을 키울 수 있기 때문이다. 책으로만 수업하는 고전적인 수업 방식에서 벗어나 다양한 디지털 멀티미디어를 사용하도록 제작되었기 때문이다. 셋째, 문제 해결 리터러시 능력을 배양할 수 있기 때문이다. 문제 해결은 어린이 놀이에서 자연스러운 부분이다. (웹상에서) 퍼즐을 풀거나, 블록으로 다리를 만들거나, 가상 놀이에 참여하면서 어린이들

[그림 9] 교육용 트랜스미디어 콘텐츠 사례-〈이너니메이트 앨리스〉

은 시도와 실수를 통해 문제를 해결하는 법을 배운다. 넷째, 문화 리터러시 때문이다. 〈이너니메이트 앨리스〉의 각 에피소드는 중국, 이탈리아, 러시아, 영국 등 각각 다른 나라, 다른 문화를 배경으로 한다. 교수자들은 나라를 소개하고 문화를 학습하는 발판으로 사용할 수 있다. 학생들 또한 각 나라에서 머물게 되는 앨리스의 생활을 역할 놀이를 통해 경험함으로써 자연스럽게 그 나라 문화를 이해하게 된다. 다섯째, 사회정서 리터러시 능력을 키울 수 있기 때문이다. 앨리스는 에피소드에서 에피소드로 이어지는 중에 부모님과 함께 세계를 여행하는 어리고 외로운 아이이고, 무섭고 위협적인 상황에 직면해 있다. 에피소드 1에서는 아버지를 잃어버렸고, 에피소드 2에서는 집에 혼자 남겨졌고, 에피소드 3에서는 위험에 빠졌고, 에피소드 4에서는 또래와 있었던 스트레스를 겪어야 했다. 사용자는 이러한 앨리스의 상황을 보고, 체험하면서 앨리스와 감정적으로 연결됨을 알게 된다.

〈이너니메이트 앨리스〉는 웹상에서 앨리스의 여행을 따라 보는 것

[그림 10]〈이너니메이트 앨리스〉를 적용한
미국 켄터기 주 코빈 중학교의 수업 모습

에 그치지 않고, 학생들이 새롭게 이야기를 만드는 창의적 활동으로 콘텐츠를 풍부하게 만든다. 에피소드가 1편에서 5편까지 이어지는 동안 Alice의 나이는 8살, 10살, 13살, 14살, 16살이 되는데, 개발자가 소개하지 않은 9살, 11살, 12살, 15살, 혹은 20살 너머의 이야기를 학생들 스스로가 멀티미디어를 이용하여 만들 수 있다. 예를 들면, 개발자가 제작한 중국, 이탈리아, 러시아, 영국 외에 호주에서 만든 사진 위주로 스토리를 전개하는 또 다른 〈이너니메이트 앨리스〉 트랜스미디어 콘텐츠는 이웃의 개와 친구가 되는 과정이나 브래드라는 남자친구를 사귀게 되는 과정을 통해 호주의 여러 문화적 모습을 보여준다. 또한 18세에 Alice가 중국, 일본, 인도네시아의 언어를 학습한다는 설정의 〈앨리스의 갭 이어-랭귀지 러닝 저널(Alice's Gap Year-Language Learning Journals)〉이라는 또 다른 트랜스미디어 콘텐츠가 있다.

이렇게 〈이너니메이트 앨리스〉는 처음에 제작자가 에피소드 5개를 만들어 웹사이트로 제공하고, 이어서 사용자(교수자와 학생)들이 응용하여 다양하고 창의적인 콘텐츠를 만들며, 다시 제작자가 추가 콘텐츠를 생성하고, 다시 사용자가 멀티미디어를 활용한 콘텐츠를 만드는 방법을 반복함으로써 〈이너니메이트 앨리스〉의 이야기 세계가 확장됨을 알 수 있다.

이것은 [그림 11]과 같이 트랜스미디어를 통해 전통적인 텍스트와 주입식 교육방식에서 현대적인 멀티미디어와 참여식, 그리고 네트워크화된 교육방식으로 교육의 패러다임이 바뀌고 있음을 의미하기도 한다.

교육용 트랜스미디어 콘텐츠는 수학이나 영어 등 특정한 과목 중심의 교육을 위해 제작될 수도 있지만 〈이너니메이트 앨리스〉처럼 성장하는 어린이들이 배워야 하는 통합능력을 습득하기에 적합하다. 오늘날 교육의 목표 역시 개별능력보다는 통찰력을 키우기 위한 종합적 사고와 이질적인 것을 융합할 수 있는 능력을 발휘할 수 있는 방법과 그러한 학습자를 키우는 데에 있다. 이러한 측면에서 〈이너니메이트 앨리스〉의 교육적 가치는 매우 크다고 할 수 있다.

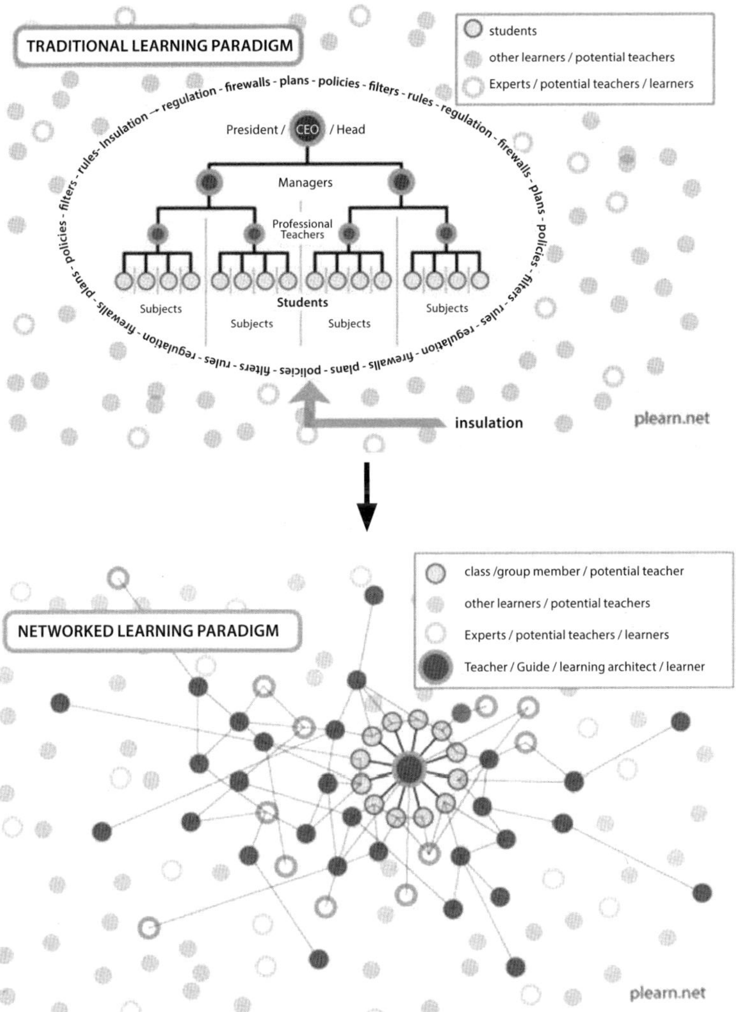

[그림 11] 교육 패러다임의 변화

3. 결론

엔터테인먼트 분야에서 시작된 트랜스미디어 콘텐츠의 개발은 현재 광고 및 교육용, 기타 사회적 문제 해결에 이르기까지 그 적용 범위를 점차 확대하고 있다. 이것은 트랜스미디어가 초월, 전이, 횡단, 확산, 분화, 분기라는 속성을 가지고 있다는 내적인 이유와 N스크린 시대의 도래라는 외적인 이유 그리고 참여문화의 등장 때문이다.

특히 참여문화는 킨더가 주장한 '수행적 참여성'이라는 개념에서 찾아볼 수 있다. 이것은 내러티브를 감상 혹은 독해하는 관람객이 마치 배역을 해석하는 배우처럼, 자신의 개성대로 그것을 변형하고 그 경험을 자신의 기억체계 속으로 흡수하면서 작품의 감상에 참여하는 과정(Marsha Kinder, 357)을 말한다. 과거 다양한 미디어가 발달하기 전에는 이러한 참여가 단순한 이슈로 끝나거나 관람객의 어설픈 흉내 내기에 지나지 않았던 반면, 현재에는 발달한 미디어를 섞어서 사용하고, 마치 장난감을 가지고 놀 듯 능숙하게 다루는 디지털 네이티브의 등장은 제작자가 제작한 콘텐츠 이상의 사용자 창작 콘텐츠를 생산한다. 이것을 본 제작자는 콘텐츠 어포던스(affordance)를 통해 아예 사용자가 참여해야만(혹은 참여하지 않으면 안 되게) 이야기가 전개되도록 만들어버리기도 한다. 앞에서 살펴본 엔터테인먼트용, 광고용, 교육용 트랜스미디어 콘텐츠가 그 예이다.

제작자가 출시한 콘텐츠 혹은 상품과 사용자가 만든 그것이 상하관계나 주종관계를 형성하지 않고, 수평관계를 형성한다. 트랜스미디어 기법이 결국 상업적인 성공을 위해서 등장한 것이 아니냐는 비난도 상당히 많지만, 제작이나 향유적 측면에서 살펴보면 오히려 자본주의 미디어 기업이 이끄는 대로 따라가지 않고, 개인과 커뮤니티가 창의적으로 참여함으로써 대안적 방법으로 콘텐츠를 창출한다고 볼 수 있다.

이러한 특징으로 인해 트랜스미디어 콘텐츠가 엔터테인먼트용에서 광고용으로, 교육용으로 범위가 확장되는 것은 당연한 일이다. 이제 '영화'가 아닌 '영화콘텐츠'는 영화뿐만 아니라 게임, 드라마, 웨비소드, 라이브 이벤트 등을 포함한다. '광고'는 '광고콘텐츠'로 TV 광고, 아날로그 옥외광고, 디지털 사이니지, 단편 영화, 대체현실게임을 아우르고, '교육'은 '교육콘텐츠'라는 개념으로 오래된 책이나 강의 교안을 초월하여 태블릿 PC, 스마트폰, 웹사이트를 누비는 역동성을 발휘한다. 이를 소비 측면에서 보면 소비 과정의 진입점이 다양해진 것이다. 소비자는 다양한 진입점으로 콘텐츠를 향유하면서 하나의 콘텐츠 세계가 우주를 형성하듯 거대해짐을 알 수 있고, 때때로 절대로 끝나지 않는 이야기로 전개됨을 알 수 있다. 이것이 트랜스미디어 콘텐츠이고, 트랜스미디어 스토리텔링이다. 향후 '트랜스'라는 용어가 지속될지는 알 수 없지만 콘텐츠 제작에 있어서 또 다른 트랜스적 현상과 시도가 나타날 것이라는 긍정적인 전망을 해본다.

[김희경]

문화콘텐츠와
트랜스미디어

3

국가별 산업 환경의 변화와 이야기의 전개

트랜스미디어 콘텐츠의 등장 배경에는 콘텐츠 생산 환경의 변화가 큰 역할을 하고 있다. 콘텐츠의 생산부문, 특히 기획 및 창작 단계에서는 특히 융합 미디어 환경을 고려한 콘텐츠 생산 전략이 등장했다.(김대호 외, 150) 이 글에서는 트랜스미디어 콘텐츠의 내부적인 요소인 스토리의 전개를 분석한 유형화가 아닌 트랜스미디어 콘텐츠 외부적 요소라 할 수 있는 산업 환경의 변화에 따른 유형 분류를 해보고자 한다. 산업 환경의 변화는 각 산업의 발전 단계나 집중된 산업의 종류에 따라 다양하게 분류할 수 있지만, 여기에서는 산업 환경의 기본 단위 중 국가 혹은 지역에 집중하여 유형화를 시도해보았다.

1980년대 중반부터 미디어산업 환경에서 가장 주목 받은 변화는 '미디어 교차 소유'의 문제였다. 한국에서는 미디어 교차 소유가 일정 기간 법으로 규제를 받고 있었지만 미디어 교차 소유는 이미 전 세계적으로 큰 이슈가 되고 있는 상황이었다. 트랜스미디어 콘텐츠가 등장하게 된 배경을 '융합'이라고 설명한 젠킨스는 "융합은 미디어 소유 패턴의 변화"라고 이야기하고 있다.(Henry Jenkins, 2004: 34)

이제 사람들은 콘텐츠를 단순 소비하지 않는다. 그리고 그에 맞춰 시장은 변화한다. 트랜스미디어 콘텐츠는 변화하고 있는 미디어·콘텐츠 기업의 모습을 반영하는 것으로, 미디어·콘텐츠 기업들은 수평적 통합을 통해 여러 미디어를 소유하고 있으며, 가능한 다수의 미디어에서 콘텐츠 수익을 확보하고자 한다.(김대호 외, 151) 트랜스미디어 콘텐츠가 어느 나라를 막론하고 제작되는 배경에는 바로 이와 같은 이유가 있다. 트랜스미디어 콘텐츠라는 용어는 아직 생소하지만 이미 트랜스미디어 콘텐츠가 제작되고 있고 사람들은 자연스럽게 즐기고 있다. 2000년대 후반 많은 학자들은 트랜스미디어 콘텐츠가 제작되어 소비되는 과정을 보면서 다양한 분석을 쏟아냈다.

그 과정에서 몇 가지 유형화의 시도와 연구가 있었지만 트랜스미디어 콘텐츠라는 것이 어느 특정 장르에 국한되는 것도 아니며, 현재에도 끊임없이 그 모양을 달리하고 있으므로 유형화 작업은 상당히 조심스럽다.

기본적으로 트랜스미디어 콘텐츠는 단일 미디어 회사가 아닌 종합적인 회사, 적극적으로 콘텐츠를 소비할 수 있는 사람들이 있어야 실현 가능하다는 전제조건을 갖는다. 미국을 중심으로 다양한 시도들이 계속해서 진행되고 있지만 전제조건을 생각해본다면 각 시장마다 격차가 발생할 수밖에 없다. 각 시장의 기본을 이루는 국가 단위별로 관찰 해본다면 제작되고 있는 트랜스미디어 콘텐츠의 내부적 요소인 스토리가 기준으로 유형화하는 기존의 연구와는 달리 어떤 나라가 자국의 미디어산업의 상황에 맞게 트랜스미디어 콘텐츠를 전개해나가고 있는가를 알 수 있을 것이다.

이 글은 이미 연구·발표된 트랜스미디어 콘텐츠의 사례로 소개된 작품들을 모아서 그 경향성을 파악하는데 목적을 두었다. 크게 미국, 유럽, 일본, 한국으로 나누어 트랜스미디어 콘텐츠의 유형화 작업 중 국가별 특징들을 정리해보기로 하겠다.

1. 미국: 거대한 퍼즐 맞추기

미국은 트랜스미디어 콘텐츠의 수많은 사례들을 들 수 있을 정도로 트랜스미디어 콘텐츠의 제작이 가장 활발한 나라라고 할 수 있다. 미국의 트랜스미디어 콘텐츠에 대해서는 애스쿼드가 주장한 '시너지 스토리텔링'이라는 시각이 포함되어 있다. 즉 트랜스미디어 콘텐츠의 제작에는 다양한 미디어를 이용하게 만들고자 하는 숨은 경제적 목적이 있다는 것이다. 이러한 시각은 안토누치가 〈매트릭스〉를 빗대어 '탁월한 마케팅'이라고 한 것과 같은 맥락이다.(헨리 젠킨스, 2008: 157) 비판의 의견이 있지만 여전히 트랜스미디어 콘텐츠는 미디어를 활용하는 새로운 움직임에는 틀림없다. 미국은 이미 1970년대 〈스타워즈〉의 팬들이 적극적으로 이야기의 조각들을 맞추기 시작하였고 루카스 필름은 이에 대한 보상이라도 하듯이 연이어 다른 스토리의 스타워즈 시리즈를 개봉했다. 팬들과 저작권 문제로 마찰을 일으키기도 했지만 루카스 필름은 영리하게도 스타워즈의 팬–충성 고객–들을 설득하여 그들을 위한 팬페이지를 직접 운영하게 되었고 팬들은 그 안에서 자유롭게 일러스트, 패러디 등의 창작 활동을 하면서 루카스 필름에게 저작권을 넘겨주었다.[1] 이렇듯 수많은 사례가 있는 만큼 팬들

1 루카스 필름의 저작권 관리는 엄격하기로 유명하지만 하지만 2012년 루카스 필름이 디즈니에 인수되면서 저작권에 있어서 폐쇄적인 관리로 유명한 디즈니가 스타워즈와 관련된 저작권 관리 역시 본사의 방침을 따르지 않을까 팬들이 우려하고 있는 상황이다. 그러

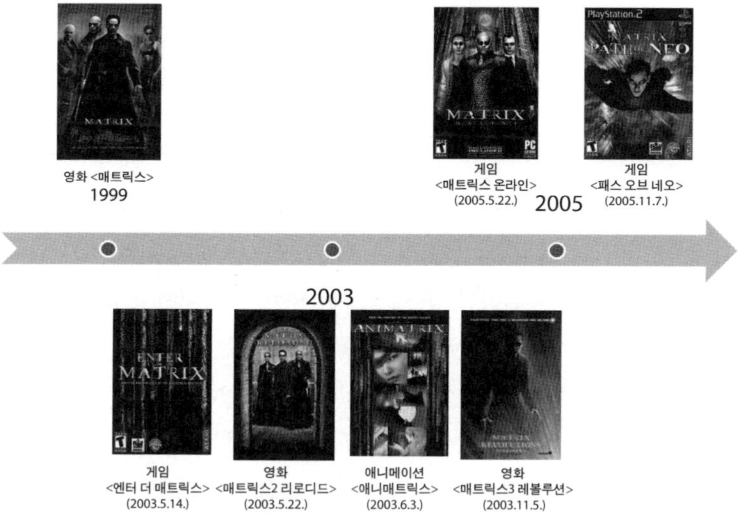

[그림 1] 트랜스미디어 콘텐츠 사례-〈매트릭스〉

의 폭도 넓고 시청자의 참여 유형도 매우 다양한 미국의 사례를 어느 특정한 방향으로 설명하기에는 무리가 있을 수도 있지만 주로 미국에서 제작되는 트랜스미디어 콘텐츠들의 경향성을 통해 미국의 트랜스미디어 콘텐츠에 대해 살펴보도록 한다.

트랜스미디어 콘텐츠를 제일 먼저 제창한 헨리 젠킨스가 그의 저서에서 언급한 〈매트릭스〉를 보면 다른 나라들과는 다른 트랜스미디어 콘텐츠의 차이점이 발견된다. 미국은 이미 1980년대 중반 미디어 집중 과정을 거치면서 다수의 미디어 채널을 하나의 기업이 소유하는 형태를 갖추게 되었다. 이러한 환경은 다양한 미디어를 넘나들며 콘

나 디즈니가 마블을 인수(2009년)하고 마블코믹스가 전 세계적으로 사랑받는 이야기로 거듭난 예를 생각해보면 디즈니가 루카스 필름 인수 후 스타워즈 세계의 외연을 확대하고 적극적으로 트랜스미디어 콘텐츠를 제작할 것이라 밝힌 점에 주목해 볼 만 하다.

텐츠를 소비할 수 있도록 유통 자체를 '기획'하게 되었다. 또 다른 입장에서 창작자에게는 다양한 미디어를 통한 작품의 전개를 실험해 볼 수 있는 기회가 마련된 것이기도 했다.

매트릭스를 제작한 '워쇼스키 자매'는 이 기회를 놓치지 않았다. 1999년 영화로 시작한 매트릭스의 세계관은 기획 단계에서부터 애니메이션과 게임과 같이 영화와는 다른 장르를 통해 이야기가 하나로 완성되도록 설계되었다. 평론가들의 평가는 차치하고 매트릭스의 트랜스미디어 콘텐츠는 1990년대 후반으로서는 획기적인 기획이었고 어느 정도 그 가능성을 엿볼 수 있는 작업이었다.

영화 외의 장르에서는 이미 국내에 많이 소개되어 있는 사례로 드라마 〈24〉(2001)를 이야기 해 볼 수 있다. 〈24〉는 2001년 시즌1을 시작으로 2014년 시즌9에 이르기까지 10여년이 넘는 기간 동안 방영된 인기 드라마 시리즈이다. 이 드라마는 하루 동안 발생한 사건을 하루를 나타내는 시간 단위인 24개의 에피소드로 나누어 그 스토리를 전개해 나가는 독특한 구성으로 큰 인기를 끌었다.

이 드라마가 트랜스미디어 콘텐츠의 사례로 자주 언급되는 것은 아래 [표 1]과 같이 TV 드라마에 그치지 않고 이야기의 전개를 다양한 미디어를 통해 해나갔기 때문이다.

TV 드라마로 시작한 〈24〉는 만화, 책(소설), 게임 등은 물론 당시 새로운 형태로 주목받은 모바일 전용 콘텐츠(모비소드), 웹 전용 콘텐츠(웨비소드)로도 트랜스미디어 콘텐츠를 전개해나갔다.

〈24〉가 트랜스미디어 콘텐츠의 전략을 따르게 된 데에는 미국의 드라마 제작 방식에 대한 이해가 필요하다. 미국의 드라마는 보통 시즌제로 진행이 되는데 한 시즌으로 하나의 큰 사건이 일단락되면 약 6개월 정도의 휴식기를 가진 뒤 다른 사건이 시작되는 것으로 새로

[표 1] 〈24〉TV 드라마와 다른 미디어 간 진행기간

구분	형태	진행기간
TV 드라마 시즌1	TV 드라마 24편	2001.11.~2002.05.
TV 드라마 시즌2	TV 드라마 24편	2002.10.~2003.05.
TV 드라마 시즌3	TV 드라마 24편	2003.10.~2004.05.
One Shot	만화	2004.07.
24: Conspiracy	모비소드 단편	2005.01.
TV 드라마 시즌4	TV 드라마 24편	2005.01.~2005.05.
Stories	만화	2005.02.
Midnight Sun	만화	2005.07.
Operation Hell Gate	책	2005.09.
Veto Power	책	2005.10.
TV 드라마 시즌5	TV 드라마 24편	2006.01.~2006.05.
Trojan Horse	책	2006.01.
24: The Game	게임(콘솔)	2006.02.
24: Mobile	게임(모바일)	2006.03.
Nightfall	만화	2006.11.~2007.03.
24: Agent Down	게임(모바일)	2006.12.
Cat's Claw	책	2006.12
TV 드라마 시즌6	TV 드라마 24편	2007.01.~2007.05.
Vanishing Point	책	2007.02.
Chaos Theory	책	2007.05.
Storm Force	책	2007.12.
The Rookie:CTU	웨비소드 3시즌 12편	2007.01.~2008.04.
24: Day Zero	애니메이션 웨비소드 총 8편	2007.05.
24: Day 6 Debrief	웨비소드 총 5편	2007.05.

구분	형태	진행기간
Collateral Damage	책	2008.02.
Cold Warriors	만화	2008.03.
Trinity	책	2008.04.
24: Special Ops	게임(모바일)	2008.10.
24: Redemption	TV film 총 2편	2008.11.
24: Dossier	웨비소드 총 6편	2008.11.~12.
TV 드라마 시즌7	TV 드라마 24편	2009.01.~2009.05.
Head Shot	책	2009.04.
TV 드라마 시즌8	TV 드라마 24편	2010.01.~2010.05.
Death Angel	책	2010.04.
Underground	만화	2014.04.
24: live another day	TV 드라마 12편	2014.05.~2014.07.

운 시즌을 시작한다. 이러한 제작 방식은 자칫 휴식기와 맞물려 팬들의 이탈이 발생할 수 있다는 불안 요소를 만들어낸다. 위의 [표 1]에 나타난 진행기간을 보면 지속적으로 팬들의 관심을 끌기 위해 만화, 모바일 전용 콘텐츠, 웹 전용 콘텐츠, 게임 등의 다양한 미디어를 활용하고 있다는 것을 알 수 있다.

[표 2] 스토리 전개 순서에 따른 〈24〉 콘텐츠 재배치

시간의 흐름	해당작품	형태
이야기의 시작	Trinity One Shot Nightfall	소설
2년 후	Operation Hell Gate Veto Power Trojan Horse Cat's Claw Vanishing Point Collateral Damage Chaos Theory Day Zero Head Shot Death Angel	소설 소설 소설 소설 소설 소설 소설 애니메이션(웹, 총8편) 소설 소설
기준	Day 1	드라마(시즌1)
18개월 후	The House Special Subcommittee's Findings at CTU	소설
	Day 2	드라마(시즌2)
6개월 후	24:The Game	게임
2년 6개월 후	Countdown Midnight Sun Stories	소설
	Day 3	드라마(시즌3)
	Season 4 Prequel Part 1	DVD
3개월 후	The Mobile Game Agent Down Storm Force Cold Warriors	게임 게임 소설 소설
	Season 4 Prequel Part 2	DVD
1년 후	Season 4 Prequel Part 3	DVD
3개월 후	Season 4 Prequel Part 4	DVD
6시간 후	Day 4	드라마(시즌4)
	Conspiracy	모바일콘텐츠(모비소드)
12개월 후	Special Ops	게임
	Season 5 Prequel	DVD

시간의 흐름	해당작품	형태
6개월 후	Day 5	드라마(시즌5)
7개월 후	Season 6 Prequel	DVD
13개월 후	Day 6	드라마(시즌6)
15시간 후	Day 6 Debrief	웹콘텐츠 (웨비소드, 총 5편)
3년 9개월 후	Redemption	TV Film
65일 후	Dossier	웹콘텐츠 (웨비소드, 총 6편)
	Day 7 Operation Instinct	드라마(시즌7)
18개월 후	Day 8 Operation Hero	드라마(시즌8) 웹콘텐츠 (드라마와 동시 진행, 총 20개 미션)
1시간 후	Deadline	소설
1일 후	Chloe's Arrest	DVD(시즌8 에필로그)
4년 후	Underground Rogue	잡지 소설
	Day 9	드라마(시즌9)
2년 6개월 후	24: Solitary	DVD

또한 단순하게 다양한 미디어를 통해 즐기도록 한 것이 아니고 지난 시즌 스토리의 결여를 게임, 만화, 모바일콘텐츠 등을 통해 제공하거나 다음 시즌의 힌트를 제공하는 방식이어서 마치 이야기의 앞 뒤 퍼즐을 순서에 관계없이 맞춰가는 모양새였다. 비순차적인 스토리의 전개는 오히려 팬들의 적극적인 개입을 유도해냈다. 팬들은 드라마가 쉬는 기간에 각각 본인이 손쉽게 이용할 수 있는 미디어를 통해서 드라마 내용에 대한 정보를 얻거나, 서로가 가진 정보를 가지고 추리해내는 등의 활동을 적극적으로 했다. 이렇게 〈24〉의 이야기는 게임이

나 소설을 통해 보충되고 견고해진 것이다.

광고나 일종의 홍보 수단으로 생각할 수 있지만 영화 〈다크나이트〉 본편과 연계되는 〈와이 소 시리어스〉라는 제목의 대체현실게임도 같은 맥락에서 기획된 트랜스미디어 콘텐츠라고 볼 수 있을 것이다. 게임의 참가자들은 웹사이트(whysoserious.com)와 〈고담 타임즈(Gotham Times)〉, 〈하하하 타임즈(HAHAHA Times)〉 등의 페이크사이트를 통해 영화의 배경이기도 한 고담시를 배경으로 고담시의 주민이 되어 영화 〈다크나이트〉의 주인공인 배트맨과 악인으로 나오는 조커, 선악의 양면을 다 가진 하비 덴트라는 캐릭터 중 하나를 지지하고, 그들의 지령에 따라 모바일, 메일 등을 통해 미션을 수행하거나 플래시몹에 참여, 지지서명을 하거나, UCC를 제작하는 등 자신이 지지하는 캐릭터에 대한 활동을 했다. 이는 영화가 가진 선과 악에 대한 근본적 물음에 대해 관객 스스로가 생각할 수 있게 구성되었다. 영화의 시작부분에서 조커가 은행 강도를 성공하는 장면이 나오는데, 〈와이 소 시리어스〉에서 조커의 미션을 수행한 사람은 자신이 이 게임을 통해 했던 활동들이 조커의 은행 강도를 도왔다는 것을 깨닫게 된다. 이렇게 가상의 스토리(영화)를 현실의 이야기로 체험하게 하고 참가자들의 적극적인 참여를 유도해내면서 이야기가 새롭게 생성되며 확대되었고 이는 자연스럽게 바이럴 마케팅 효과로 이어졌다.

앞서 본 사례들의 공통적인 특징은 구심점을 가지고 있는 콘텐츠의 내용을 보다 더 풍요롭게 만들기 위해 게임을 비롯한 여러 가지 방식의 트랜스미디어 콘텐츠가 있으며, 이들은 처음 기획단계에서부터 계획된 것이고 사람들은 각 트랜스미디어 콘텐츠를 경험하면서 관련 콘텐츠가 가진 이야기의 조각들을 하나로 맞춰볼 수 있다는 데 있다. 이와 같은 맥락에서 생각해본다면 최근 큰 인기를 얻고 있는 마블의 〈어벤져스〉가 전개되는 방식과도 유사함을 알 수 있다. 마블 시네마틱 유니버스라고도 불리는 작품이 가지고 있는 거대한 이야기의 배경을 어벤져스를 구성하는 슈퍼 히어로가 각각 주연한 여러 작품을 통해 이해해 나갈 수 있다.

미국의 트랜스미디어 콘텐츠에서 종종 볼 수 있는 이 거대한 퍼즐 맞추기는 각각 다른 콘텐츠들을 얼마나 유기적으로 연결했는지가 핵심이라고 할 수 있다. 단순하게 이야기를 연결하는 것뿐만 아니라 이야기의 조각들을 맞추다 보면 더 큰 이야기의 배경을 이해할 수 있도록 하는 미국의 주된 트랜스미디어 콘텐츠 전개 방식은 대규모의 이야기를 기획하고 다양한 장르로 파급시킬 수 있는 힘을 가진 거대 미디어 기업들이 미국에는 다수 존재하고 있다는 산업적 환경에서 이해할 수 있다. 이들은 산업적 위험을 감수하고라도 새로운 전개 방식을 택하는 대범함과 자본을 가지고 있기에 미국에서는 '거대한 퍼즐 맞추기'가 트랜스미디어 콘텐츠를 전개해 나가는데 충분히 가능한 유형이 될 것이다.

2. 유럽: 드라마를 즐기는 새로운 경험

유럽의 미디어 산업에 융합이라는 개념이 편입되기 전까지 유럽의 미디어 산업에 대한 인식은 미국에 비해 협소한 정의 영역을 가지고 있었다. 유럽에서는 미디어 분야를 방송(라디오, 텔레비전), 인쇄(신문, 잡지, 학술지, 출판), 영화와 음반 산업으로 국한했다.(루시 퀑, 9) 미디어에 대한 협소한 인식을 가지고 있는 유럽에도 디지털, 융합, 글로벌, 대형화 등의 단어로 대표되는 미디어산업의 변화가 시작되면서 미디어 영역에서 새로운 시도들이 시작되었다.

유럽에 대한 이야기를 하기에 앞서 유럽을 구성하고 있는 나라 중 영국을 제외함을 먼저 밝힌다. 영국의 사례를 통해서는 다른 유럽의 나라들과 묶을만한 공통점을 발견하기 힘들었다. 영국은 〈해리포터〉나 〈닥터 후(Doctor Who)〉처럼 오히려 미국의 거대한 퍼즐 맞추기 방식으로 전개되는 사례가 있지만 그 밖의 사례들에서는 독특한 특징을 찾기 어려웠다. 이는 영국의 미디어 산업이 일찌감치 미국의 거대 기업들과 협업을 통해 콘텐츠를 생산하는 방식을 가지고 있기 때문이라고도 유추해볼 수 있을 것이다.

영국을 제외하고 여기에서 소개할 유럽의 나라들은 스웨덴, 프랑스, 스페인, 독일이다. 이들 국가가 유럽을 완벽하게 대표하지는 않지만, 이들 국가를 중심으로 트랜스미디어 콘텐츠가 제작되고 있으며 그 사례들에서 공통점이 발견되기 때문에 소개하기로 한다.

스웨덴의 〈마리카에 관한 진실〉은 트랜스미디어 연구에서 가장 대표적으로 소개되는 사례이다. 스웨덴 최대 공영방송 SVT에서 방영된 5부작 드라마 마리카에 관한 진실은 결혼식 후 사라진 신부를 찾는 남편의 이야기가 주된 내용이다.

그런데 1회 방송 직후 이어진 즉석 토론 프로그램에서 드라마의 이야기가 자신의 친구 마리아의 실종과 관련된 실화이며 방송사는 이 이야기를 도용한 것이라고 주장한 여성이 등장하고 시청자들은 이들의 설전을 흥미롭게 지켜보면서 이 여성의 블로그를 방문하게 되었다.

이 모든 것은 드라마와 연계된 가상의 또 다른 시나리오였다. 그런데 사람들에게 큰 관심을 불러일으키고 이후 드라마가 끝난 후 현실의 마리아를 찾는 토론 프로가 시작됐다. 시청자들은 휴대폰, 블로

[그림 2] 트랜스미디어 콘텐츠 사례-〈마리카에 관한 진실〉

그, 관련 단체 홈페이지, 트위터, 드라마를 위해 특별 제작된 온라인 게임까지 참여했다. 사람들은 허구의 이야기라는 것을 알면서도 현실과 가상을 넘나들며 이야기를 즐겼다.

드라마, 토론프로그램, 온라인을 통해 트랜스미디어 콘텐츠가 전개됐으며 사람들은 기꺼이 이를 즐겼다. 〈마리카에 관한 진실〉은 2008년 에미상에서 인터랙티브 TV 시리즈 부문을 수상하게 되었다.

〈마리카에 관한 진실〉을 스웨덴의 새로운 시도로 본다면 프랑스에는 〈브라코(Braquo)〉의 사례를 들 수 있을 것이다. 〈브라코〉는 프랑스의 유료 TV 채널 카날플뤼(Canalplus)가 트랜스미디어로 기획해 방송한 범죄 시리즈물 드라마로 방송 중에 미션 브라코라는 이벤트를 통해 시청자들이 이메일, 웹사이트, SMS, 전화, 비디오 등으로 연락해 범인이 남긴 흔적을 제보하거나, 범인의 협박이 담긴 비디오를 제보하는 등 다양한 형태로 극의 진행에 참여하도록 유도했다. 이러한 참여는 가상과 현실의 경계를 넘나들면서 시청자에게 재미를 주었고 시청자들이 참여하여 남긴 제보들은 단순한 일회성 이벤트로 끝나지 않고 드라마의 다음 회에 즉각적으로 반영되었다.

프랑스의 트랜스미디어 콘텐츠에 대한 관심은 프랑스 최대 통신사 오랑쥬가 2009년부터 운영하고 있는 트랜스미디어 연구소(transmedialab.org)의 활동을 보면 잘 드러난다. 이 연구소는 트랜스미디어에 관한 조사와 연구, 분석, 소비자 연구, 마케팅, 혁신, 산학협력 등의 활동을 하고 있으며 새로운 콘텐츠 개발에도 참여한다. 2013년 프랑스 비아리츠에서 열린 국제 시청각 프로그램 축제 FIPA(Festival International de Programmes Audiovisuels)에서 가장 큰 화두가 되었던 키워드는 '트랜스미디어'였으며 이 행사에서는 새롭게 SMART FIP@ 라는 부분을 만들어 트랜스미디어를 활용한 프로그램들을 소개했다. 공영방송인 프랑스 텔레비지옹에서는 인기 연극 〈애완동물 없는 극장(Le Théâtre sans Animaux)〉을 가지고 드라마를 만들었는데 그 과정에서 적극적인 시청자 참여를 유도해냈다. 시청자들이 극의 캐스팅 등에 직접적으로 참여하도록 구성하고 이렇게 제작된 작품을 5가지의 디바이스를 통해 실시간 스트리밍으로 방송할 예정이라고 밝히기도 했다.[2]

이처럼 드라마가 가상과 현실의 경계를 넘어선 사례는 스페인의 드라마 〈아길라 로하(Águila Roja)〉(2009)와 〈엘 바르코(El Barco)〉(2011)에서도 확인할 수 있다.

'붉은 독수리'라는 뜻의 〈아길라 로하〉는 17세기를 배경으로 한 궁중의 음모와 모험을 주 내용으로 하는 TV 시리즈이다. 주인공은 아

2 프랑스와 관련된 내용은 다음 자료 참고. 방송통신위원회 블로그(blog.daum.net/kcc1335/5165), '(프랑스)시청각 프로그램의 새로운 트랜드, 트랜스미디어(Transmedia)'

내의 죽음을 계기로 정의를 실현하고자 하는 가면을 쓴 영웅이다. 군주의 폭정과 억압에 맞서며 모험과 로맨스를 겪는 주인공의 이야기는 그다지 새로운 것은 아니다. 그러나 〈아길라 로하〉은 영화, 온라인 비디오 게임, 책, 만화, 애플리케이션, 보드 게임(카드, 퍼즐, 보드), 웹 사이트 및 다양한 이벤트를 통해 시청자들의 참여를 계속 유도했고 이를 통해 이야기의 확장이 이루어지면서 시청자들이 드라마를 보다 더 다양하게 즐길 수 있도록 하였다.

'배'라는 뜻의 〈엘 바르코〉는 기계 조작 실수로 폭풍을 만난 표류하게 된 배의 생존자들이 자신들이 지구의 유일한 생존자가 되었음을 깨닫게 되고 육지를 찾아 나서는 내용이다. 물로 뒤덮여 버린 지구를 계속해서 표류하면서 육지를 찾으며 겪게 되는 여러 가지 모험 이야기를 다룬다. 엘 바르코의 경우에는 웹사이트–극 중 인물의 블로그 등–를 통해 드라마의 경험을 확장시켰다. 이 드라마는 아바타를 통해 극중 인물과 트위터를 이용한 커뮤니케이션을 하고 이를 상호작용이 이루어지도록 고안했다. 오프라인 이벤트나 휴대전화 문자를 이용한 다양한 이벤트도 함께 제공했다.(Teresa PIÑEIRO OTERO & Carmen COSTA SÁNCHEZ, 929)

스페인의 성공한 TV 시리즈의 사례처럼 드라마의 내용을 보완하고 시청자의 참여를 이끌어내는 온·오프라인의 다양한 트랜스미디어 콘텐츠들은 시청자의 드라마 경험을 확장시켜주는 좋은 도구라 할 수 있을 것이다.

독일 남부 최대 공영방송사 SWR에서 방송된 〈알파 0.7〉은 미래를 배경으로 사람들의 머릿속에 통제용 칩을 삽입하는 알파 프로젝트에 대한 이야기를 다룬다. 25분 분량의 TV 시리즈(6회)가 방송되고 라디오 드라마(7회)가 TV 시리즈의 이야기를 넘겨받아 스토리를 이어갔다. 방송 전에는 드라마 1~2회에 등장하는 '하트만의 실종사건'을 모티브로 한 대체현실게임이 서비스되기도 했다. 극중 캐릭터들은 블로그, 유튜브 등의 온라인 플랫폼을 통해 드라마의 스토리를 뒷받침했다. 또한 뇌 과학을 소재로 한 라디오 쇼도 병행했다. TV, 라디오, 유튜브, 블로그, 페이스북, 게임 등이 동시다발적으로 하나의 통일된 이야기를 끌어갔다.(류철균·한혜원 외, 43-46)

알파 0.7은 다양한 미디어를 동시다발적으로 이용하여 스토리를 전개해 나갔다는데 그 특징이 있다. 라디오 방송을 듣지 않거나 온라인 참여를 하지 않아도 TV 시리즈의 내용은 충분히 이해가 된다는 점에서는 부가적인 서비스에 가깝게 트랜스미디어 콘텐츠가 제작되었다고도 볼 수 있다.[3]

위의 사례들 외에도 물론 여러 가지 시도들이 있지만 2000년대 후반부터 유럽의 곳곳에서 등장한 트랜스미디어 콘텐츠에는 몇 가지 공통점을 발견할 수 있다. 구심점을 가지고 있는 콘텐츠는 TV 드라마라는 점과 TV 드라마에 인터랙티브 개념을 도입한 실험적인 작품을 만들어냈다는 점이다. 과거의 시청자들이 드라마에서 주어진 스토리만을 즐기는 수동적인 시청자들이었다면, 현재의 시청자들은 기꺼이 적극적인 참여를 한다는 특성을 이해하고, 시청자들에게 다양한 미디어를 통해 마음껏 참여하도록 하는 장을 마련한 것이다. 스토리나 세계관의 확장보다는 현실과 드라마 스토리 사이를 허물고 참여를 유도하는 방식은 미국과는 구별되는 확연한 차이라 볼 수 있다. 이를 통해 앞으로 유럽은 드라마를 시작으로 트랜스미디어 콘텐츠의 전개 방식에 다양한 시도를 해보리라 예상할 수 있다.

---

3 알파 0.7에 관련된 내용은 다음 자료 참고. 방송통신위원회 블로그(blog.daum.net/kcc1335/2889), '(독일) 진화하고 있는 TV 드라마'.

3. 일본: 미디어 믹스를 넘어

일본 미디어산업은 1990년대 저패니메이션의 세계적인 성공을 바탕으로 대표 기업들의 약진이 두드러졌다. 그러나 일본 미디어산업은 미디어 교차 소유는 특별히 눈에 띄지 않은 채 폐쇄적으로 각 장르를 중심으로 고유의 영역을 구축하며 발달해 왔다는 점에서 다른 나라나 지역들과 차별점을 갖는다. 그러나 관련 기업들 간의 협업을 바탕으로 진행되는 유통 방식을 가지고 있다. 일본 특유의 미디어산업 전략인 미디어 믹스는 여전히 현재 시장에서도 유효한 방식으로 통용되고 있다.

게임으로 기획된 〈포켓몬스터〉의 홍보를 위해 남자 초등학생을 주요 독자로 하는 잡지에 만화를 연재하고 이어서 애니메이션을 방영하면서 포켓몬스터는 일본을 넘어서 세계적인 붐을 일으켰다. 일본의 산업계는 주로 시장의 반응을 보면서 OSMU 전략을 수립하는 방식을 사용해왔는데, 포켓몬스터의 성공으로 미디어 믹스에 대한 관심이 고조되었다.

[그림 3]은 OSMU와 미디어 믹스의 차이를 비교해 놓은 것으로 화살표의 위치를 보면 그 차이가 뚜렷하게 드러난다. OSMU는 주지하듯 원작이나 하나의 성공 콘텐츠를 바탕으로 그것을 다양한 플랫폼으로 소비할 수 있도록 하는 것이라면, 미디어 믹스는 기획과 제작의 단계에서 미리 다장르 콘텐츠가 기획되어 있는 것이다.(出口弘·田中秀幸·小山友介, 163) 여기까지의 비교를 보면 트랜스미디어와의 분별점이 없는 것 같지만 기본적인 차이가 존재하는데, 그것은 미디어 믹스의 태생이 '홍보'에 있다는 점이다. 앞서 설명한 포켓몬스터의 경우 게임을 홍보하기 위한 목적으로 만화가 같이 기획되었다. 어디까지나 구심점이 되는 콘텐츠의 홍보를 위해 다른 미디어를 활용하는

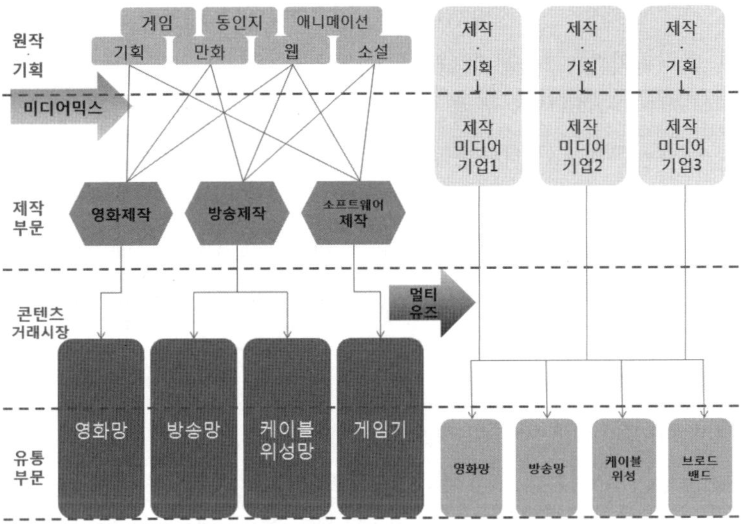

[그림 3] 미디어 믹스와 멀티유즈

것이다.

이러한 유형은 앞서 살펴본 미국 사례 중 〈다크나이트〉의 가상현실게임 〈와이 소 시리어스〉를 통해서도 살펴봤다. 그러나 미국과 또 다른 차이점은 홍보를 위해 기획된 별도의 콘텐츠 자체가 이야기의 확장성을 가지고 있거나 세계관을 구축하는데 도움을 주는 내용은 아니라는 점이다.

포켓몬스터의 큰 성공으로 한동안 미디어 믹스는 같이 주목받게 되었고 일본 내에서는 미디어 전략의 교과서처럼 이용되었다. 최근 일본에서 큰 인기를 얻은 〈요괴워치(妖怪ウォッチ)〉의 미디어 전략을 살펴봐도 포켓몬스터와 거의 비슷한 흐름을 엿볼 수 있다. 요괴워치

도 처음에 게임으로 출발했다.[4] 닌텐도3DS 전용 게임소프트로 출발한 요괴워치는 만화 출판사(小学館)와 애니메이션 제작사(OLM), 완구업체(BANDAI)가 함께 개발 전략을 세웠다. 이처럼 일본에서는 성공하는 콘텐츠의 전략으로 미디어 믹스를 꾸준히 실행해왔다.

그러나 주요 미디어 전략인 미디어 믹스와는 다른 움직임이 일어나고 있다. 만화로 연재를 시작한 〈명탐정 코난〉의 애니메이션 크로스 오버 작품이 등장한 것도 이 시점에서 주목할 만한 시도라 볼 수 있다.

작가 아오야마 고쇼는 본인의 서로 다른 작품의 등장인물을 함께 등장 시키는 에피소드를 종종 그리곤 했는데 가장 대표적인 작품은 〈코난 vs 괴도 키드 vs 야이바 보검 쟁탈전(コナンvsキッドvsヤイバ宝刀争奪大決戦)〉이다. 서로 다른 배경과 시대적 설정을 가지고 있던 작품의 캐릭터들이 만나면서 이야기의 전개는 새로워졌으나 기존 독자들이 말이 안 된다며 반발했고, 이를 독자들에게 설명하기 위해 평행우주론까지 등장하기도 했다. 〈명탐정 코난〉의 원작에서 주인공 코난과 라이벌 구도를 형성하고 있는 '괴도 키드'는 작가의 전 작품인 〈매직 카이토(まじっく快斗)〉의 캐릭터를 그대로 명탐정 코난에 편입 시킨 것이기도 한데, 그에 따라 괴도 키드를 뒤쫓는 형사(나카모리 긴죠) 역시 명탐정 코난의 주요 등장인물 중 하나가 되었다. 이 캐릭터는 2014년 10월부터 독립된 애니메이션 시리즈물로 방영되고 있다. 괴도 키드가 명탐정 코난으로 들어 온 후에도 새로운 시도는 계속되었는데 그 대표적인 작품이 2009년 〈루팡 3세 vs 명탐정 코난(ルパン三世VS名探偵コナン THE MOVIE)〉이라는 TV 스페셜이

4 게임이 구심점을 갖는 콘텐츠이긴 하나 개발 기간 등의 이유로 2013년 만화를 먼저 연재하기 시작하고 2013년에 게임이 출시되었다.

[그림 4] 명탐정 코난의 다양한 크로스오버

다. 2009년 개국 55주년을 맞이한 니혼 TV와 개국 50주년인 요미우리 TV가 개국기념 프로그램을 기획하는 과정에서 양사의 대표 애니메이션인 〈루팡 3세〉와 〈명탐정 코난〉을 한 작품에 등장시키고 각각의 방송국을 통해 TV에서 방영하였으며 2013년에는 극장판을 개봉하였다. 같은 해인 2009년에는 닌텐도DS 게임(명탐정 코난 & 김전일 소년의 사건부-우연히 만난 두 명의 명탐정(名探偵コナン&金田一少年の事件簿 めぐりあう2人の名探偵))으로 〈명탐정 코난〉과 〈소년탐정 김전일〉의 추리 대결이 이루어졌다. 2015년 개봉한 명탐정 코난

극장편(명탐정 코난-화염의 해바라기(名探偵コナン 業火の向日葵))에서는 코난과 괴도 키드가 다시 대결구도를 보여준다. 범죄 수사·추리물 장르에 두터운 팬층을 가지고 있는 일본에서 장르를 대표하는 작품들의 만남은 큰 이슈가 되었다.

이렇게 오랜 기간 동안 일본의 교과서적인 미디어전략이라 할 수 있는 미디어 믹스를 따르지 않고 독자적으로 작품의 장르적 특성을 살리며 융합을 하거나 하나의 세계관을 구축했다는 점에서 〈명탐정 코난〉의 사례는 기존의 일본 산업계에서 보여준 미디어 믹스나 OSMU와는 변별점을 가짐과 동시에 트랜스미디어의 특징을 일부 보여주고 있다고 할 수 있다.

〈명탐정 코난〉과 같이 미디어 믹스 전략을 따르지 않고 특이한 미디어 활용을 보이는 사례로는 〈데스노트(デスノート)〉를 들 수 있다. 만화로 출발한 이 작품은 애니메이션과 영화, 드라마, 뮤지컬에 이르기까지 다양한 장르로 활용이 되었다. 만화 원작에 충실한 편이지만 3편까지 제작된 영화는 원작의 내용을 벗어난 스핀오프의 성격을 가지고 있다. 또 다른 〈데스노트〉의 특징은 지금까지 잘 보이지 않던 '만화 → 뮤지컬'의 장르 이동이 있었다는 점과 그리고 뮤지컬 초연 2개월 뒤 첫 라이선스 공연을 시작했다는 점을 들 수 있다. 일본의 뮤지컬 공연 시장은 탄탄하지만 대부분 해외 라이선스 공연에 의존해왔다. 그런데 〈데스노트〉의 경우는 일본의 원작 만화를 뮤지컬로 만들어 내면서 대규모 엔터테인먼트사인 '호리프로'가 뛰어들었다. 대규모 엔터테인먼트사의 협력은 또 다른 활용 사례를 만들어낼 수도 있으며 〈데스노트〉의 미디어 활용 사례는 기존 일본의 OSMU에서 변형된 형태라는 점에서 시사점이 있다.

일본은 아직 트랜스미디어 콘텐츠라는 용어가 업계에서도 학계에서도 낯선 단계에 있다. 일본 미디어산업의 각 장르들은 이미 1990년대 이전부터 크게 성공하면서 1980년대 일본 드라마의 수출, 1990년대 저패니메이션의 르네상스 시대를 경험하고 성숙기에 들어섰고 각자의 방식에 안주하고 있는 상황이다. 이러한 현실에서 트랜스미디어 콘텐츠라고 정의하기에 부족한 면이 있지만 컨버전스의 시도가 있었던 위의 사례들은 기존과는 다른 미디어의 활용을 보여주면서 작품의 세계관을 넓히고 다양한 연출을 하였다는 점에서 트랜스미디어 콘텐츠로 한 걸음 더 가까이 다가갔다는 데에 의미가 있다고 할 수 있다.

일본에는 소설이나 만화와 같이 원천 소스가 될 수 있는 작품이 많이 있다. 〈기동전사 건담(機動戦士ガンダム)〉이나 〈은하영웅전설(銀河英雄伝説)〉처럼 역사와 전통이 있고 다양한 팬층을 보유하고 있으며, 하나의 통일된 세계관을 가진 작품 속 세계에서 다양한 인물들이 등장하는 SF 장르는 트랜스미디어 콘텐츠가 되기에 적절한 재료들이다. 일본은 지금 미디어 믹스를 넘어선 새로운 전략이 필요한 시기이며 어쩌면 트랜스미디어 콘텐츠가 일본 문화산업 시장이 쇠퇴기로 향하는 방향을 되돌릴 열쇠가 될 수 있을 것이다.

4. 한국: 새로운 실험

그렇다면 과연 한국에는 어떠한 트랜스미디어 콘텐츠가 있을까? 앞서 살펴본 것처럼 트랜스미디어 콘텐츠를 제작하기 위해서는 거대한 기업, 혹은 제작사와의 긴밀한 연계가 필요하다. 그러나 한국의 상황에서는 쉬운 일이 아니다. 그렇다고 그 원대한 계획에 쏟아 부을 막강한 자본력을 갖추었다고 보기에도 무리가 있을 것이다.

한국의 트랜스미디어 콘텐츠의 사례는 일본과 마찬가지로 아직 이렇다 할 사례를 찾기 힘들다. 다만 기존의 미디어에서 시도하지 않았던 기획이나 유통방식을 가진 사례들을 중심으로 이야기 해 보도록 하겠다.

한국의 문화산업 환경은 위험에 굉장히 취약한 습성이 있기 때문에 트랜스미디어 콘텐츠와 같이 기획부터 모든 장르의 콘텐츠들이 제작되는 상황을 연출하기에 힘들다. 대부분의 미디어 관련 회사들은 영세하고 종합적인 미디어 기업이 있지만 성공의 확신이 없으면 움직이기 힘들다. 이러한 산업 환경에서 트랜스미디어 콘텐츠의 제작은 요원하다. 그러나 이렇게 척박한 산업환경 속에서도 트랜스미디어의 가능성이 엿보이거나 트랜스미디어의 요소를 갖춘 몇몇의 콘텐츠들을 찾아볼 수 있다.

[그림 5]와 같이 서로 다른 장르(영화, 드라마)에서 같은 세계관을 공유하고 다른 캐릭터와 스토리를 전개하는 것은 새로운 방식이었다. 여기에는 한국의 특별한 역사적·정치적 상황이 개입하고 있지만, 기존의 시리즈물이 '속편'의 개념에서만 제작되어 같은 주인공들이 스토리를 이어가던 방식에서는 한 걸음 더 나아갔다고 볼 수 있다.

그렇다면 한국에는 트랜스미디어가 정말 없는 것일까? 최근 트랜스미디어로 검색을 해보면 미디어에서 연일 조명을 받고 있는 〈미생〉이 나온다. 미생이 트랜스미디어 콘텐츠인지에 대해서는 여러 가지 견해가 엇갈린다. 윤태호 작가의 웹툰으로 출발한 미생은 바둑을 소재로, 바둑이 가지고 있는 특성을 직장인의 삶에 투영하며 담담하게 사회생활을 그려내고 있는 작품으로 다양한 세대에게 인기를 끌면서 다른 장르에서도 제작이 된 작품이다. 바로 이 지점이 트랜스미디어

[그림 5] 같은 세계관을 공유하고 있는 〈쉬리〉, 〈아이리스〉, 〈아테나〉

콘텐츠가 '처음부터 기획된' 것이라는 대전제를 벗어나고 있기는 하지만 미생의 다양한 미디어 활용에 대해서는 눈여겨 볼 필요가 있다.

미생과 같이 웹툰 → 만화책 → 모바일 무비(웹드라마) → 극장판 영화→ TV 드라마 → 5부작 특별 웹툰 → 패러디 드라마에 이르기까지 다양한 미디어와 방식으로 원천콘텐츠를 활용한 방식은 한국의 현실에서는 그리 많지 않다. 미생의 다양한 미디어 활용은 미생의 제작사인 CJ E&M이 거대 미디어그룹이며 회사에서 보유하고 있는 다양한 미디어 플랫폼을 활용하기 위해 후발로 트랜스미디어 콘텐츠 제작을 시도했다는 점을 알 수 있다.

미생과 같은 모델은 〈웹툰히어로 툰드라쇼〉에서도 찾아볼 수 있다. 웹툰히어로 툰드라쇼는 2015년 7월부터 MBC의 케이블 채널 중 하나인 MBC EVERY1에서 방영하고 있는 옴니버스 드라마의 제목으로, 웹툰이 TV 드라마로 옮겨왔다는 포맷을 가지고 있다. 방송은 포털 사이트 네이버에서 연재중인 웹툰 〈조선왕조실톡〉과 네이버 웹툰에서 연재를 통해 인기 작가가 된 기안84의 데뷔작 〈청순한 가족〉, 김재한의 툰드라쇼를 위한 새로운 기획 〈내 남자는 육아도우미〉가 각각 드라마화 되어 3개의 웹툰 드라마가 옴니버스 형식으로 묶여 있다.

[그림 6] 〈웹툰히어로 툰드라쇼〉의 메인 포스터

인기 웹툰 한 편, 인기 웹툰 작가의 데뷔작, 그리고 방송을 위해 인기 웹툰 작가가 기획한 작품이라는 특성 외에도 웹툰 작가들이 직접 출연(〈조선왕조실톡〉, 〈청순한 가족〉)하거나 대본 작업에 참여(〈청순한 가족〉, 〈내 남자는 육아 도우미〉)하고 캐릭터 스타일 아이디어를 내는 등 웹툰의 아이디어를 그대로 TV 화면으로 옮기려는 시도를 하고 있다. 포털 사이트 네이버는 '네이버 캐스트'라는 자체적인 방송 채널을 웹상에 구축하고 있지만 자사의 웹툰을 드라마화 하는 시도는 공중파 방송사의 자회사인 케이블 방송국과 손을 잡아 확장성에 무게를 둔 것으로 보인다. 미디어의 확장이 서로 다른 두 회사의 결합으로 이루어졌다는 점에서 미생의 사례와는 조금 다른 변별점을 갖는다.[5]

이렇게 2010년대에 접어들면서 한국에서도 새롭게 미디어를 활용하고자 하는 움직임을 볼 수 있다. 한국에서는 방송보다 이러한 움직

5 미생의 경우에도 웹툰을 출판한 '위즈덤하우스'에서 관련 팟캐스트를 만드는 등의 노력을 기울였지만 스토리의 확장은 CJ E&M을 통해 주로 이루어졌으므로 차별점이 있다고 보았다.

임을 재빠르게 포착한 곳은 광고업계였다. 광고업계는 트랜스미디어 콘텐츠의 개념을 광고에 녹여내면서 다양한 방식으로 진행되는 광고 전략을 수립하였다. 흔히 인터랙티브 광고로 분류되는 몇몇 광고들 중에서 〈보해 월〉의 사례를 살펴보도록 하겠다.

2013년 진행되었던 보해 월 소주 광고는 '참이슬'과 '처음처럼'으로 양분화되어 있는 한국의 소주시장에서 소비자의 시선을 끌기 위한 새로운 시도의 필요라는 지점에서 출발했다.

2012년 6월 14일부터 버스, 전광판, 무가지, 포스터 등의 오프라인 미디어들을 통해 모델 한가인이 등장하는 보해 월의 광고를 접한 사람들은 광고 한 켠의 자필 메모에 주목하게 된다. 메모에 있는 한가인의 전화번호 010-5544-1950으로 전화를 걸면 신호음이 들리고 잠시 후 한가인의 목소리는 시간대별로 다른 내용으로 바뀌어 진행된다. 전화 통화를 끝내면 한가인에게 만나자는 문자가 바로 도착하는데 이 문자에 포함된 링크를 열면 가상의 주점 월로 향하게 된다. 1인칭 시점으로 화면이 연출되어 한가인과 마주보고 있는 설정이며 한가인은 광고를 보는 이가 선택한 질문에 따라 대답을 하거나 노래를 골라주면서 술잔을 기울인다.

이 광고는 완벽한 인터랙티브를 구현하기 위해 광고 모델이 같은 상황에서도 여러 대답을 할 수 있도록 기획되었다. 광고 시작 한 달이 되지 않아 보해 월 주막 페이지 방문자는 100만 명을 돌파했고 한가인 전화번호의 통화 건수가 10만 건을 돌파 하는 등 이슈가 되었다. 보통 온라인에서 진행되는 광고는 광고임을 깨달은 순간 바로 종료하기 때문에 체류시간이 극히 짧은 것에 반해 보해 월 광고는 평균 7분의 체류시간을 유지하였으며 캠페인이 끝난 후에도 방문자수가 지속적으로 유지되었다. 보해는 월 광고의 성공에 힘입어 다음 광고

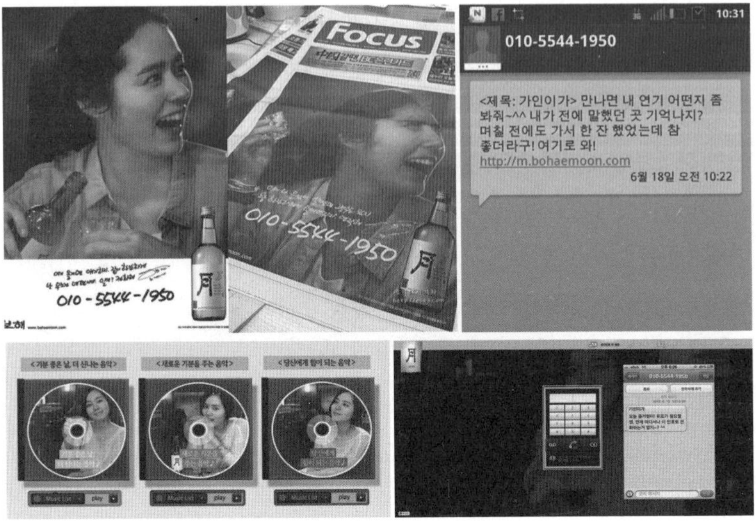

[그림 7] 보해 월 광고 화면

를 〈아홉시반 주립대학〉이라는 가상의 캠퍼스 공간에서 유명인들의 술과 관련된 강의를 듣고 서로 소통하는 공간을 마련하는 형식으로 진행 중에 있다.

광고업계의 발 빠른 진입으로 한국의 트랜스미디어 콘텐츠는 광고 쪽으로 치우치는 듯 했으나 최근 등장한 사전기획 콘텐츠는 한국 트랜스미디어 영역 확장의 가능성을 보여주고 있다.

만화가 강풀의 작품으로 대표되는 사례들처럼 주로 소설, 웹툰, 만화 등 원천 콘텐츠가 인기를 얻으면 영상화 판권을 구매해 영화 시나리오로 개발했던 것이 기존의 영화나 드라마가 원천 콘텐츠를 이용하는 방식이었다. 우리에게 친숙한 OSMU가 바로 이에 해당한다. 그러나 최근 과거의 방식과는 달리 프로듀서가 웹툰, 만화 작가와 함께 영상화를 전제로 한 웹툰과 출판만화 그리고 그래픽 노블을 만드는

[그림 8] 사전기획 웹툰과 영화, 드라마

방식으로 변화하고 있다.[6]

[그림 8]의 두 작품 〈더 파이브〉와 〈라스트〉는 대표적인 사전기획 웹툰에 해당된다. 이 방식은 조금 더 위험 부담이 큰 영상화가 진행되기 전에 소비자의 반응을 보기에도 유용하며, 기획 단계에서부터 의견이 조정되었기 때문에 각색의 단계에서 발생하는 제작자와 원작자의 대립이나 갈등도 조정될 수 있다. 그러나 아직 사전기획 콘텐츠도 시작단계에 있고 현재로서는 두 개 미디어 이상의 활용은 보이고 있지 않다는 점에서 앞으로 이들을 더욱 주시해야 할 것이다. 한국의 트랜스미디어 콘텐츠가 새로운 실험 단계를 벗어나 좀 더 다양한 미디어를 통해 팬들이 즐길 수 있으려면 트랜스미디어에 대한 한국 시장의 이해와 관심이 필요할 것이다.

이 글은 트랜스미디어 콘텐츠가 국가별로는 어떤 특징이 있는지, 그리고 그 유형화가 가능한지에 대한 의문에서 출발했다. 미국은 다양한 방식의 트랜스미디어 콘텐츠가 만들어지고 있어 하나로 특징짓기 힘들지만 다른 나라들에서 잘 시도하지 않는 대형 트랜스미디어

6 김성훈, 「원작부터 만든다」, 『씨네21』, 2014.8.

콘텐츠를 기획단계에서부터 제작하고 있다는 점을 알 수 있었다. 유럽은 TV 드라마의 팬들이 좀 더 적극적으로 활동하면서 드라마를 즐길 수 있도록 하는 장치로 트랜스미디어 콘텐츠를 활용하는 경향을 보이고 있다. 물론 미국과 같이 다매체를 활용하는 경우도 있지만 거대한 세계관 형성의 측면에서는 아직 미흡하다고 볼 수 있어 그 부분에 대한 언급은 하지 않았다. 일본의 사례는 포켓몬스터의 성공으로 미디어 전략의 교과서가 된 미디어 믹스를 탈피하고자 하는 새로운 시도들을 중점적으로 소개했다. 아직 트랜스미디어 콘텐츠의 개념이 생소한 일본에서는 성숙기의 끝자락에 있는 문화산업을 쇠퇴기로 향하는 길에서 다시 되돌릴 방법으로서 고려해볼만하다는 점이 하나의 시사점이라고 본다.

한국 또한 트랜스미디어 콘텐츠에 생소하다. 광고계에서 재빨리 받아들였지만 완전한 트랜스미디어 콘텐츠로 보기에는 부족한 면이 있다. 그러나 한국의 새로운 미디어 초월적 시도들은 계속 되고 있어 앞으로의 콘텐츠 전략으로서 트랜스미디어 콘텐츠를 생각해볼 수 있을 것이다. 산업 환경의 변화를 기준으로 트랜스미디어 콘텐츠를 분류하는 작업을 진행하다보니 자연스럽게 국가나 지역단위로 분류를 하게 되었다. 앞서 잠깐 언급했지만 영국의 경우처럼 단일 국가별 제작이 아닌 다른 나라나 기업 간의 합작이 빈번한 상황에서 이렇게 지역별로 구분하는 것은 어찌 보면 무의미한 작업일 수도 있을 것이다. 그러나 미디어 교차 소유가 일반화 되고 미디어기업이 글로벌 기업으로 성장하면서, 다국적 미디어기업이 일반적인 미국을 제외한 모든 나라들의 미디어산업 환경도 점차 비슷해지는 양상을 보이고 있다. 트랜스미디어 콘텐츠에 대해서도 이제 막 알아가고 여러 가지 시도를 통해 좀 더 나은 제작 방식을 찾아가고 있는 중이다. 이러한 과도

기의 한 부분으로 산업 환경의 변화에 따른 트랜스미디어 콘텐츠의 전개와 유형을 바라본다면 각각 주어진 산업 환경의 특성에 따라 새로운 길을 찾고 있는 이들에게 도움이 될 것이다.

[조소연]

참고 문헌

김대호 외, 『ICT 생태계』, 커뮤니케이션북스, 2014.

김문조, 「스마트 사회, 새로운 문명사적 도전」, 『지식의 지평』 제14호, 2013.

김성훈, 「원작부터 만든다」, 『씨네21』, 2014.8.

김환표, 『트랜드지식사전』, 인물과 사상사, 2013.

루시 퀑, 『미디어 전략 경영론』, 커뮤니케이션북스, 2013.

류철균·한혜원 외, 『트랜스미디어 스토리텔링의 이해』, 이화여자대학교 출판부, 2015.

서성은, 「매체 전환 스토리텔링 연구」, 이화여자대학교 대학원 박사학위논문, 2015.

양성희, 「TV선 인턴인 장그래 … 모바일선 알바생 시절도 나와」, 『중앙일보』, 2014.12.23.

연합뉴스, 「제일기획 "새 마케팅 키워드는 '트랜스마케팅'"」, 『연합뉴스』, 2012.10.10.

이용관, 『콘텐츠 산업의 융합 양상과 정책 과제』, 한국문화관광연구원, 2013.

캐롤린 핸들러 밀러, 『디지털미디어 스토리텔링』, 커뮤니케이션북스, 2006.

한혜원·남승희, 「트랜스미디어 콘텐츠의 스토리텔링 구조 연구: 〈로스트〉 대체현실게임을 중심으로」, 『인문콘텐츠』 제15호, 2009.
헨리 젠킨스, 『컨버전스 컬처: 올드 미디어와 뉴 미디어의 충돌』, 김정희원·김동신 옮김, 비즈앤비즈, 2008.

Aarseth Espen, "The Culture and Business of Cross-Media Productions", *Popular Communication: The International Journal of Media and Culture*, Vol.4 No.3, 2006.
Andrea Phillips, *A Creator's guide to Transmedia Storytelling: how to captivate and engage audiences across multiple platforms*, McGraw Hill, 2012.
Henry Jenkins, "The Cultural Logic of Media Convergence", *International Journal of Cultural Studies*, Vol.7 No.1, 2004.
Marie-Laure Ryan, "Transmedial Storytelling & Transfictionality", *Poetics Today*, Vol.34 No.3, 2013.
Marsha Kinder, "Pat O'Neil with Rosemary Comella, Andreas Kratky, and the Labyrinth Project", Jeffrey Shaw, Peter Weibel (eds.), *Future Cinema: The Cinematic Imaginary after Film*, The MIT Press, 2003.
Pratten Robert, *Getting Started in Transmedia Storytelling: A Practical Guide for Beginners*, CreateSpace Independent Publishing Platform, 2011.
Teresa PIÑEIRO OTERO & Carmen COSTA SÁNCHEZ, De series españolas de éxito a producciones audiovisuales

transmediáticas. Análisis de Águila Roja, El Barco y Amar en tiempos revueltos, *Estudios sobre el Mensaje Periodístico,* Vol.19, 2013.

出口弘·田中秀幸·小山友介 編, 『コンテンツ産業論—混淆と伝播の日本型モデル』, 東京大学出版会, 2009.

인터넷 자료

김미경, "제일기획, 디지털시대 키워드로 '트랜스마케팅' 제시", 인터넷 저널 〈이데일리〉 2012.10.10. (edaily.co.kr/news/NewsRead.edy?SCD=JC21&newsid=02709286599691608&DCD=A00302&OutLnkChk=Y)

로스트피디아 (lostpedia.wikia.com/wiki/Lostpedia:About)

마크 롱, 「TRANSMEDIA storytelling」 (kocca.kr/cop/bbs/view/B0000180/1303482.do?searchCnd=&searchWrd=&cateTp1=&cateTp2=&useAt=&menuNo=200953&categorys=0&subcate=0&cateCode=&type=&instNo=0&questionTp=&uf_Setting=&recovery=&pageIndex=1)

방송통신위원회, 「(프랑스)시청각 프로그램의 새로운 트랜드, 트랜스미디어」, 방송통신위원회 블로그 (blog.daum.net/kcc1335/5165)

손영훈·홍원균, 「드라마 미생(未生)을 통해 본 콘텐츠 생태계와 비즈니스 기회」, 『디지에코 보고서 Issue&Trend』, 2014.12.03. (digieco.co.kr/KTFront/report/report_issue_trend_view.

action?board_seq=9756&board_id=issue_trend&sort_order=&kind=a01&list_page=&list_gubun=&searchtext=&etc1=385&etc2)

연합뉴스, 「제일기획 "새 마케팅 키워드는 '트랜스마케팅'"」, 『연합뉴스』, 2012.10.10. (news.naver.com/main/read.nhn?mode=LSD&mid=sec&sid1=101&oid=001&aid=0005863768)

지식경제용어사전, 「컨버전스」 (terms.naver.com/entry.nhn?docId=303331&cid=50376&categoryId=50376)

케이시 허드슨, 「[KGC2010]트랜스미디어 스토리텔링: Mass Effect Universe에서 게임, 만화, 영화가 합쳐진 스토리라인 만들기」 (kocca.kr/cop/bbs/view/B0000180/1316928.do?searchCnd=&searchWrd=&cateTp1=&cateTp2=&useAt=&menuNo=201020&categorys=0&subcate=0&cateCode=&type=&instNo=0&questionTp=&uf_Setting=&recovery=&option1=&option2=&pageIndex=20)

〈코카콜라 "행복 프로젝트"〉 (youtube.com/embed/yGjBV9roQhA?rel=0&showinfo=0)

왁스킹's Story 블로그, "BMW, 'The Hire'로 관심을 끌다", BMW 동영상 관련 블로그 글 (blog.naver.com/PostView.nhn?blogId=acroport&logNo=10084512050)

〈코카콜라 "Friendly Twist"〉 동영상 (youtube.com/embed/t9c-moT_wb0A)

〈이너니메이트 앨리스(Inanimate Alice)〉 웹사이트 (inanimatealice.com)

〈Lizzy Bennet Diaries〉 관련 참고자료, 「Transmedia or Trans-

formed?」 (slideshare.net/lupitailuna9/lizzie-bennet-diaries)
〈파티시패이토리 러닝(Participatory Learning)〉 웹사이트 (plearn.net)

4

트랜스미디어 스토리텔링의 특성

문화콘텐츠와 트랜스미디어

1

트랜스미디어 콘텐츠 마케팅

2부에서 고찰해 본 바와 같이, 트랜스미디어는 디지털 기술 발전이 견인한 컨버전스 시대의 현상이며 이런 배경에서 태동한 트랜스미디어 콘텐츠는 문화산업 영역에서 가장 대표적인 융합적 혁신이다. 그러나 빠르게 변화하는 것의 속성에는 불변하는 본질이 내포되어 있는 경우가 많다. 트랜스미디어 콘텐츠의 핵심에는 가장 고전적인 콘텐츠의 속성인 이야기와 이야기하기 즉 스토리텔링이 있다. 결국 우리가 이와 같은 기술적 발전과 문화적 변화를 이용해 하고자 하는 바는 궁극적으로 이야기를 주고받으며 새로운 이야기를 만들고 또 그것을 공유하는 인간의 본능적 행위이자 인류 역사의 발전과 궤를 함께 하는 보편적인 지적 활동인 것이다. 이런 의미에서 이번 장에서는 트랜스미디어 스토리텔링의 속성을 구성요소에 대한 고찰과 다양한 사례를 통해 검토해 보도록 하겠다.

1. 디지털 시대? 트랜스(trans-)한 시대

최근 10년 내의 마케팅 키워드를 뽑아보라고 한다면 아마도 '디지털'이 그중 첫 번째가 되지 않을까? 디지털 기술의 발전에 따라 소비자가 변화하고 미디어가 변화하고 마케팅이 변화해가는 흐름 속에서 개인과 개인은 보다 쉽게 연결되고, 소비자가 원하는 가치는 더욱 다양해지고 있으며, 다양해지는 가치만큼이나 세분화된 수많은 미디어가 출현하고 있다.

디지털 기술과 미디어의 발달로 개별 미디어 영역이 서로 수렴되고 고유한 서비스 영역의 경계가 모호해지는 컨버전스 환경이 형성됨에 따라 다수의 미디어를 통해 콘텐츠를 소비하는 이용자가 늘고 있다. 이렇게 여러 미디어를 넘나들며 자신이 필요로 하는 콘텐츠를 소비하는 행동을 트랜스미디어 체험이라고 하며, 디지털 기술의 발전에 따른 문화적 컨버전스 현상이라고 말할 수 있을 것이다.(이호영·박현우 외, 17)

이러한 컨버전스 시대를 예견하며 젠킨스는 모든 것이 융합되는 디지털 시대에 사람들에게 이야기하기 위한 가장 적합한 방식을 트랜스미디어 스토리텔링이라고 개념화하였다. 쉽게 말해 하나가 아닌 여러 개의 미디어를 통해 '하나'로 이해될 수 있는 이야기를 전달하고 경험케 하는 것으로 이용자의 '트랜스미디어 체험'을 강화시키며 디지털 컨버전스 환경에 적응할 수 있는 수 있는 방안이라고 할 수 있다.

결국, 트랜스미디어 스토리텔링이란 디지털 시대에 진입함에 따라 이미 미디어 넘나들기를 통해 콘텐츠를 소비하는 이용자의 트랜스미디어 체험을 강화시킬 수 있는 이야기 전략이라고 할 수 있는데 무엇보다도 이용자의 자연스러운 미디어 넘나들기를 유도하고 경험시킬 수 있는 이야기 창조와 참여가 중요하다 할 수 있다.

먼저, 트랜스미디어 전략 혹은 트랜스미디어 스토리텔링을 말하기 전에 트랜스미디어 개념에 대해 논할 필요가 있을 것이다. 앞서 1부에서 신광철은 트랜스미디어의 접두어 trans-를 multi, inter와 비교해 트랜스미디어 개념에 대한 논의를 진행한 바 있다.(신광철, 2) 정리하자면 다음의 [표 1]과 같다.

[표 1] multi, inter, trans의 의미 비교

multi	inter	trans
상호작용 혹은 관계보다는 복수성(다중적인 상태) 자체에 초점을 둠	상호적인 관계를 중시	시공간적인 움직임을 강조
	최소한 두 행위자가 각각의 공간에 정착한 가운데 이루어지는 커뮤니케이션의 형태	행위자가 여러 공간을 주파하는 유목민적 방식

대상 간의 관계 맺기 측면에서 볼 때 트랜스란 여러 대상 중 선별된 두 개의 대상이 상호작용하는 일대일의 관계를 넘어 여러 대상이 서로 연결되어 소통하는 복수의 관계로 발전해가는 양상이라고도 할 수 있을 것이다.

그리고 트랜스미디어의 '미디어'는 우리가 흔히 알고 있는 TV, 신문, 잡지, 라디오, 온라인 등의 일반적 의미의 미디어만을 뜻하지 않는다. 여기서 말하는 미디어란 이야기 수용자 혹은 소비자와 대면할 수 있는 모든 접점을 의미하는 것으로서 기업의 상품 및 서비스, 팬의 자발적인 커뮤니티, 매장 등 이야기 주체의 세계관 혹은 이야기가 공유될 수 있는 모든 현장과 매개물 즉 우리의 환경을 둘러싼 폭넓은 의미로서의 미디어를 말한다고 할 수 있다. 이에 따라 트랜스미디어는 어떤 특정한 미디어를 말하지 않으며 이용자가 원하는 콘텐

츠 소비의 방식과 이용자의 미디어 넘나들기의 방식을 말하는데 이호영·박현우 외의 경우 트랜스미디어는 미디어 간의 상호 작용이 커져서 서로 다른 미디어가 결합되거나 특정한 내용을 갖는 미디어의 내용이 다른 미디어로 전환되는 현상이라 말하였으며,(이호영·박현우, 56) 장대련·장동련·권승경은 트랜스미디어란 잘 짜인 고정된 성격의 시스템에서 벗어나 혼돈의 상황에 유기적으로 대응할 수 있는 역동적 미디어라고 정의한 바 있다.(장대련·장동련·권승경, 1) 보다 쉬운 예로 TV 예능 프로그램에 재미를 더해주는 자막의 경우 영상 콘텐츠(미디어)와 텍스트 콘텐츠(미디어)가 결합되어 또 다른 의미를 생성할 수 있는–트랜스된–사례라고 할 수 있으며 TV 드라마 주인공의 프로필을 인터넷 검색을 통해 확인하고 팬 카페에 가입하여 드라마 촬영일에 맞춰 선물을 보내거나 주인공의 SNS를 통해 촬영 뒷이야기를 확인하며 주인공 혹은 드라마 팬덤을 형성하는 역동적인 미디어 소비 행태 역시 트랜스미디어적 현상이라고 할 수 있다.

2. 트랜스미디어 스토리텔링의 구성 요소

트랜스미디어 스토리텔링이라는 개념이 본격화된 것은 1999년 저예산 독립영화 〈블레어 윗치 프로젝트〉의 경이적인 성공부터라고 말할 수 있다. 〈블레어 윗치 프로젝트〉의 영화 예고편은 보통 줄거리나 주요 장면 요약에 그쳤던 일반적인 형태가 아니라, 사건 현장에 떨어진 캠코더 필름의 일부라는 일종의 페이크 다큐멘터리 기법을 도입, 〈블레어 윗치 프로젝트〉가 영화인지 실제 다큐멘터리 필름인지에 대한 커다란 관심을 일으키며 본 영화의 성공적인 흥행을 이끌었다.

[그림 1]〈블레어 윗치 프로젝트〉

트랜스미디어 스토리텔링은 선별된 다양한 미디어를 통해 각각 별개의 이야기로 공개되며 각 이야기는 전체 스토리에 분명하고도 가치 있는 기여를 하게 되는데, 영화 자체보다도 화제가 되었던 〈블레어 윗치 프로젝트〉의 영화 예고편은 영화의 전체 스토리에 부합하되 영화 이야기의 반복이 아닌 사건 증거라는 별개의 내용과 기능을 가진 점에서 트랜스미디어 스토리텔링이라고 할 수 있다.

트랜스미디어 스토리텔링의 구성 요소와 관련된 연구로는 신동희·김희경(2010)의 연구를 주목할 만하다. 그 중 6번째 요소인 '세계관의 설정'을 배경 스토리와 핵심스토리의 결합으로 파악하여 5개 요소로 축소 정리하고 영화 〈어벤져스〉의 사례를 통해 구성 요소를 살펴보면 다음과 같다.

1) 핵심적인 스토리 구조가 있어야 한다

트랜스미디어 스토리텔링은 기획 단계에서부터 동시 다발적인 제작을 고려해야 하기 때문에 만화든 영화 시나리오든 어떤 새로운 창작물이든 이야기의 흐름을 지배하는 중심 스토리의 구축이 필요하다. 〈어벤져스〉의 경우 지구의 안보가 위협당하는 위기의 상황에서 전 세계 곳곳에 흩어져 있는 슈퍼 히어로들을 불러 모아 세상을 구하는 일명 '어벤져스 작전'에 슈퍼 히어로들은 갈등하나 곧 의기투합하여 지구를 구한다는 이야기가 핵심적인 스토리로 구축되어 있다.

2) 핵심 스토리를 뒷받침하는 배경 스토리가 중요한 역할을 담당한다

배경 스토리는 하나의 콘텐츠만 보고 즐기던 관람객 혹은 소비자에게 캐릭터, 혹은 이야기의 탄생 일화, 시공간적인 배경에 대한 부가적 이야기를 제공하여 궁금한 것을 해결해 주는 한편 또 다른 이야기로 확대하기 위한 기반을 마련한다.

[핵심 스토리 + 배경 스토리 = 세계관(narrative universe)]

북유럽 신화에서 기원한 9세계를 기반으로 하는 '마블 시네마틱 유니버스'(어벤져스의 세계관)는 오딘의 '아스가르드'를 필두로, 지구라 불려지는 '미드가드'라는 세계가 존재한다. 이 9세계는 비브로스트(무지개다리)라는 텔레포트 장치로 이동할 수 있으며 아스가르드의 지도자 오딘에게는 수많은 우주의 보물들을 보관하는 장소가 있는데 그 안에는 무한의 에너지원이라 할 수 있는 '테서렉트'가 보관되어 있다.

미드가드, 즉 지구에서는 2차 세계대전 당시, '테서렉트'를 훔쳐 전 세계를 지배하고자 하는 나치의 특수 부대 '하이드라'가 있었는데 연합국은 이러한 나치의 특수부대에 대항하고자 슈퍼 솔져 실험을 시행하였다. 그러나 하이드라의 기습으로 실험은 실패로 종결되었으나, 단 하나의 샘플인 '스티브 로저스'는 실험에 성공, 캡틴 아메리카로 탄생하게 되어 '테서렉트'라는 무한 에너지원을 차지하고자 하는 '하이

드라'의 기도를 좌절시킨다. 그 이후 냉전의 시대가 흐르고 하워드 스타크(토니 스타크의 아버지)는 쉴드를 창설하는데 협조하게 되고 쉴드의 멤버로는 닉 퓨리 및 마이라 힐, 블랙 위도우, 호크 아이 등이 활동하게 된다.

이후 쉴드는 '테서렉트'를 조사하는 등 수많은 정보력과 기술력을 바탕으로 캡틴 아메리카를 냉동에서 회복시키고 아이언맨을 지원하며 블랙 위도우와 호크아이와 함께 전 세계의 슈퍼 영웅들을 단합시켜 새로운 위협에 대비한다.[1]

3) 트랜스미디어 스토리텔링에는 부차적 플롯(sub plot)이 존재한다

부차적 플롯은 그 자체로 완전한 하나의 이야기를 담고 있으며 중심 플롯과 엇갈리거나 병행하며 흥미를 더해 주며 전체적인 효과를 끌어올리는 역할을 담당한다.

[그림 2] 어벤져스 등장인물 관계도

어벤져스 작전의 주인공 중의 하나인 '토르'와 그의 동생 '로키'의 애증관계는 영화 〈어벤져스〉에서 사실 잘 나와 있지 않다.

1 마블 시네마틱 유니버스 참조 (blog.naver.com/sec1021/30134382783)

그러나 2011년 개봉된 〈토르: 천둥의 신〉을 관람했던 관객이라면 이 둘이 왜 등을 돌리게 되었는지 이미 알고 있었을 테고 이 둘의 이야기가 연결되는 또 다른 재미를 느낄 수 있었을 것이다. 물론 사전에 알지 못했더라도 〈어벤져스〉를 즐기기에 큰 무리는 없는데 오히려 이야기에 관심을 가지게 된 이용자는 영화 〈토르: 천둥의 신〉 혹은 원작 만화를 찾아보며 자신의 미디어 체험을 확장시킬 수 있을 것이다.

4) 여러 캐릭터들이 각각의 트랜스미디어에서 주인공으로 탄생한다

하나의 이야기가 핵심 스토리와 그에 연결된 부차적 플롯이 존재하는 방식이라면 트랜스미디어 스토리텔링에서는 핵심 스토리 전개의 단서 역할을 하는 부차적 플롯이 독립된 이야기로 만들어져 각각의 캐릭터가 주인공으로 탄생하며 이야기 간의 넘나들기가 가능하다는 것이 가장 큰 특징이라 할 수 있다.

커다란 방패를 가지고 활약하는 캡틴 아메리카는 2차 세계대전 당시 힘없는 군인이었던 스티브 로저스가 토니 스타크의 아버지인 하워드 스타크에 의해 진행된 슈퍼 솔져프로젝트에 참가해 퍼스트 어

[그림 3] 어벤져스의 다양한 주인공 캐릭터들

벤져로서 다시 탄생된 강화 인간이다. 그는 나치의 배후에서 온갖 악행을 저지르던 하이드라를 물리친 후 불의의 사고로 냉동되었다가 어벤져스 작전에 따라 깨어나 팀의 일원으로 활약하게 된다.

스티브 로저스에서 캡틴 아메리카로 그리고 어벤져스의 일원으로 지구의 위기를 구하는 그의 이야기는 또 다른 영화 〈캡틴 아메리카: 퍼스트 어벤져〉, 〈캡틴 아메리카: 윈터솔져〉 등에서 잘 그려져 있는데, 어벤져스의 일원이자 〈아이언맨〉인 괴짜 발명가 토니 스타크의 아버지 하워드 스타크의 이야기 역시 〈캡틴 아메리카: 퍼스트 어벤져〉에서 살펴 볼 수 있다.

5) 트랜스미디어는 다양한 관람객을 대상으로 한다

[그림 4] 어벤져스 피규어

[그림 5] 마블 퓨처파이트 플레이 게임

책 혹은 만화를 접하는 독자, 영화를 관람하는 관객, 게임을 즐기는 플레이어, TV 시리즈를 보는 시청자, 테마파크를 이용하는 방문자, 피규어를 모으는 수집가 등 다양한 콘텐츠로 확장되어 다양한 계층을 대상으로 하는데 이 지점에서 또 다른 수익 모델의 기회가 될 수 있다.

마찬가지로 〈어벤져스〉 역시 영화 이외에도 다양한 게임 및 피규어 등을 제작하거나 해당 라이선스를 판매하는 수익 모델을 가질 수 있는데 〈어벤져스〉 대부분의 캐릭터와 스파이더맨 등의 캐릭터 소유권을 가지고 있는 마블코믹스의 경우 소니를 통해 영화로 만들어진 〈스파이더맨〉이 올린 2억 5천만 달러의 수익 중 5%를 캐릭터 라이선싱 항목으로 받는 것으로 알려져 있다.

3. OSMU, 크로스미디어 그리고 트랜스미디어

트랜스미디어는 하나의 원천 소스를 여러 방면으로 활용한다는 측면에서 흔히 들어왔던 OSMU 혹은 광고 기법으로도 많이 알려진 크로스미디어와 비교된다. 이들 미디어 전략 비교에 대해 신광철의 연구를 토대로 재구성하면 다음과 같다.(신광철, 5-7)

[표 2] 미디어 전략 비교

OSMU	크로스미디어	트랜스미디어
성공한 원작 콘텐츠를 기반으로 특성에 맞춰 순차적으로 다른 미디어로 옮기는 과정	복수의 매체에 대한 교차 활용을 통해 이루어지는 이야기하기 방법	동시다발적으로 각각의 콘텐츠가 개별의 세계를 표현하는데 결과적으로는 통합적 세계로 수렴하게 됨
하나의 콘텐츠를 다양한 미디어 특성에 맞게 변환	미디어를 통해 표현하는 각각의 스토리의 결말이 비어져 있어 각각의 스토리를 결합시켜야만 전체 이야기를 완성할 수 있음	미디어를 통해 표현하는 각각의 스토리가 독자성과 완결성을 가지고 있음 (원천이 되는 '세계관'이라는 기반 하에 각각의 이야기를 풀어냄)
이익 실현이라는 마케팅 측면에 초점을 맞춘 개념	능동적인 행동을 유발시키는 것을 중시	스토리 창작 과정의 확산에 초점
디즈니 캐릭터가 애니메이션, 어린이 학용품 등의 캐릭터 라이선스 등으로 확대	TV 광고 안에 해당 웹사이트 검색을 권유하는 내용	스타워즈 에피소드 등의 프리퀄, 마케팅적 효시로는 블레어 윗치 프로젝트

OSMU의 경우, 원작 콘텐츠가 대상에 적합한 상태로 복제되어 확산되는 과정이라 할 수 있고 크로스미디어는 전체 이야기가 개별 플랫폼에서 일부만 공개되어 해당 이야기가 부분적으로 공개된 전체 미디어를 결합해야만 전체 이야기를 알 수 있는 것이라 할 수 있다. 보통 TV 광고에 하단 자막 등으로 소개되는 '포털 사이트에서 검색해보세요'라는 내용을 크로스미디어 광고 기법으로 이야기 하는데 TV 광고에서 해당 브랜드 혹은 서비스의 핵심 콘셉트를, 그리고 소비자가 검색한 웹사이트에서 상세한 내용을 소개한다는 차원에서 크로스미디어적 접근이라 할 수 있을 것이다.(단, 해당 내용만을 크로스미디어 광고라고 할 수는 없다.)

이에 반해 트랜스미디어 스토리텔링은 OSMU 혹은 크로스미디어와 비교할 때, 여러 미디어를 활용하는 것은 동일하나, 하나의 이야기가 아니라 하나의 주제(세계관)를 가진 여러 이야기가 동시 다발적으로 펼쳐진다는 점이 가장 큰 차이점이라고 할 수 있다. 하나의 주제는 영화 〈스타워즈〉 시리즈처럼 프리퀄의 이름으로 공개된 여러 이야기가 스타워즈 연대기라는 하나의 이야기로 연결될 수도, 혹은 지구를 구하려는 〈어벤져스〉 시리즈처럼 각각 주인공이 다른 (그러나 하나의 세계관을 공유한) 이야기가 동시다발적으로 전개될 수도 있다. 여기서 하나하나의 이야기는 각 스토리의 독자성과 완결성이 있어야 한다.

[표 3] OSMU, 크로스미디어 그리고 트랜스미디어

OSMU	크로스미디어	트랜스미디어
'매체 도약' 관점	'매체 결합' 관점	'매체 전이' 관점

다시 말하면, 트랜스미디어의 접두어 trans-의 어원이 가로지르고 초월하고 경계를 통과하는 과정을 의미하듯이 '매체 전이'의 관점으로 이야기할 수 있는데, 여러 이야기가 모인 하나의 이야기 그리고 하나의 이야기가 다시 여러 이야기로 해체될 수 있는 방식을 말한다. '매체 도약' 관점이란 한 개의 미디어에 실재하는 캐릭터 혹은 콘텐츠가 다른 미디어에 탑재되어 널리 확산되거나 다양한 활용처로 개발(기업의 사보가 웹진 형태로 재발행 되듯이)되는 것을 말한다. 그리고 '매체 결합' 관점이란 개별 미디어에 공개된 이야기를 모두 연결해야 전체 이야기를 알 수 있는 구성(어떤 연재물의 1편, 2편, 3편과 같은)이라 할 수 있다. 원래 이야기에 변형이 가해지지 않고 전체 이야기가 한 번에 개별 미디어에 공개되는 방식이 OSMU이고, 개별 이야기의 독자성과 완결성 없이 부분적으로 미디어에 공개되는 방식을 크로스미디어라고 할 수 있다.

이상의 내용을 정리하면 다음과 같다. 이용자의 트랜스미디어 체험을 강화시켜줄 수 있는 트랜스미디어 전략 혹은 트랜스미디어 스토리텔링이란 이야기 공급자와 이용자가 상호작용을 통해 하나의 세계관을 구축하거나 강화하기 위한 전략이다. 상호 교차하며 하나의 이야기로 융합하는 트랜스미디어의 중심에는 바로 이야기(콘텐츠)가 있다. 하나의 큰 이야기의 부분을 차지하는 여러 갈래의 개별 이야기가 다양한 미디어의 특성에 맞추어 전개됨과 동시에, 이 개별 이야기는 서로 구별되지만 전체 큰 이야기의 부분이 될 수 있는 하나의 역할을 담당하게 된다. 영화계에서 유난히 많이 보이는 '리부트(reboot)' 역시 트랜스미디어적인 시도라고 할 수 있다. 우리에게 익숙한 배트맨의 이야기를 〈다크나이트〉 시리즈로 재해석한 사례 역시 원자 배트맨의 세계관을 공유하되 그 안에서 새로운 이야기로 트랜스한 시도로 해석할 수 있다. 원작의 복원 측면에서 트랜스와 리뉴얼을 비교해보면 리뉴얼이 전체 혹은 부분의 내용과 구성을 변경하여 기존에 제공하려 했던 고유 가치 복원 측면을 강조한 반면 트랜스는 기존의 내용과 구성을 재조합하여 기존과는 다른 새로운 가치 창조를 강조했다고 이해할 수 있을 것이다.

4. 브랜드 마케팅과 트랜스미디어 스토리텔링

리부트라는 화두로 기존의 식상했던 소재에 새로운 가치와 활력을 불어넣고 있는 것이 요즈음의 영화계라면 자유롭게 미디어를 주파하는 이용자의 변화에 맞춘 트랜스한 이야기 전개방식을 브랜드에 접목하려는 시도가 어쩌면 요즈음의 브랜드를 이야기 하는 법이 아닐까 한다.

디지털 시대에 있어 마케팅이란, '다양한 가치와 분화되는 미디어 환경 변화에 따라 개별화되는 이용자를 브랜드가 전해주는 이야기를 통해 어떻게 다시 통합시킬 것인가?'에 대한 해답을 찾는 과정이라 말해도 무리가 없을 것 같다. 이는 달리 말하면 브랜드라는 이야기를 각각의 이용자에게 전달하여 관여를 형성하고 참여를 유도, 결국 브랜드 세계관 아래 모일 수 있는 브랜드 유전자를 확산시키는 과정이라고도 말할 수 있을 것이다. 브랜드 마케팅에 적용될 수 있는 트랜스미디어 스토리텔링은 크게 핵심 이야기가 될 수 있는 스토리와 핵심 이야기가 개별 이야기로 분화하면서 전체 이야기 중 고유의 이야기와 역할을 담당하는 시너지 그리고 이야기 수용자의 참여를 기반으로 수용자의 이야기와 결합되어 확산되는 공유의 순환구조로 정의될 수 있다.(김신엽, 2013: 12) 기존의 트랜스미디어 스토리텔링 특징 분석이 핵심 이야기와 개별 이야기의 상호 교차적인 관계성 측면에 집중했다면 브랜드 마케팅에 적용될 수 있는 트랜스미디어 스토리텔링은 이용자의 적극적인 참여를 통해 더욱 확산되고 재생산될 수 있는 구조를 포함한다.

스토리(story)

브랜드가 전해 주고 싶은 이야기는 과연 무엇인가? 직접적으로는 제품의 특징이 될 수도 있고 사용자의 편익이 될 수도 있지만 염두에 두어야 할 것은 해당 브랜드와 사용자와의 관계 기반이 될 수 있다. 이 관계 기반이 브랜드의 배경 이야기로 기능하며 핵심 이야기와 결합하여 브랜드 세계관을 구성하게 된다.

트랜스미디어 스토리텔링은 이용자가 미디어를 넘나들며 지속적인 자기 수정 과정을 통해 어떤 대상을 인식하는 과정이라 할 수 있는데, 이용자가 브랜드 접점에서 만나는 브랜드 이야기는 브랜드에 대한 필요와 정서를 항상 새롭게 재구성할 수 있게 한다.

이때 이용자가 접하는 브랜드 이야기는 핵심 이야기와 배경 이야기로 나뉘지 않고 브랜드 세계관(핵심 이야기 + 배경 이야기)에 기반을 둔 하나하나의 개별 이야기가 될 수 있다.

시너지(synergy)

이용자가 만나는 브랜드 이야기 안에 있는 부차적 플롯은 브랜드 세계관에 포함되는 또 다른 브랜드 이야기로 전이·파생되며 상호 교차적인 역할을 가지게 된다. 브랜드 이야기는 이용자에게 전달하기 위한 가장 적합한 형태의 미디어와 결합하여 게임이 될 수도, 책으로 출간되거나 온라인 콘텐츠 혹은 이벤트, 브랜드 필름, 의견을 자유롭게 개진하는 공청회, 거리 퍼포먼스 등을 개최할 수도 있는데 역할과 미디어의 특성에 따라 각자의 독특한 방식으로 전개될 수 있다. 그리고 해당 미디어의 선정은 이용자의 참여를 유도할 수 있는 최선의 방법을 고려해야 한다.

확산(share)

트랜스미디어 스토리텔링은 세계관에 공감한 사용자가 이야기가 담겨 있는 공간을 주파하며 이야기를 공유 혹은 자신의 주관을 더해 재창조하는 직접적인 참여를 통해 완성될 수 있다. 젠킨스는 그의 저서 『컨버전스 컬처』를 통해 당시 일반화되고 있는 사용자 제작 콘텐츠(User Generated Contents, 이하 UGC)를 일컬어 참여문화의 고무적인 형태로 논한바 있다. 이는 공급자 일방의 획일적인 형태에서 이용자 하나하나가 주체가 되고 다극화 되어 가는 현재의 탈중심화 경향과도 관계가 있다. 이를 반영하여 현재의 확산은 이용자 하나하나에게 같은 이야기를 복제시켜 나가는 과정이라기보다 이용자의 공

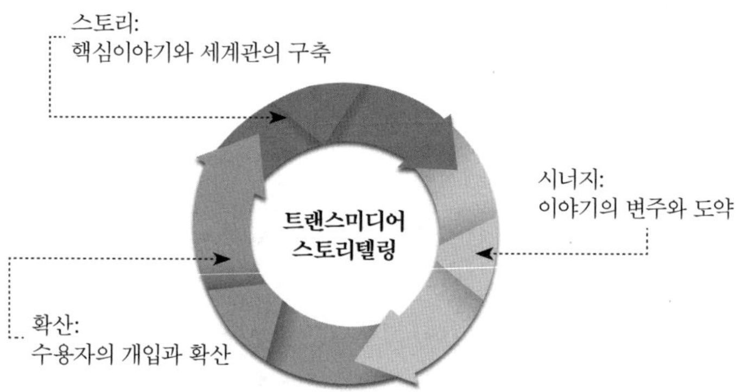

[그림 6] 트랜스미디어 스토리텔링의 요소

감과 참여를 바탕으로 각자의 필요와 정서로 재창조, 다른 이에게 다시 재매개할 수 있는 상호작용적인 방법이 요구된다. 이렇게 확산된 이야기는 다시 핵심 이야기 그리고 세계관으로 통합하는 순환적 과정을 거치게 된다.

1) 스토리

브랜드가 전하고 싶은 이야기를 통해 공감을 불러일으키고 각각의 미디어로 유연하게 적용시켜 이용자의 미디어 넘나들기와 참여를 유도할 수 있는 토대 즉 브랜드 세계관 구축이 필요하다.

〈모닝케어 레이디, 티안나 걸스〉

동아제약은 여성 전용 숙취 음료 모닝케어 레이디를 출시하며 '티안나 걸스'라는 여성 걸그룹을 결성, 유튜브를 통해 〈난 티안나〉라는 음원과 뮤직비디오를 발표하였다. 머리에 큰 통(통헤드)을 쓰고 남자친구 몰래 소개팅 할 때, 화장하지 않은 듯이 화장할 때, 보정 속옷을 입어도 자연스럽게 보이고 싶을 때 등 살아가면서 티 안 내는 법을 노래하는 그녀들은 뮤직비디오 공개 직후 그녀들을 추측하는 신문 기사와 포털 사이트의 연관 검색어에 유명 연예기획사가 같이 노출되는 등 이용자들의 많은 관심을 불러 일으켰다.

일반적으로 여성들이 원하는 숙취 음료의 효능이라면 그 다음날의 두통이라든지 속 쓰림을 완화시켜주는 것이 필요하겠지만, 이와 함께 붓고 푸석한 피부트러블 없이 티 안 나게 말끔한 상태를 유지하고 싶은 것도 중요한 이유가 될 수 있을 터이다. 술 마셔도 티 나지 않게 도와줄 수 있다는 브랜드의 핵심 이야기가 우리가 이 세상을 티내

[그림 7] 모닝케어 레이디의 스토리 사례

지 않고 살아가는 방법이라는 배경 이야기와 결합되어 이야기가 시작되었다.

처음 '티안나 걸스'는 새로 음원을 발표한 걸그룹인지, 어떤 브랜드의 스폰서인지 전혀 알려지지 않았고 이용자들의 추측만 무성한 가운데 유튜브 조회 100만회 달성을 기준으로 티안나 걸스의 스폰서가 사실은 모닝케어 레이디였다는 보도 자료 형식으로 정체를 노출, 자연스럽게 공개하였다. 이 과정에서 걸그룹으로서의 관심을 성공적으로 브랜드로 전이시켰으며 걸그룹 팬페이지 형식으로 운영되었던 페이스북 채널도 공식 모닝케어 브랜드 페이지로 전환하여 본격적으로 티 나지 않고 세상을 살아가는 방법에 대해 유쾌한 대화를 시작하였다.

특히 티안나 걸스의 캐릭터인 통헤드 형태로 제작된 모닝케어 레이디 한정판이 출시됨에 따라 실제 판매 현장에서 많은 사람들의 관심을 불러일으키며 열렬한 팬에게 수집 열풍까지 낳는 등 제품 자체가 매개가 되어 이야기가 더욱 확산될 수 있었다. 즉, 티안나 걸스의 독특한 캐릭터인 통헤드 뚜껑을 가진 모닝케어 레이디 한정판은 브랜드 세계관을 우리 현실에서 확인시켜 줄 수 있었던 중요한 연결고리이자 그 자체가 또 하나의 이야기 진입점이 될 수 있었던 것이다.

2) 시너지

브랜드 이야기는 이용자의 특성에 따라 동일한 세계관 아래 변주되며 개별 미디어에 적합한 새로운 이야기로 창조된다. 이때 새롭게 창조된 이야기는 이용자가 직접 이야기에 참여할 수 있는 이야기 진입 접점을 가져야 하며 하나의 브랜드 이야기는 전체 브랜드 세계관의 일부가 될 수 있는 가치 있는 기여와 역할이 필요하다.

〈아큐브, 아이 디파인 스튜디오〉

우리 눈의 크기 그리고 눈동자의 크기와 색깔에 대해 정확히 알고 있는 사람이 얼마나 될까? 특히 눈동자의 색깔을 포토샵에 옮겨놓는다면 컬러값은 어떠하고 눈동자의 투명도와 밝기는 어떠할 것인가? 이러한 우리의 궁금증을 해결해주며 브랜드의 역할에 대해 성공적으로 이야기한 사례가 있으니 세계적인 콘텍트 렌즈 브랜드, 아큐브 아이 디파인 스튜디오 사례이다.

아큐브는 소비자들에게 시력 교정용으로 인식되어 오던 렌즈를 미용을 위한 뷰티 렌즈로 소비자에게 인식시켜주기 위해 '당신 눈 속의 특별한 진실을 발견하세요'라는 컨셉 아래 아큐브 아이 디파인 스튜디오라는 이름의 팝업 스토어를 설치하였다. 아이 디파인 스튜디오는 단지 콘텍트 렌즈만을 전시하고 판매하는 공간에서 벗어나 디지털을 통해 특별한 브랜드 경험을 제공하는 곳으로 변화된 공간이다. 이를 위해 특별히 개발된 아이-디 크리에이터(Eye-D Creator)라는 솔루션이 활용되었는데 이 솔루션은 촬영된 눈동자(홍채)와 얼굴 데이터 분석을 토대로 개인별 눈동자에 대한 정보를 제공해줄 뿐만 아니라 가상으로 본인에게 어울리는 뷰티 렌즈를 착용하고 그 렌즈에

[그림 8] 아큐브 뷰티 렌즈의 시너지 사례

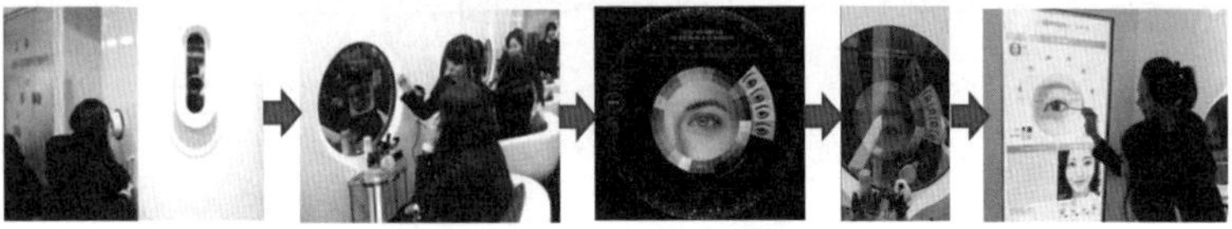

[그림 9] 아이 디파인 스튜디오 가상 체험

맞는 최적의 가상 메이크업을 경험하게 함으로써 개개인에게 가장 어울리는 뷰티 렌즈와 그에 어울리는 메이크업 방법을 제안했던 사례이다.(김신엽·백지희, 4)

아큐브 디파인 스튜디오는 이용자에게 직접 서비스를 제공할 수 있는 접점, 팝업 스토어를 통해 브랜드 경험을 만들고 이야기를 전할 수 있었는데 자신의 눈동자 정보와 메이크업 결과는 스마트폰으로도 전송 받을 수 있어 내용을 간직하거나 SNS를 통해 다시 확산시킬 수 있었다.

이처럼 아큐브는 이용자와 브랜드가 직접 만날 수 있었던 이야기 접점을 통해 자신의 이야기로 이어지는 경험을 제공함으로써 자신과의 관련성을 향상시켜 브랜드에 대해 쉽게 이해시키고 아큐브 뷰티 렌즈에 대한 긍정적인 브랜드 태도 및 구매 의도를 향상시킬 수 있었다.

3) 확산

트랜스미디어 스토리텔링은 이용자가 관심을 가지고 적극적으로 참여할 수 있는 몰입요소를 가져야 하는데 이 몰입요소에 공감한 자신의 참여를 통해 다른 이용자로 이야기가 확산될 수 있다. 이때 이용자 본인이 개별 이야기의 이야기 공급자로 전환될 수 있는데 이를 위해서는 다른 이용자에게 이야기를 공유할 만한 가치가 있어야 한다.

〈리듬 앤 밸런스 R&B〉

2011년 한국야쿠르트에서 20대 여성을 대상으로 새로운 장 발효유 '리듬 앤 밸런스 R&B'를 출시하며 다른 사람에게 추천하면 추천인과 피추천인 모두에게 장 발효유 R&B를 일정기간 배달시켜 주는 재미있는 온라인 이벤트를 진행하였다.

R&B는 변비 등의 장(腸) 둔감성 증상을 완화시키고자 한 리듬(R)과 잦은 복통 등의 민감성 증상을 완화시키고자 한 밸런스(B)의 2가지 제품으로 출시되었는데 소비자에게 2가지 제품을 구별해서 이해시키기가 사실 쉽지는 않은 상황이었다. TV CF의 경우 리듬 편과 밸런스 편으로 나누어 개별 제품의 혜택을 알리는 한편, 한 번에 집행하기보다 '출시 전 알리기(teasing)'와 '출시 고지(launching)'의 2단계 전략으로 접근하여 소비자에게 쉽게 브랜드의 특성을 알리고자 하였다.

온라인 이벤트의 경우, 어떤 브랜드의 콘텐츠를 공유하거나 다른 사람에게 추천하는 이벤트는 예전부터 많이 보편화된 내용일 수도 있지만 R&B는 추천자가 장이 좋지 않은 친구 혹은 지인의 사연을 응모하여 피추천인이 자신의 증상을 자각할 수 있게 만든 사회적 맥락효과를 통한 브랜드 관련 장치로 설계되었다. 응모된 하나하나의 사연은 그 자체가 브랜드 세계관으로 기능하며 브랜드 사이트에 게재되어 다른 이의 사연을 확인하며 자신의 증상을 자각할 수도 있게 하였고 함께 운영된 브랜드 트위터 계정을 통해 빠르게 확산되고 전파될 수 있었다. 특히 20대 여성에게 있어 장에 관한 문제는 자신이 직접 증상을 드러내기가 쉽지 않을 수도 있으나, 추천자의 사연 공모 이벤트를 통해 변비나 설사 등의 증상을 공론화하고 일상의 소재로 편하게 이야기할 수 있는 계기를 마련했다.

광고 혹은 웹사이트, 야쿠르트 아주머니를 통해 브랜드를 알지 못했어도 지인의 추천을 통해 전해들은 자신의 사연은 해당 증상을 가지고 있을 수 있는 사람들에게 또 다른 이야기 진입점이 될 수 있었으며 사연 공모 이벤트는 추천자와 피추천인 모두에게 브랜드 이야기에 관한 몰입요소가 될 수 있었다. 또한 지인을 추천한 사람은 선정될 시 R&B 응용 기회를 가질 수 있을 뿐더러 지인의 고민(?)에 공감하며 해결책을 제시할 수 있는 우정을 가진 사람으로서 일종의 브랜드 홍보대사로 활동했던 것과 다름없을 것이다.

스토리, 시너지, 확산의 구조를 연결해보면 다음과 같다.

[그림 10] 리듬 엔 밸런스 R&B의 확산 사례

[그림 11] 스토리, 시너지, 확산의 구조

모닝케어 레이디의 경우 티안나 걸스라는 브랜드 트랜스를 통해 이용자를 관여시키고 이야기에 함께 참여케 하는 것이 중요함에 따라 타깃인 20대 초반 여성 소비자를 중심으로 그녀들이 공감할 수 있는 이야기를 페이스북을 통해 펼쳐갔다. 페이스북의 이야기는 이용자 각자의 이야기로 전환되며 매스미디어 광고 집행 없이 이야기의 힘만으로 해당 타깃에게 강력한 브랜드 이미지를 전달 할 수 있었다.

스토리, 시너지, 확산의 연결구조를 도식화하면 다음과 같다.

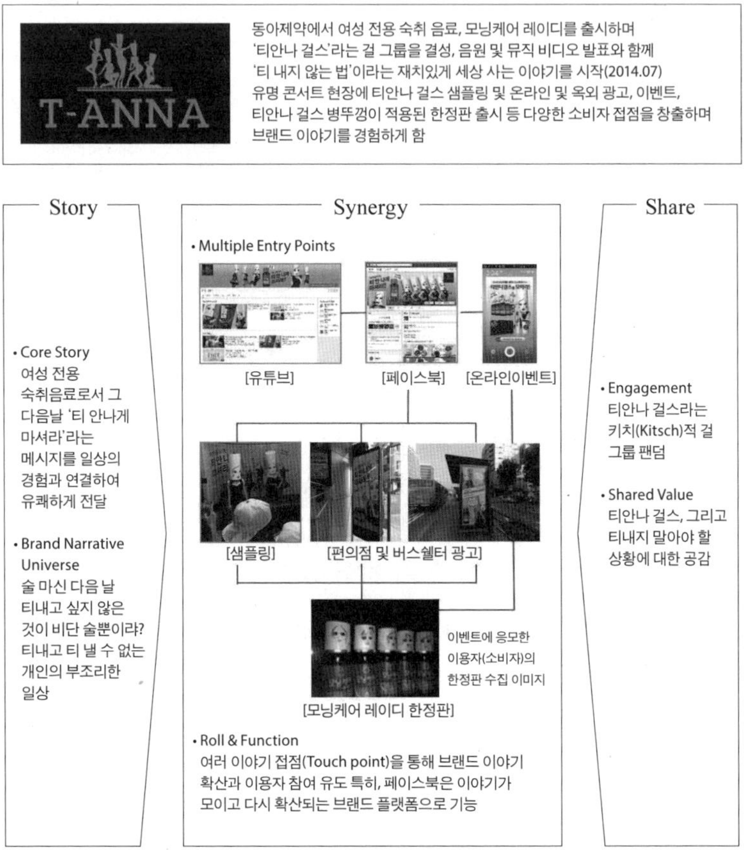

[그림 12] 모닝케어 레이디의 연결구조

5. 이야기(브랜드)를 이야기(콘텐츠)하다

이야기란 사람들이 세상을 규정하는 방식으로서 김훈철 등은 사람들은 브랜드 속성 그 자체가 아닌 전해주는 이야기를 통해 개인적인 의미를 공유한다고 말한 바 있다.(김훈철·장영렬·이상훈, 62) 결국 마케팅의 핵심이 브랜드를 통해 이용자와 공감할 수 있는 이야기거리를 만들고 이야기를 통해 각자에게 그 브랜드를 필요로 하게 만드는 일이라고 한다면 트랜스라고 하는 것은 브랜드의 이야기를 각자의 이야기로 전환시키고 각자의 필요로 만드는 과정이라고도 할 수 있을 것이다.

브랜드 마케팅의 트랜스미디어 스토리텔링 효과는 다음과 같이 말할 수 있다. 먼저 트랜스미디어 스토리텔링은 디지털 컨버전스가 진행됨에 따라 이미 다양한 방식의 미디어 넘나들기를 시도하고 있는 이용자에게 가장 적합한 이야기 방식이 될 수 있다. 트랜스미디어 체험을 추구하는 이용자들은 다양한 콘텐츠 조각들을 이어 맞추는 한편, 팬 커뮤니티 등을 통해 스스로 콘텐츠와 소통하는 적극적이고 참여적인 미디어 이용 행위를 하게 된다. 이러한 체험 행위를 드에즈는 브리콜라주라 명명하며 참여와 함께 디지털 문화의 독특한 특징으로 제시하였다.(신광철, 7) 이에 따라 브랜드 마케팅에 있어 중요한 것은 이용자에게 일관성 있는 브랜드 경험을 전해주는 것인데 브랜드를 이야기하기 위한 적합한 미디어의 제시와 그 접점에 맞는 이야기 창조가 필요하다고 할 수 있다.

이우철·김지호의 연구에 따르면 동일 메시지를 단일 매체에 반복하여 노출한 경우보다 다양한 매체에 반복해서 노출하는 경우가 브랜드 태도에 있어 유의미한 차이를 보였으며 특히 적합하다고 가정한 매체-메시지 조합을 사용한 경우가 부적합하다고 가정한 매체-메시지 조합을 사용한 경우보다 광고 기억, 광고 태도, 브랜드 태도, 구매 의도 등에서 모두 유의하게 높은 결과가 나타났다고 말한 바 있다.(이우철·김지호, 22-25) 이에 따라 매체 간의 시너지 효과뿐만 아니라 매체-메시지 조합에 의해서도 시너지 효과가 나타날 수 있음을 확인할 수 있었다. 또한 김신엽의 연구에서도 신제품 출시에 관해 TV CF만 통해 정보를 얻게 된 경우보다 TV CF 및 기타 미디어를 통해 정보를 얻게 된 경우가 브랜드 태도와 구매 의도에 있어 더욱 긍정적인 결과가 나타난 것을 확인할 수 있었다.(김신엽, 2012: 9) 앞선 두 가지 사례의 경우 복합 매체 상황에서의 광고 메시지 노출에 관한 연구로서 직접적인 비교로서는 어려울 수 있지만 적합한 미디어와 그 접점에 맞는 이야기의 창조가 유효함을 시사한다고 볼 수 있다. 단 이야기의 방식은 텍스트, 영상 등에 한정하지 않고 브랜드와 관련된 서비스의 형태로도 출현할 수 있는데[2] 이용자들에게 공감을 얻고 그들이 원하는 방식의 이야기 소비 기회 제공은 더욱 깊은 몰입과 일체화된 경험을 전해줄 수 있다.

그리고 두 번째, 트랜스미디어 스토리텔링은 다양하게 분화하는 가치에 능동적으로 대응할 수 있는 힘을 가질 수 있다. 브랜드의 본질은 변하지 않는다 하더라도 브랜드의 의미와 가치는 당시의 시장과 환경이 주는 맥락에 따라 변화하는 역동적인 과정 속에 놓여있다. 그러나 기존의 통합 마케팅 커뮤니케이션 전략은 선정된 대표 이용자 집단의 상황과 맥락을 획일적으로 반영한 고정된 형태의 수평적인 미디어 전개에 그치는 경우가 많았다. 하지만 디지털 기술의 발전은 TV와 같은 매스미디어의 역할을 축소시키는 한편 이용자의 브랜드

2 나이키에서 운동량을 측정할 수 있는 퓨얼밴드를 출시한 사례나 국내 전자상거래 업체 쿠팡에서 로켓배송이라는 배송 서비스를 직접 운영하는 사례를 생각해볼 수 있다.

참여를 강화시키고 있는데 트랜스미디어 스토리텔링은 이러한 이용자의 참여를 바탕으로 변화하는 상황과 맥락에 대응할 수 있는 유기적인 마케팅 커뮤니케이션 전략이라고 할 수 있다.

이용자의 참여는 시장과 환경, 맥락의 변화에 따라 브랜드의 의미와 가치를 발전시키며 계속해서 개인적인 필요와 정서를 공유할 수 있게 하는데 그 옛날에 제사장이 말하던 하늘의 계시를 우리가 알아듣기 쉽고 개인의 필요로 이야기해주던 또 다른 사제 이야기꾼이 있었던 것처럼 지금 브랜드의 이야기는 이용자가 참여하는 SNS를 통해 해석되고 변주되며 끊임없이 재매개되고 있다.

마지막으로 트랜스미디어 스토리텔링은 브랜드 세계관을 세우고 이에 공감하는 이용자를 모으고 연결시켜 하나의 이야기 공동체를 만들 수 있는 강력한 수단이 된다. 부족화된 공동체는 신화를 공유하며 소속감과 연대감을 고취해 나가는데 신화는 다름 아닌 브랜드 이야기가 될 수 있으며 흩어져있는 신화들을 연결하기 위해 공간을 주파하고 미디어를 넘나드는 구성원(이용자)의 참여 행위는 공동체에 대한 소속감을 더욱 단단히 할 수 있다. 그리고 그들은 이야기를 상징화한 브랜드 로고나 심벌과 같은 심상으로 자신을 표현한다.

결국 브랜드 마케팅에 있어 트랜스미디어 스토리텔링은 브랜드와 이용자가 과연 어떤 장소에서 어떤 이야기로 만나야 할지에 대한 전략적 고민이라 할 수 있는데 브랜드가 대표하는 세계관을 통해 이용자를 결집시키고 브랜드와 이용자가 보다 긴밀히 교류할 수 있는 문화적 기반으로서의 브랜드 플랫폼 전략이라고 말할 수 있다. 그리고 이 플랫폼이 전해주는 세계관에 따라 브랜드 확장을 도모하거나 관련 서비스로 서비타이제이션(servitization)[3]되어 다양한 수익모델을 창출할 수 있다.

[김신엽]

3 서비타이제이션은 제품과 서비스의 결합, 서비스의 상품화, 그리고 기존 서비스와 신규 서비스의 결합 현상을 포괄하는 개념이다.

문화콘텐츠와
트랜스미디어

2

트랜스미디어 스토리텔링의 연속성과 일관성

트랜스미디어 스토리텔링에 대한 이론은 주로 미디어학과 서사학의 접점에서 발전되어 왔다. 과거와 같이 한 명의 작가 혹은 하나의 제작사가 창작해서 하나의 매체를 통해 다수의 대중들에게 전달되지 않고, 다매체·다저자의 형태를 지닌다는 점이 핵심적인 부분이다. 이러한 방식으로 인해 작가의 정체성, 독자의 적극성, 소재의 연속성, 인물의 일관성 등 작품의 이해를 어렵게 만드는 장애물이 발생했다. 이번 장에서는 이와 관련된 이론적 궤적을 추적하고 관련된 핵심 개념에 대해 살펴보도록 하겠다.

1. 작가 아닌 독자 입장에서의 트랜스미디어

트랜스미디어에 대한 본격적인 연구는 미국 서던캘리포니아대학교 소속 영화학자 킨더(Marsha Kinder)의 여덟 살짜리 아들 빅터 덕분에 시작되었다. 빅터는 엄마와 달리 영화를 싫어했다. "오락물의 역사는 쾌락의 원칙에 좌우되어 왔다"며 지루한 영화보다는 신나는 게임이 낫다고 주장하곤 했다. 영화에는 관심을 보이지 않는 아들과의 논쟁에서 이기기 위해 킨더는 1991년 영화와 게임의 특성을 본격적으로 비교하는 책을 펴냈다.(Marsha Kinder, 1)

킨더는 아들이 정통 서사 장르의 진지함을 견디기 어렵기 때문에 포스트모던처럼 보이는 진영에 섰을 뿐이라고 생각했다. 그러나 "영화는 여전히 오락물 장르에서 핵심적인 위치를 차지하고 있다"는 주장 이외에 혹시 영화와 게임 같은 서로 다른 매체가 근본적으로 유사한 서사성을 가지고 있지 않은지 증거를 찾아보기로 했다. 이 때 강조된 것이 상호텍스트성(intertextuality)이라는 개념이다.

당시 트랜스미디어라는 용어는 한 장르에서 이야기된 소재나 내용을 다른 장르에서 활용하는 것을 가리켰다. 유사한 표현으로 멀티플랫폼, 미디어 믹스, 미디어 프랜차이즈, 크로스미디어 등이 쓰였다. 트랜스미디어를 가능하게 한 상호텍스트성 또는 상관텍스트성은 크리스테바(Julia Kristeva)가 1966년 러시아 작가 바흐친이 주장한 대화성(dialogicality)을 소재로 한 박사학위논문에서 처음 도입했다.(Mary Orr, 20-21)

크리스테바에 따르면, 텍스트가 이루고 있는 공간에는 텍스트 그 자체뿐만 아니라 글쓰기의 주체와 수신자의 차원도 존재하며 이로 인해 텍스트는 공간 바깥으로 연결되어 있다. 수평적으로는 주체와 수신자 모두에게 속해 있으며 수직적으로는 그 시대와 이전 시대의 자료들과 연결되어 있다.(Julia Kristeva, 145) 글쓴이가 의식을 했든 그렇지 않았든 독자들은 자신의 문화적인 배경과 연결되어 있는 부분을 떼어낸 채 텍스트 자체만으로 내용을 이해할 수는 없다.

물론 원래의 텍스트와 재가공된 텍스트는 동일한 역할을 수행한다고 보기 어렵다. 미디어학자 휴스턴(Beverle A. Houston)은 영화라는 독립된 장르의 내용물을 일종의 선험 담화(prior discourse)로 사용해 패러디하고 재활용하는 수준에 그친다고 보았다.(Marsha Kinder, 255-256) 그러나 상호텍스트성에 대한 논의를 확장시키면 원천 자료 또한 다른 텍스트와 전혀 상관없이 독립적으로 존재할 수 없다. 독자나 시청자 또한 아주 조금이라도 자기 자신과의 관련성이 있는 소재와 이야기에만 감정적으로 빠져든다. 래저러스·래저러스(Richard & Bernice Lazarus)는 이것을 "감정이 개인적 의미의 산물"이라고 표현했다.(리처드 래저러스·버니스 래저러스, 16-17)

이렇게 온갖 장르가 서로를 모방하고 서로 연계하는 미디어 범람의 시대가 되면서 상호텍스트성은 트랜스미디어 스토리텔링으로 발전했다. 지금은 매체 전환을 위해 원천 자료를 각색한 후에도 이야기가 자연스럽게 연결되고 독자나 시청자의 몰입이 발생하도록 하는 콘텐츠 제작 전략으로 파악되고 있다. 일부에서는 트랜스미디어 스토리텔링이 기존 원천 자료를 여러 매체에서 재활용한다는 점을 들어 OSMU에 해당된다고 보기도 한다.

한혜원·남승희는 OSMU 스토리텔링을 "A라는 동일한 서사체를 각각의 미디어의 특성에 맞게 표현방식이나 전달과정만 달리하는 것"으로, 트랜스미디어 스토리텔링은 "a1, a2와 같이 각 미디어별로 독립적으로 완성된 서체가 모여 다시 A라는 거대서사를 완성하는

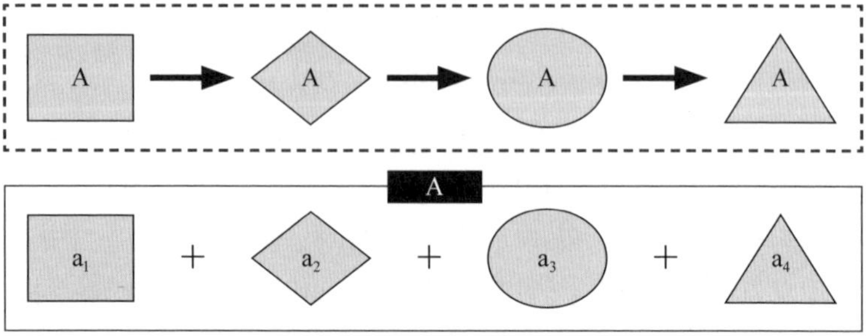

[그림 1] OSMU 스토리텔링(위)과 트랜스미디어 스토리텔링(아래)

것"으로 구분했다.(한혜원·남승희, 8)

톨킨(John R. R. Tolkien)의 동명 소설을 영화화한 〈반지의 제왕(The Lord of the Rings)〉, 마틴(George R. R. Martin)의 소설 〈얼음과 불의 노래(A Song of Ice and Fire)〉를 TV 드라마로 만든 〈왕좌의 게임(Game of Throne)〉 등은 원전을 각색해 반복하는 방식이므로 OSMU 스토리텔링에 해당한다.

반면에 루카스(George Lucas) 감독의 아이디어에서 출발해 총 6편의 영화 중 4~6편이 먼저 만들어진 〈스타워즈〉는 1~3편이 나중에 완성된 후 애니메이션 연작을 통해 편 사이의 에피소드를 추가로 보여 주었다. 그리고 마블코믹스에서 펴낸 여러 작가들의 슈퍼히어로 연재 만화를 하나로 합쳐 영화로 만든 〈어벤져스〉와 DC코믹스의 〈저스티스 리그〉도 새로운 이야기가 진행되고 중간의 빈틈을 사용자들이 적극적으로 메워가는 방식의 트랜스미디어 스토리텔링으로 볼 수 있다.

그러나 이와 같은 구분은 트랜스미디어의 특징을 기존 매체에서처럼 주로 제작자의 입장에서 파악하게 만들 우려가 있다. 콘텐츠 체험과 유행은 매체 다양화로 인해 이제 제작자와 사용자의 상호작용에

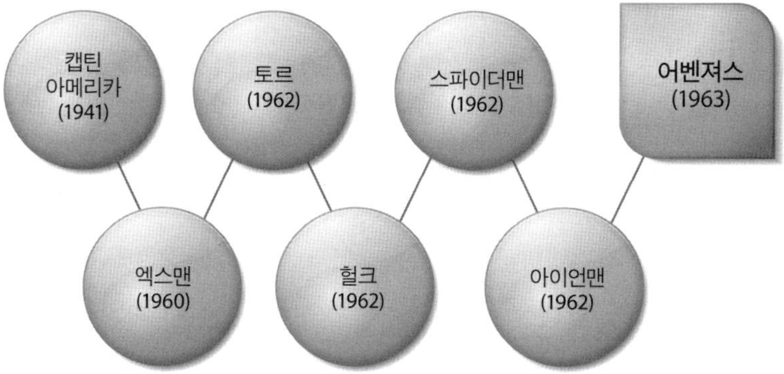

[그림 2] 기존 캐릭터를 통합한 트랜스미디어 콘텐츠 '어벤져스'의 탄생

의해 이루어지고 있다. 주창자로 알려진 젠킨스조차 트랜스미디어 스토리텔링의 주요한 특징이 되는 융합 즉 컨버전스 현상을 미디어나 콘텐츠 기준뿐만이 아닌 사용자의 입장에서 파악해야 함을 강조했다.(헨리 젠킨스, 17)

> 컨버전스라 함은 (···) 자신이 원하는 엔터테인먼트를 경험하기 위해서 어디라도 기꺼이 찾아가고자 하는 미디어 수용자들의 이주성 행동을 의미한다. (···) 미디어 기기들이 아무리 정교해진다고 하더라도 컨버전스가 이들을 통해서 일어나는 것은 아니다. 컨버전스는 소비자 개인의 두뇌 속에서 그리고 다른 이들과의 사회적인 상호작용을 통해서 나타나게 된다. 트랜스미디어 스토리텔링의 상호작용성을 극대화하려면 사용자 중심성(user-centricity)의 관점에서 콘텐츠를 바라보는 것이 중요하다.

2. 다매체·다저자 시대의 트랜스미디어 이해

기존 스토리텔링은 대부분 '단일 매체-단일 저자' 방식을 채택해왔다. 하나의 스토링텔링 과정은 시작부터 종료 시까지 하나의 매체만을 이용하며, 저자의 목소리를 전달함으로써 독자가 저자의 의도를 이해해야 하는 저자 중심으로 진행되어 왔다. 반면에 트랜스미디어는 매체와 저자의 벽을 뛰어넘는 새로운 스토리텔링 방식으로 시도되고 있다.

1980년대 시작된 하이퍼텍스트는 등장 초창기 단일 매체-단일 저자의 테두리 안에서 선형적 이야기 진행만을 파괴했을 뿐이며, 이마저도 게임 등 특정 매체와 인터넷이라는 정보 탐색 도구의 작동 구조에 있어서만 유용성을 증명했을 뿐 본격적인 이야기 장르로 발전하지 못했다. 대다수 스토리텔링 장르는 여전히 선형적 이야기 구조를 유지하고 있다.

수천 년을 이어온 선형적 내러티브 구조는 1990년대 대중매체의 발달에 따라 변화의 시기를 맞았다. 미디어그룹의 다각화와 경쟁으로 인해 매체의 벽을 넘는 트랜스미디어 스토리텔링이 시작된 것이다. 이제는 단일 매체뿐만 아니라 단일 저자의 벽도 당연히 깨지고 있으며, 독자가 새로운 이야기를 만들어 붙이는 것도 동일한 이야기 범주 안에 집어넣음으로써 기존의 저자 중심 방식을 벗어나는 사례가 늘어나는 상황이다.

그렇다면 트랜스미디어를 완전히 새로운 이야기 장르로 볼 수 있을까? 이에 대해서는 긍정과 부정의 대답이 모두 가능하다. 첫째로, 긍정적인 관점에서는 기존 스토리텔링 분석법이 먹혀들지 않는다는 점에서 완전한 새로운 장르라 보아야 한다. 예를 들어 가능세계이론(possible world theory)과 정신공간이론(mental space theory) 등 기존 스토리텔링 이론을 탈출해야만 분석 가능한 작품들도 등장하고 있다.

대표적으로 마블코믹스의 작품들은 동일 작품이 여러 미디어를 통해 재생산됨으로써 단일 매체라는 벽을 깼으며, 만화와 영화로 만들어진 〈어벤져스〉의 등장으로 단일 저자라는 벽도 넘어섰다. 각 작품의 이야기 세계를 뜻하는 스토리 월드(story world)와 여러 작품의 이야기 세계가 중첩되고 확장되는 스토리 유니버스(story universe)를 구분해야만 이야기 구조의 이해가 가능하다.

〈스타워즈〉의 경우에서도 루카스 감독은 새로운 인물이나 이야기를 창조할 때 독자들이 이미 완성해놓은 '스타워즈 백과사전(Star Wars Encyclopedia)'을 참조해서 일관성을 유지하기 위해 노력해왔다. 루카스 필름 자체적으로도 〈스타워즈〉 전체 작품의 소재와 이야기를 정리해놓은 '홀로크론(Holocron)'을 완성해 서비스 중이다. 1만 9000가지의 캐릭터, 2900가지의 종족, 5300가지의 세계, 2100가지의 이동수단 등 5만 5000개의 항목을 포함하고 있다.

스타로그(질문):
스타워즈 유니버스는 너무나 방대하고 다양하다.

루카스(답변):
나는 어떤 것도 읽은 적이 없다. 내가 구축한 세계와는 다르다. 그러나 일관성을 유지하기 위해서 나는 스타워즈 백과사전을 살펴보고 이미 사용된 이름이나 개념이 있는지는 살펴본다. 각자 자신만의 스타워즈 스토리를 만들어낼 수 있으므로 '두 세계'로 나뉘는 셈이다. 팬들은 자신의 세계가 나의 세계와 일관성을 유지하도록 노력하겠지만 열정

이 지나쳐서 다른 방향으로 가고 싶어한다.[1]

둘째로, 부정적인 관점에서는 트랜스미디어 장르를 기존의 스토리텔링 이론으로 분석하는 일이 불가능하다고 여긴다. 단일 매체, 단일 저자, 선형적 진행 등이 더 이상 적용되지 않기 때문이다. 이것은 저자의 반대편에 놓인 독자를 소극적 수용자(recipient)가 아닌 적극적 반응자(reactor)로 상정함으로써 탈출구를 모색할 수 있다. 이야기 장르는 메시지의 전달 행위에 의해 존재하므로 발화자가 있으면 청취자도 존재해야 한다. 기존 미디어 분석에서는 수용자가 메시지를 받아들이고 이해하는 소극적인(passive) 수용자에 머물렀다. 트랜스미디어 장르에서는 독자들이 작품을 이해하고 재조합하며 재창조하는 적극적인(active) 존재로 탈바꿈한다.

수용자의 적극성은 이야기의 변형 방식에 따라 여럿으로 구분이 가능하다. 이 과정에서 '정체성'의 유지는 중요한 조건이 된다. 수용자가 이야기의 유사성을 감지할 수 있을 때 작품의 정체성이 유지된다고 판단 가능하다. 정체성이 동일하게 또는 거의 유사하게 느껴지지 않는다면 '트랜스'라는 표현을 붙일 이유가 없다. 매체와 내용이 달라지더라도 정체성이 유지되어야만 횡단 또는 변화를 논할 수 있기 때문이다. 횡단이라는 것은 진행의 방향과 속도가 존재한다는 뜻이며 곧 정체성의 연속적인 유지와 관계가 있음을 의미한다.

결국 수용자가 소극적 수용자에서 적극적 반응자로 변화하는 것 이외에 작품 자체가 매체와 내러티브의 변화에도 동일한 또는 유사한 정체성을 내보일 수 있어야 하며 이것을 연속성(continuity) 또는

1 George Lucas, "New Hopes", *Starlog*, #337, 2005.8.

일관성(consistency)이라 부를 수 있다. 연속성과 일관성을 통한 작품의 정체성 유지는 단일 매체, 단일 저자, 선형적 진행의 이야기 장르에서는 큰 필요가 없다. 그러나 트랜스미디어처럼 급격한 변화에 의해 생성된 이야기 장르에서는 필수적으로 논의되어야 하는 부분이다.

3. 트랜스미디어 콘텐츠의 연속성 확보

트랜스미디어 콘텐츠에서의 연속성과 일관성은 시청각 관점과 스토리텔링 관점의 두 가지로 나누어 살펴볼 수 있다. 연속성은 물체나 특성이 끊이지 않고 이어지는 상태를 가리킨다. 사용자가 콘텐츠를 감상하고 향유하는 행위 자체가 기본적으로 시간적 또는 공간적 연속성을 지니기 때문에 이 흐름이 끊기지 않도록 해야 한다. 시청각 연속성에서는 매체가 바뀌더라도 인물의 생김새와 목소리가 유사하고 배경이 크게 달라지지 않도록 조정한다. 스토리텔링 연속성에서는 지금까지 진행된 이야기와 자연스레 연결될 수 있도록 진행한다. 특히 매체가 바뀌어도 이야기가 계속되는 트랜스미디어 콘텐츠 스토리텔링에서는 연속성을 잃지 않아야 제작과 이해 간의 상호작용이 가능하다.

시청각 연속성은 주로 감각에 기반을 두며 시각적 매체에서 중요하게 다뤄진다. 매체는 사용자가 콘텐츠를 감상하는 데 있어 직접적으로 접속하는 1차적 사용자 인터페이스(UI) 역할을 하기 때문이다. 작품이 달라지거나 매체가 바뀌었을 때 등장인물의 외양이 비슷하지 않으면 표정, 자세, 습관 등을 통해서라도 연속성이 확보되어야만 시청자들이 정체성을 감지하기 때문이다. 라디오 등 청각 장르에서는 어투나 언어습관 등을 이용해 연속성을 유지시킨다. 영화를 볼 때 각 장면이 이어지는 것처럼 보이도록 다듬는 작업을 연속성 편집(continuity editing)이라 하는 것도 유사한 맥락이다.(Linda Costanzo Cahir, 283) 또한 콘텐츠는 매체를 통해 만족할 만한 사용자 경험(UX)을 제공한다.(제시 제임스 개럿, 4) 또한 등장인물의 의상이나 배경의 시공간이 연결되지 않는 장면들을 '옥의 티'라 하는데, 이러한 연속성 실수(continuity mistake)는 시청각적 연속성을 유지시키지 못해서 결국 사용자의 몰입을 방해한다.

매체에 대한 이해도가 높지 않은 사용자들도 쉽게 즐길 수 있도록 사용성(usability)을 높이는 것도 매체 연속성을 강화하기 위한 조치다. 비디오게임을 처음 실행한 사용자에게 각 버튼의 기능을 직관적으로 이해할 수 있도록 배치하고 설명하는 것이 한 예다. 초대형 아이맥스(IMAX) 화면이나 3D 입체화면 또는 몰입형 가상현실 기기(immersive VR device)를 이용해 영화를 상영함으로써 감각적인 경험을 극대화하는 것도 이에 해당한다.

스토리텔링 연속성은 주로 심리에 기반을 둔다. 트랜스미디어 콘텐츠는 연속적인 이야기를 내재하고 있으면서 동시에 사용자가 마주하는 매체가 바뀐다는 점에서 불연속적이다. 띄엄띄엄 이어진다는 점에서 간헐성(intermittency)이라 하거나, 최근 위치에서 다음 위치로 신속하게 이동한다는 점에서 단속운동(saccade)이라 부를 수 있을 것이다. 스토리텔링 연속성을 강화하려면 매체의 변화에 상관없이 이야기의 진행에 동일성(identicality)이 느껴지도록 해야 한다.

그러나 동일성이라는 개념은 원작이 존재하고 그와 동일한 또는 거의 유사한 이야기를 반복하는 OSMU 스토리텔링에서의 각색 작업에 적합하다. '각색(adaptation)'이란 어떤 매체에서 다른 매체로 옮기어 기성의 예술 형태를 다른 예술의 방식으로 작업하여 재생산하는 작업을 가리킨다.(한국문학평론가협회) 그러나 트랜스미디어 스토리텔링은 매체별로 서로 다른 작가들이 각자 이야기를 창작하기도 하고 작가와 독자의 상호작용에 의해 새로운 이야기를 만들어내기도 한다. 허천은 각색을 “복제 없는 반복(repetition without replication)”이라 표현하며 상호작용성과 창작성을 강조했다.(Linda Hutcheon, 7) 수호르는 하나의 기호 체계에서 새로운 기호 체계로 옮겨져 적극적으로 재구성된다는 점에서 ‘매체전환(transmediation)’이라 부르기도 한다.(Charles Suhor, 250)

트랜스미디어에서의 스토리텔링 연속성 유지를 위해서는 매체 전환 과정에서 정합성(coherence)과 일관성(consistency)이 담보되어야 한다. 두 개념은 분야마다 다른 표현으로 번역되고 또 혼용되기도 한다. 여기서는 정합성을 “어떠한 특성이 다른 특성들과 모순되지 않으면서 논리 정연한 것”으로, 일관성은 “불편함을 느끼지 않도록 이전의 행동과 이후의 행동이 일치되는 것”으로 규정한다.

소프트웨어 공학 분야의 정의를 빌리자면 정합성은 위치(where)의 문제이고 일관성은 시기(when)의 문제다. 다중 프로세서가 데이터를 저장하고 다시 불러올 때 정합성은 저장된 위치를 기준에 의거해 순서대로 보여주는 것, 일관성은 여러 곳에 분산 저장된 데이터를 의미에 맞도록 재배열해서 보여주는 것을 가리킨다.(Edward F. Gehringer)

이를 콘텐츠 체험과 스토리텔링 방식에 대입한다면 정합성은 계열체 기반의 공시적 분석에 사용된다. 영화 속 등장인물 간의 관계와 시대적 배경에 있어 논리적 오류가 없어야 사용자가 불편함을 느끼지 않는다, 일관성은 통합체 기반의 통시적 분석에 적합하다. 이야기의 진행 과정에서 의미가 자연스럽게 연결되어 일치된 경험을 제공해준다.

정체성을 감지하려면 이야기 변형의 패턴을 살펴야 한다. OSMU의 시각에서는 트랜스미디어 장르가 매체의 종류만 바뀔 뿐 단일한 스토리텔링 행위가 반복되는 것으로 이해한다. 다른 말로 '재사용(reuse)'이라 부를 수 있다. 젠킨스는 이러한 재사용과 원형의 변형을 트랜스미디어 콘텐츠의 변별 요소로 삼았다. 엘리엇은 정합성과 일관성에 해당하는 개념을 연계(link)라 부르며 총 6가지의 모델을 제시했다.(Kamilla Elliott, 230-233)

- 심령 모델(psychic model): 영혼이 하나의 육신에서 다른 육신으로 옮겨가듯 이야기의 영혼이 소설에서 영화로 옮겨가는 것
- 복화술 모델(ventriloquist model): 영화가 소설의 영혼을 새로운 목소리로서 받아들이는 것
- 유전 모델(genetic model): DNA처럼 소설과 영화가 유사한 심층 구조를 가지는 것
- 병합 모델(merging model): 영화와 소설이 독자나 관객의 마음에서 하나의 존재로 합쳐지는 것
- 환생 모델(incarnational model): 보이지 않는 텍스트의 영혼이 영화에서 시각화되는 것
- 능가 모델(trumping model): 소설의 영혼이 잘못 배치되어 언제나 영화화되기를 바라는 것

재사용 개념은 또한 이야기 콘텐츠의 층위를 스토리, 내러티브, 담화의 3단계로 구분함으로써 각 층위 중 어느 것을 재활용하는지 또는 원본의 변형 정도가 어떠한지에 따라 여럿으로 나뉠 수 있다. 스

토리와 내러티브 등 원천 이야기 소스를 살짝만 고쳐서 별도의 미디어에 적용시킨 것에 불과하다면 이것은 '복제(duplication)'라 불러야 한다. 일반적인 트랜스미디어 스토리텔링의 경우는 '각색'이라는 표현을 사용하기도 한다. 독자들이 자발적으로 스핀오프를 만들어내며 적극성을 발휘할때는 '재창조(re-creation)'의 현상도 발생한다. 이 과정에서는 연속성과 일관성이 느슨해질 수밖에 없지만 끊어져서는 안 된다. 시청각적 연속성 또는 의미의 연속성 중 어느 것이든 계속 이어져야 한다.

4. 세계관 인식과 구축의 스토리텔링

영국의 시인 키츠(John Keats)는 1817년 자신의 동생들에게 보내는 편지에서 셰익스피어의 문학유산을 극찬하며 '부정 능력(negative capability)'이라는 용어를 사용했다. "사실이나 근거를 찾아내려고 안달하지 않고 불확실, 신비, 의심을 그대로 두는 경우"라 표현한 부분이다.

이에 대해 윤명옥은 "이성과 반대되는 상상력의 형태로, 외부 사물의 정확한 정체를 파악하지 않아도 신비로움이나 오묘함을 쉽사리 수용할 수 있는 능력을 말한다"고 해석하며 '자아 부정 능력'이라고 번역했다.(윤명옥) 김미아는 "불확실한 것이나 풀리지 않는 것이나 의문 나는 것이 있어도 그냥 있는 그대로 받아들이는 것"이라 해석하며 '소극적 수용 능력'이라는 용어를 선택했다.(김미아) 롱은 부정 능력을 인간이 가진 일반적인 본능이라고 여기며 트랜스미디어 장르에서 청중들에게 불확실, 신비, 의심 등 기분 좋은 감각을 불러일으키기 위해 내러티브에 전략적인 빈틈을 삽입하는 기술로 정의했

다.(Geoffrey A. Long, 53)

빈틈이 발생하기 위해서는 그에 앞서 독자가 작품을 개인적, 사회적 맥락에서 준독립적이며 하나의 온전한 형태로 존재하는 것으로 인식해야 한다. 여기서 발생하는 것이 세계관이다. 세계관은 형이상학적 관점에서 주체가 세계에 관해 통일적 파악을 행할 수 있는 의식적 자질을 의미한다.(한국문학평론가협회, 221) 작품이라는 세계가 일관성을 가지지 못하면 독자는 세계관 인식에 있어 혼란스러움을 겪을 수밖에 없다. 특히나 매체를 바꿔가며 전체 이야기가 이어지는 트랜스미디어 장르에서는 작가가 작품을 구축할 때 일관성을 유지하는 데 있어 더 큰 노력이 요구된다.

트랜스미디어 스토리텔링의 정합성과 일관성을 점검하기 위해서는 '가능세계' 개념을 도입할 수 있다. 독일 철학자 라이프니츠(Gottfried Leibniz)는 사물이 현실에 존재하는 방법 이외에도 또 다른 많은 존재 방법이 있다고 생각하고 그러한 세계를 가능세계로 상정했다.(Brandon C. Look) 가능세계이론은 루이스(Clarence I. Lewis)가 양상실재론을 공리화함으로써 본격적으로 연구되기 시작했다.(손병홍, 37)

트랜스미디어 스토리텔링에 가능세계를 본격적으로 연결한 사람은 라이언(Marie-Laure Ryan)이다. 라이언은 존재 가능한 세계를 독자들이 살고 있는 실제세계(AW, actual world), 작품의 내용이 존재하는 텍스트세계(TX, textual world), 화자가 거주하는 내레이션세계(NW, narratorial world)로 구분했다.

실제세계의 독자는 자신의 행동이 달라질 때 초래될 상황을 가정할 수 있는데 이때에 대안가능세계(APW, alternative possible world)가 생긴다. 텍스트세계는 작품의 내용이 가리키는 텍스트지

시세계(TRW, textual reference world), 이를 통해 알게 되는 배경이자 현실로서의 텍스트실제세계(TAW, textual actual world), 텍스트 속 주인공의 행동이 달라졌을 경우 초래될 상황을 가정한 텍스트대안가능세계(TAPW, textual alternative possible world)의 3가지로 다시 나뉜다. 장르에 따라 세계를 구분하면 논픽션 장르는 실제세계(AW)와 텍스트지시세계(TRW)가 동일하다. 픽션 장르는 현실의 실제세계와 일치하지 않으며 텍스트지시세계가 곧 텍스트실제세계이기도 하다.(Marie-Laure Ryan, vii)

스톡웰(Peter Stockwell)은 가능세계라는 것이 현실에서는 발생한 적이 없는 사건이 앞으로 발생할 또는 이미 발생한 가상의 세계이지만 모순적이지는 않다는 점에서 현실 세계와는 또 다르다고 설명한다. 모순이 가능하다면 이것은 '불가능세계(impossible world)'라 보아야 하기 때문이다.(피터 스톡웰, 164) 이를 이해하려면 독자가 현실세계와 가능세계 간의 유사성을 말해주는 대응물(counterparts)을 통해 세계 간 정체성(trans-world identity)를 분명히 파악하고 협상하는 능력을 가져야 한다.(피터 스톡웰, 166)

마블코믹스의 〈어벤져스〉 속 슈퍼히어로들은 서로 다른 작가에 의해 서로 다른 시기에 창작되었기 때문에 각자의 가능세계가 일치하지 않는다. 이를 하나로 통합해서 하나의 영화를 만들려면 각 세계 간의 정체성 차이를 교묘히 봉합하고 아예 협상을 통해 새로운 가능세계를 만들어야 한다. 이를 다중세계(multiverse)라 부른다.(이영수, 195-196) 어느 작품에서는 주인공이 결혼을 했고 다른 작품에서는 독신으로 살아가는데 이를 모두 인정하되 주인공의 존재와 특성은 공통된 것으로 인식하는 것이다.

트랜스미디어 스토리텔링의 연속성을 확보하기 위해 영화 〈어벤져스〉의 제작진은 기존의 세계에 크게 위배되지 않는 범위 내에서 서로 다른 작품의 주인공들을 하나의 세계 안에 모아두었다. 여러 개의 가능세계를 제대로 봉합하지 않으면 정합성이 깨지기 때문에 시청자들의 몰입에 방해가 되고 결국 콘텐츠 소비를 중단하게 된다. 새로운 세계를 창조하되 기존의 캐릭터 특징과 배경의 시공간 중 상당 부분을 그대로 유지시킨다면 공시적 차원에서 약간의 모순은 있겠지만 통시적 차원에서는 이야기 진행에 무리가 없는 선에서 일관성을 유지할 수 있다.

이렇듯 트랜스미디어 콘텐츠는 단순히 원작을 각색해서 반복하는 작업으로서의 OSMU 스토리텔링만으로는 완성할 수 없다. 매체 사용성을 높이고 시청각 연속성을 갖춰 매체 연속성을 강화하는 전략, 논리적 정합성과 의미적 일관성에 기반을 둔 스토리텔링 연속성을 확보하는 전략의 2가지를 동시에 추구해야 한다. 그래야만 다양한 매체를 넘나들며 이야기가 복잡다단해지는 속에서도 사용자들의 몰입을 유지할 수 있다.

시청각 유사성이 직접적으로 적용되지 않는다면 어떻게 정체성의 연계를 감지할 수 있을까. 여기서 필요한 것이 등장인물의 일관성이다. 정체성의 뼈대가 되는 일관성은 서사기호학의 행위소 모델을 이용해서도 검증이 가능하다. [그림 4]에서처럼 행위소 모델은 인물 특히 주체의 특성과 정체성을 규정할 때 어떠한 대상을 좇는지를 살핀다.

여기서 대상은 단순한 물체나 사람이 아니다. 대상에는 가치가 내장되어 있는데 이것을 깨닫지 못한 인물은 소극적, 표면적 수신자에 머무르게 된다. 대상에 내재된 가치를 깨닫는 인물만이 적극적, 내면적 주체가 될 수 있다.

이야기 진행에서의 결과와 상관없이 주체가 추구하는 가치에 수용

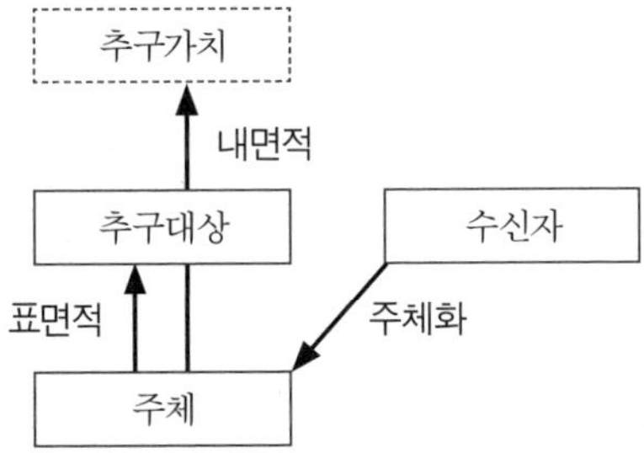

[그림 4] 서사기호학의 행위소 모델 속 주체와 추구 가치

자에 공감할 수 있어야 이야기에 관심을 가지게 되며 몰입과 동일시가 가능해진다. 트랜스미디어 장르에서 매체가 바뀌거나 배경과 환경 등이 달라져도 동일한 또는 유사한 정체성을 가진 동일인물로 여길 수 있다. 이런 이유에서 일관성이 중요하다.

일관성이 유지된다면 시청각 연속성이 느슨하거나 없어도 인물의 정체성 감지에 혼돈이 없으며, 덕분에 트랜스미디어 장르의 구성과 진행이 가능해진다. 물론 일관성을 깨뜨린 팬무비도 있지만 여기서도 시청각 연속성이 유지되는 것을 기반으로 한다. 그 만큼 연속성과 일관성은 트랜스미디어 장르의 정체성의 유지에 있어 중요한 역할을 한다.

[임동욱]

문화콘텐츠와 트랜스미디어

3

사용자 참여와 이야기 공유*

기획창작론의 관점에서 트랜스미디어 스토리텔링의 가장 큰 특징은 저자가 다수라는 점이다. 선별된 특정 다수의 저자가 모여 아이디어를 공유하며 하나의 플롯을 구축해가는 공동창작은 오래전부터 문화예술계 전반에서 행해져 왔다. 그러나 트랜스미디어 스토리텔링 창작은 불특정 다수의 저자가 저마다 다른 이야기를 내어놓음에도 그것이 일정한 일관성을 가지는 확장적 이야기 우주라는 점에서 과거와 크게 다르다. 이런 스토리텔링 창작이 가능한 것은 창작, 유통, 소비의 과정이 순환하는 과정에서 사용자 참여를 핵심적인 가치창출 기제로 소환하는 산업적 매커니즘이 있기 때문이다. 이번 장에서는 다양한 사례를 통해 이에 대해 알아보도록 하겠다.

---

* 이 글은 2015년 11월 발표된 글로벌문화콘텐츠 통권 제21호의 "트랜스미디어와 사용자 참여에 관한 연구" 논문을 본 저서의 목적에 맞게 일부 수정한 것이다.

1. 사용자 참여란 무엇인가

미디어 산업이 정전(正典, canon)을 제시한다면, 팬덤은 이에 호응하여 새로운 미디어나 내러티브로의 분화를 이끌어낼 수 있는 협업 문화를 만들어낸다. 이러한 제작자와 사용자의 협업은 트랜스미디어 콘텐츠에 있어서 대단히 중요한 기능을 하게 된다. 트랜스미디어에 대한 정의를 크게 팬에 의한 바텀 업(bottom-up) 방식과 미디어 산업에 의한 탑 다운(top-down) 방식으로 나눈다면(Carlos Scolari, 3), 사용자 참여는 결국 바텀 업에 의지하는 방식이라 할 수 있다.

이는 유저 참여 및 관계함의 피라미드를 제시한 스콜라리 등에 의해 더욱 구체화된다: 피라미드의 가장 낮은 층에서 우리는 ① 단일 미디어 상품의 소비자를 발견할 수 있다. 그리고 두 번째 층에서 ② 서로 다른 미디어 상품들의 소비자를, 세 번째 층에서 ③ 콘텐츠를 온라인으로 공유하고 내러티브 세계 주변의 대화에 능동적으로 참여하는 팬을, 마침내 피라미드 꼭대기에 우리는 ④ 프로슈머를 발견할 수 있다. 이때 프로슈머는 새로운 콘텐츠를 생산하고 내러티브 세계를 확장하는 팬을 이르는 말이다. UGC 생산물은 가장 높은 단계의 트랜스미디어 콘텐츠의 사용자 참여를 보여준다. 이를 정리한 것이 다음의 [그림 1]이다.

본 글에서는 트랜스미디어에 참여하는 소비자 중 능동적 참여 소비자와 프로슈머에 중점을 두고 논지를 진행한다. 이는 사용자가 어느 정도 트랜스미디어 콘텐츠에 개입을 한다는 가정 아래 참여 정도를 논하겠다는 뜻이다. 그럼 이들이 트랜스미디어 콘텐츠에 관여하면 어떠한 특징을 보이는지가 관건이 된다. 우리는 이를 세 가지로 나누어 생각해볼 수 있다.

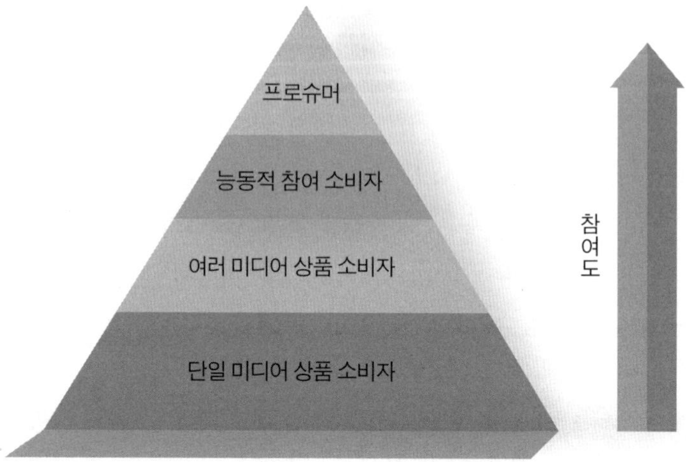

[그림 1] 참여도에 따른 트랜스미디어 소비자의 구분

먼저 첫 번째는 참여에 의한 미디어 확장이다. 이는 사용자의 손에 의해 동일한 스토리를 지닌 새로운 콘텐츠가 원작과 다른 미디어를 기반으로 출현하고, 이러한 콘텐츠가 이후 원작의 세계를 넓혀주는 역할을 하는 경우를 의미한다.

두 번째는 참여에 의한 스토리텔링 확장이다. 이는 동일한 미디어 양식이라도 사용자가 새로운 스토리를 제시하여 그 외연을 확장시키는 경우를 의미한다. 사실 원작과 동일 미디어로 새로운 스토리를 제시하는 경우는 많지 않으므로, 두 번째 예에서는 참여에 의해 스토리가 확장되는 경우를 중점적으로 살펴보게 될 것이다.

마지막으로는 사용자의 자유로운 참여를 상정한 트랜스미디어 콘텐츠를 들 수 있다. 이는 사용자 참여를 극대화한 것으로 콘텐츠의 시작 단계에서 이미 사용자 참여를 염두에 두고 있어 사용자에 의해 기초적인 세계관을 비롯하여 캐릭터 설정, 스토리가 만들어지는 경우를 의미한다. 이 예시는 오늘날 웹을 주된 활동무대로 삼는 하이브리드 문화에 기반을 둔 것이다. 따라서 우리는 사용자의 자유로운 참여를 상정한 트랜스미디어 콘텐츠 사례를 통해 집단창작을 통해 새로운 콘텐츠가 만들어지는 모습을 보게 될 것이다.

사실 트랜스미디어 콘텐츠에 있어서 미디어 확장은 스토리텔링 확장을 수반한다. 사실 "트랜스미디어 콘텐츠의 완벽한 케이스는 미디어와 내러티브 확장이 하나의 내러티브 경험 안에서 통합될 때 일어난다." 그럼에도 불구하고 양자를 나누어보는 것은 각각의 사례가 보이는 특징을 더 자세히 살펴보기 위해서이다. 다만 트랜스미디어 콘텐츠의 다른 구분이 또한 그러하듯이, 미디어/스토리텔링의 확장 사례가 명확하게 나눠지는 것은 아니므로 각 예시에 이들의 특성이 서로 중첩될 수 있음을 미리 알려둔다.

2. 참여에 의한 미디어 확장: 〈페이트〉 시리즈

1) 참여자 주도의 OSMU

〈페이트〉 시리즈는 일본의 게임 제작사 타입문(TYPE-MOON)에 의해 전개된 일련의 콘텐츠 프랜차이즈를 뜻한다. 본래 동인서클로 시작된 타입문은 2004년 1월 PC로 성인용 비주얼노블 방식의 게임 〈페이트/스테이 나이트〉를 발매하면서 명성을 얻게 된다. 〈페이트/스테이 나이트〉는 사용자가 분기를 선택하는 것으로 다양한 스토리를 즐길 수 있는 텍스트 기반 게임이다. 그러나 '성배전쟁'이라는 굵직한 갈등의 원인을 제공하고, 서로 대립하는 캐릭터들이 자신의 수호신인 '서번트'를 동원하며, 이 서번트가 역사상 중요한 인물들로 구성되어 있어서 보는 이의 흥미를 끈다.(Wikipedians (ed.), 436) 주인공 에미야 시로와 서번트 세이버의 미묘한 관계, 주인공의 중요한 적대자가 미래에서 온 주인공인 것 등 주된 상황 설정이 소년만화의 형식을 빌린 것도 인기의 요인이 되었다.

〈페이트/스테이 나이트〉는 일본에서 2014년 한 해에만 15만장을 판매하며 큰 인기를 얻게 된다. 이후 일부 문제가 되는 장면을 수정한 플레이스테이션 2 버전이 2007년 발매됐으며, 텍스트 위주의 원작에서 대전 액션 게임의 형태로 변경된 〈페이트 언리미티드 코드〉가 발매되었다. 이들은 모두 원작의 스토리를 따르는 것으로, OSMU의 예에 해당되는 것이라 할 수 있다.

한편 타입문은 〈페이트/스테이 나이트〉의 세계관을 확장하기 위하여 훗날 〈마법소녀 마도카☆마기카〉의 시나리오 작가로 유명해지는 우로부치 겐을 통해 〈페이트/스테이 나이트〉의 프리퀄을 소설로 발표하게 되는데, 이 작품이 바로 〈페이트/제로〉이다. 2006년부터 전개된 소설화로 〈페이트/스테이 나이트〉의 세계는 확장되었으며, 이 시리즈는 본격적인 콘텐츠 프랜차이즈로 발돋움하게 된다. 〈페이트/제로〉는 〈페이트/스테이 나이트〉의 시대 이전에도 성배전쟁이 있었다는 설정 아래 쓰인 소설로, 원작의 특징을 살리면서도 원작과는 다른 새로운 개성을 지닌 캐릭터를 제시하였다. 이 캐릭터들 또한 역사적인 인물에 모티프를 얻은 것이다. 〈페이트/제로〉는 2011년 애니메이션으로 제작되어 큰 인기를 얻었으며, 〈페이트〉 시리즈가 짧은 시간 안에 일본의 유수 콘텐츠 프랜차이즈로 자리 잡을 수 있도록 도왔다.

이처럼 〈페이트〉 시리즈는 게임, 애니메이션, 소설 등 다양한 미디어로 확장하면서 그 세계관을 넓히게 된다. 그런데 흥미로운 것은

[그림 2] 〈페이트/스테이 나이트〉의 동인 게임
〈크루시스 페이털 페이크〉(좌)와 〈소드 댄서〉(우)

〈페이트〉 시리즈의 미디어 확장이 사용자 참여로 인해 시작되었다는 것이다. 〈크루시스 페이털 페이크〉, 〈소드 댄서〉 등의 동인게임이 등장하면서 원작과 더불어 〈페이트〉 시리즈에 대한 사람들의 관심이 높아지게 된다. 이들 게임은 대전 액션 게임의 형태를 띠고 있는데, 이는 원작이 텍스트 기반의 비주얼 노블로 구성되어 있어 싸우는 내용이 스토리의 대부분을 차지하면서도 사용자가 실제로 캐릭터를 자유롭게 조작해 서로 싸우는 행위를 체험할 수 없었기 때문이다. 이들은 원작이 되는 〈페이트/스테이 나이트〉의 스토리에 기반을 두면서도 원작의 주된 행위인 대결을 실제로 체험할 수 있도록 해줌으로써 큰 인기를 얻었다.

사실 이처럼 동인들이 대전액션을 만들어낸 것은 처음이 아니다. 1990년대 비주얼 노블의 대표작 〈투하트〉 캐릭터들이 출연하는 〈퀸 오브 하트〉 시리즈, 〈페이트〉 시리즈 이전에 타입문에서 개발한 히트작 〈월희〉를 기반으로 하는 〈멜티 블러드〉 등이 이에 대한 선례가 될 것이다. '프랑스빵(フランスパン)'에서 제작된 이들 게임은 미소녀들이 등장하는 대전 액션 게임의 표준을 제시했으며, 이후 비슷한 게임이 범람하는 계기를 만들었다.

2) 원작의 '빈 칸'이 사용자 참여를 이끌어낸다

〈페이트〉 시리즈의 성공에는 사용자 참여가 큰 역할을 했다. 사실 처음 〈페이트/스테이 나이트〉가 발매되었을 때, 이 게임이 다양한 형태의 파생 상품으로 제시되리라고는 많은 사람들이 예측하지 못했다. 이는 상대적으로 제작사의 규모가 크지 않고, 플랫폼도 PC이기 때문에 콘텐츠 프랜차이즈를 효율적으로 운용하기 어려웠기 때문이다. 〈페이트/스테이 나이트〉는 타입문이 동인서클의 테를 벗고 상업적으로 발매한 최초의 게임이었기에 그 완성도도 전문적인 게임 개발사에 비해 부족한 것이 사실이었다. 그러나 이러한 부족한 완성도가 수많은 사용자들의 참여를 불렀다. 동인 출신인 제작자들이 만든 게임이 새로운 동인 제작자를 부르고, 이들이 만든 〈크루시스 페이털 페이크〉, 〈소드 댄서〉 등의 동인게임이 화제를 불러일으키면서 〈페이트〉 시리즈는 지속적으로 사용자들의 관심을 끌게 되었다.

여기서 주목할 것은 미디어의 확장이다. 〈페이트〉 시리즈는 이후 〈페이트/제로〉가 나오기 전까지 초기 발매작인 〈페이트/스테이 나이트〉를 일종의 정전으로 삼았다. 다만 본 작의 주된 내용이 서로 힘을 겨루는 소년만화와 같은 것이었기 때문에, 사용자는 자연스럽게 대전 액션 형태의 동인게임을 고안하게 되었다. 이는 게임이라는 동일한 미디어적 범주 안에서, 서로 다른 장르(비주얼 노블/대전 액션 게임)를 추구한 예에 속한다. 이는 원작의 '빈 칸'을 사용자 참여로 인해 채운다는 점에서 중요한 의미를 지닌다.

[그림 3]은 사용자 참여가 다양한 콘텐츠로 분화하는 과정을 보여

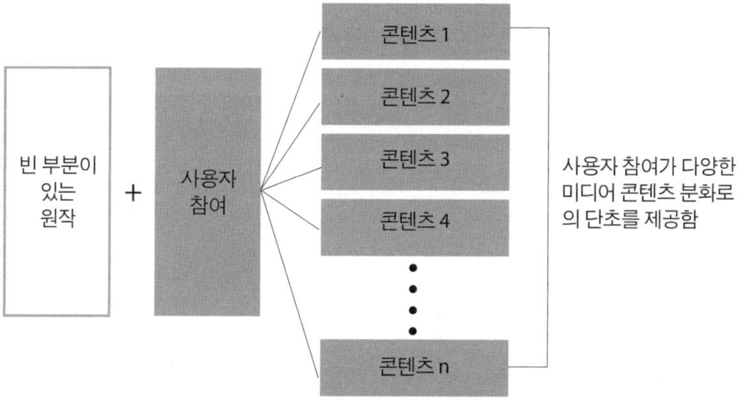

[그림 3] 사용자 참여에 의한 미디어 확장

준다. 특히 〈페이트/스테이 나이트〉처럼 원작의 퀄리티가 다른 상업 콘텐츠에 비해서 부족한 경우, 사용자 참여는 프로슈머에 의한 OSMU를 가능하게 하여 활발한 미디어 확장을 이루는데 도움을 준다. 다만 이러한 사용자 참여가 가능한 것은 제작사의 용인이 있어야 하는데, 〈페이트〉 시리즈의 미디어 확장 또한 제작사인 타입문이 동인 출신이었기 때문에 가능한 일이었다. 이처럼 트랜스미디어 콘텐츠의 사용자 참여는 제작사의 프랜차이즈 관리와 깊은 관련을 맺고 있다.

3. 참여자에 의한 스토리텔링 확장: 〈동방 프로젝트〉

1) '정전'과 '참여 내러티브'의 혼재

〈동방 프로젝트〉는 일본의 동인서클 상하이앨리스환악단(上海アリス幻樂団)에서 제작하는 슈팅을 중심으로 한 동인게임 시리즈의 총칭이다. 1996년 최초의 작품인 〈동방영이전〉을 시작으로 시리즈 최신작인 〈동방감주전〉에 이르기까지 총 24편의 게임이 제작되었으며, 이를 기반으로 한 만화, 소설, 음악 CD 등이 발매되었다.(メディアクリエイト編集部, 65) 〈동방 프로젝트〉는 〈페이트〉 시리즈의 경우에서처럼 동인과 밀접한 관련을 맺고 있으며, 기본적으로 전문 게임 제작사의 손을 빌려서 발매된 것이 아니기 때문에 그림이나 게임의 구성 등이 조악해보일 수 있다. 따라서 이러한 원작의 빈 부분을 프로슈머들이 채워준다는 점에 있어서 〈페이트〉 시리즈와 유사한 모습을 보인다.

그러나 시리즈가 거듭되어가면서 프로슈머들에 의해 채워진 내용들은 차차 〈동방 프로젝트〉의 중요한 구성요소로 변모하게 된다. 바로 이 점이 〈페이트〉 시리즈를 비롯한 유사한 콘텐츠 프랜차이즈와 〈동방 프로젝트〉가 차이를 보이는 점이다. 1990년대까지는 전문 콘텐츠 창작자나 제작사를 통해 특정한 콘텐츠가 만들어지면 동인들이 이를 바탕으로 새로운 콘텐츠를 창작하더라도 원작의 스토리와 세계관, 설정 등을 우선시하였다. 바로 이것이 원작이 하나의 정전이 되어가는 과정이다.

여기에는 특히 원작을 만든 제작사가 깊이 관여하였는데, 일례로 코나미나 닌텐도 등의 일본 회사들은 자사의 IP(Intellectual Property)가 함부로 다루어지는 것을 막기 위해 자사 발매 게임의 동인지 제작 등을 엄격히 금지하였으며, 실제로 〈도키메키 메모리얼〉

[그림 4] 〈동방 프로젝트〉 주인공 하쿠레이 레이무의 외양 변화

이나 〈포켓몬스터〉 등의 동인지를 제작한 이들을 고소한 사건도 있었다. 반면 〈페이트〉 시리즈가 발매된 2000년대 중반부터는 동인의 프로슈머적 역할을 존중하여 제작사가 사용자 참여를 통해 다양한 콘텐츠가 파생될 수 있도록 돕고 있다. 〈동방 프로젝트〉는 바로 이러한 기류 속에서 〈페이트〉 시리즈를 잇는 동인들의 새로운 트랜드로 자리매김한 것이다.

일례로 〈동방 프로젝트〉의 첫 작품인 〈동방영이전〉이 나왔을 때, 게임의 주요 캐릭터인 하쿠레이 레이무(博麗霊夢)와 키리사메 마리사(霧雨魔理沙)는 그저 동서양의 대비를 이루는 무녀와 마법사 캐릭터였을 뿐이었다. 그러나 게임 추가로 발매되고 여기에 동인들이 자신만의 설정을 덧붙이면서, 각 캐릭터의 설정은 깊어지고 다양해지게 된다. 흥미로운 것은 게임 플랫폼의 변화와 동인설정이 서로 연계되어 있다는 것인데, 실제로 팬들은 시리즈 다섯 번째 작품인 〈동방괴기담〉까지의 주인공 하쿠레이 레이무를 '구작 레이무'로 구분해서 부르는데, 이는 〈동방괴기담〉까지 일본의 컴퓨터인 PC-9801을 플랫

[그림 5] 〈동방 프로젝트〉 동인 음반 중 하나인 동방유성야공(좌)과 일루전 셔플(우). 특히 이들은 한국의 〈동방 프로젝트〉 팬클럽이 만든 음반으로 의미가 있다.

폼으로 게임이 제작되었기 때문이다.

이 다섯 번째 작품과 여섯 번째 작품인 〈동방홍마향〉 사이에는 단순히 (PC-9801에서 IBM PC 호환 기종으로의) 플랫폼 차이뿐만 아니라 발매시기의 차이, 캐릭터 외양 및 게임 분위기의 차이 등으로 인해 구작 시리즈와 신작 시리즈를 구분하는 일정한 차이가 존재한다. 사용자는 이를 게임 속 내러티브와 세계관의 시대 전환으로 받아들여, 원작자가 동일 캐릭터라 공인한 설정을 자의적으로 변경하는 것이다. 이는 캐릭터 설정의 변경이자 내러티브 확장의 일부분이 사용자를 통해서 이루어진다는 점에 있어서 의미가 있다.

또 하나 〈동방 프로젝트〉에 있어서 흥미로운 것은 동인 활동으로 인해 확장되는 캐릭터 설정이나 내러티브 확장이 원작의 일부인 게임 배경 음악을 어레인지 하는 것으로 구현된다는 것이다. 사실 슈팅게임과 게임 음악이 서로 밀접한 관계를 맺고 있는 것은 일본 게임계에 있어서 오랜 관습으로 색다른 일은 아니다. 〈동방 프로젝트〉의 제작자 준(ZUN)이 큰 영향을 받은 제작사 타이토의 경우 '준타타(ZUNTATA)'라 불리는 자사 밴드를 보유하고 있으며, 이들은 게임 음악의 전반적인 요소에 관여하며 게임 속 스토리나 의미를 멜로디와 가사로 전달하고 있다. 코나미 또한 1990년대 '코나미 구형파구락부'라는 밴드를 운영하며 자사의 게임음악에 이들이 자유롭게 관여할 수 있도록 도운 바 있다. 〈동방 프로젝트〉는 이러한 일본 특유의 게임문화에 기반을 두고 다수의 동인이 음악을 자유롭게 어레인지하여 음반 발매를 할 수 있게 도와, 콘텐츠 프랜차이즈의 세계관을 더욱 공고히 하는데 기여하였다.

2) '모래상자'가 된 콘텐츠 프랜차이즈

사실 〈페이트〉 시리즈에서 〈동방 프로젝트〉로 이르는 일정한 연결고리는 바로 오늘날 동인계의 트랜드를 반영한다. 이후에 살펴볼 보컬로이드도 그렇지만, 현재 동인들은 제작자와 제작사에 의해 직접 제시된 경직된 정전의 내용을 따르지 않고, 이를 자기식대로 변형하여 즐기는 것을 우선시하고 있다. 흥미로운 것은 그것이 〈동방 프로젝트〉에 이르러서는 이제 특정 콘텐츠가 원작과 어떤 연관관계에 있는지를 사용자들이 중요하게 생각하지 않는다는 것이다. 〈동방 프로젝트〉의 팬 중에는 〈동방홍마향〉을 위시로 한 원작 게임을 즐기지 않은 사람이 많다. 심지어 원작이 슈팅 게임이라는 것을 모르는 사람도 많다. 그럼에도 불구하고 이들은 흡사 현실 속 인물을 추종하듯이 게임 속 캐릭터의 세부적인 설정과 세계관 속 역할을 암기하며 캐릭터에 대한 자신의 애정을 과시하는 경우가 잦다. 한편으로는 원작자인 준이 제시한 설정을 존중하는 원작 중시파 또한 존재하는데, 이처

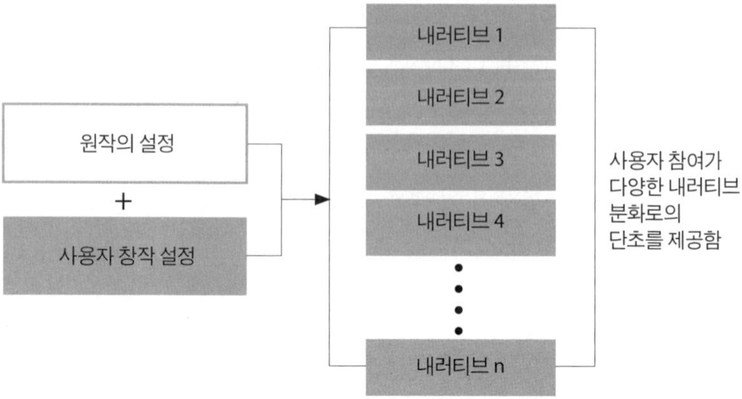

[그림 6] 사용자 참여에 의한 내러티브 확장

럼 지향점이 다른 동인들의 대립은 콘텐츠 제작 내·외적으로 문제를 야기하기도 한다.

이러한 원작 설정과 동인 설정, 원작 내러티브와 동인 내러티브의 혼재는 오늘날 최신의 트랜스미디어 콘텐츠가 어떠한 상황에 처해있는지를 잘 보여준다. 미국에서는 〈스타워즈〉와 〈스타트렉〉 시리즈, 또 최근 영화와 게임으로 그 활동무대를 넓혀가고 있는 마블코믹스와 DC코믹스 시리즈처럼 제작사의 의사를 중시하며 정전으로 기능하는 콘텐츠 프랜차이즈가 다수 존재한다. 일본에서도 〈기동전사 건담〉 시리즈를 비롯하여 특촬물로 오랜 기간 동안 팬을 확보한 〈가면라이더〉, 〈울트라맨〉, 〈슈퍼전대〉 시리즈 등이 존재한다. 해당 프랜차이즈의 팬들은 원작을 중시하며, 새로운 콘텐츠를 제작하더라도 원작의 설정을 존중하는 것이 일반적이다. 이처럼 "참여는 미디어 제작자보다는 미디어 소비자들의 통제에 더 많은 영향을 받게 된다."(헨리 젠킨스, 201)

그러나 〈동방 프로젝트〉의 팬들은 원작의 설정을 존중하면서도, 그 틀 안에서 다양한 내용을 담으려 애쓴다. 특히 원작의 게임 일러스트가 다소 부족한 것에 착안하여 이를 더 아름다운 것으로 바꾼다거나, 원작의 음악을 더욱 화려하게 어레인지 하는 경우가 잦다. 이때 〈동방 프로젝트〉는 원작이 존재하는 콘텐츠 프랜차이즈로 기능할 뿐만 아니라, 하나의 놀이 플랫폼의 역할을 하게 된다. 일정한 룰이 있고 그 룰을 지키는 안에서, 혹은 그 룰을 깨더라도 납득이 가는 범위 안에서 〈동방 프로젝트〉는 흡사 모래상자(sand box)와 같은 무한한 놀이기구가 되는 것이다.

4. 자유로운 참여와 공유를 상정한 콘텐츠: 보컬로이드

1) 음악 창작 도구에서 트랜스미디어 콘텐츠의 도구로

앞서 살펴본 〈페이트〉 시리즈나 〈동방 프로젝트〉가 원작이 되는 콘텐츠가 존재한다면, 보컬로이드(VOCALOID)는 엄밀히 말해서 콘텐츠를 만들어주는 일종의 도구이다. 그러나 보컬로이드는 캐릭터를 앞세워 상품을 제시함으로써 콘텐츠를 만들기 위한 기반을 제시하며, 이러한 기반 아래 사용자들은 집단지성을 통해 끊임없이 새로운 캐릭터와 세계관을 만들어내고 있다. 이를 상세히 살펴보면 다음과 같다.

보컬로이드란, 일본의 야마하가 개발한 음성 합성 엔진으로 보컬(Vocal)과 안드로이드(Android)의 합성어이다.(임찬수·이윤지, 279) 야마하에서 보컬로이드라는 이름으로 음성 합성 소프트웨어를 발표한 것은 2003년 2월경이다. 이는 기존의 음성 합성 소프트웨어와 달리 목소리가 훨씬 부드럽고 인간의 목소리에 가까웠던 것이다. 그리고 약 1년 뒤인 2004년 3월에 1세대 보컬로이드인 레온(LEON)과 로라(LOLA)가 세상에 나오게 된다. 1세대 보컬로이드 중에서도 최초의 보컬로이드로 일컬어지는 이 둘의 사용 언어는 영어였다.

성우의 목소리를 베이스로 일정한 형태의 캐릭터가 정해져 있는 후세대의 보컬로이드와는 달리 레온과 로라라는 이름만 정해져있을 뿐, 다른 설정은 부여되지 않았다. 당시 이 두 보컬로이드의 패키지 디자인은 노래를 부르는 사람의 입술 모양만이 그려져 있었고, 크게 성공하지는 못하였다. 이 실패를 바탕으로 만들어져 같은 시기에 출시된 1세대 보컬로이드 메이코(MEIKO)는 패키지 디자인에 캐릭터의 모습이 그려져 있었다. 이 메이코가 앞의 두 보컬로이드에 비해 큰 성공을 거두게 되면서 보컬로이드는 보다 각광받게 된다.

그리고 2007년, 크립톤 퓨처 미디어에서는 1세대들의 실패와 성공을 바탕으로 2세대 보컬로이드 캐릭터로 하츠네 미쿠(初音ミク)를 발표한다. 긴 녹색 머리카락과 귀여운 목소리를 가진 이 여성형 보컬로이드가 사용자들로부터 큰 호응을 얻으면서 보컬로이드의 입지를 확고히 하였다.

하츠네 미쿠의 공개 이후 보컬로이드 사용자들은 인터넷에서 활발한 활동을 보여주었고, 유튜브를 비롯한 많은 UGC 사이트에 하츠네 미쿠의 영상이 업로드 되었다. 이 과정에서 하츠네 미쿠가 지니는 캐릭터성은 사용자들에 의해 보다 확고한 이미지를 가지게 되었다. 하츠네 미쿠의 성공을 기점으로 2세대 보컬로이드로 카가미네 린(鏡音リン), 카가미네 렌(鏡音レン) 등의 후속작이 출시되어 꾸준히 좋은 수익성을 유지하였고, 현재는 3세대까지 공개되어 있는 상태이다. 3세대 보컬로이드는 2011년 겨울부터 차례차례 출시되고 있다. 3세

대는 2세대까지의 보컬로이드와 달리 다국어 기능을 지원하는 기종이 있어 일본 외의 국가에서 보다 사용하기 편리하도록 구성되어 있다.(임찬수·이윤지, 281)

하츠네 미쿠는 처음부터 캐릭터 일러스트를 케이스에 삽입하는 등 일반적인 음악 소프트웨어의 마케팅 방식을 벗어났다. 이를 이용하여 만든 동영상이 일본의 UGC 사이트인 니코니코 동화(ニコニコ動画)와 유튜브를 통해 일본 및 여러 나라의 네티즌들의 폭발적인 인기를 얻으면서 음악 소프트웨어로서는 이례적으로 높은 판매량을 보이고 있으며, 품귀 현상마저 빚어졌었다. 따라서 하츠네 미쿠를 위시로 한 보컬로이드는 일본의 오타쿠 문화와 깊은 관련을 맺고 있다.

보컬로이드에는 음성합성기능 외에도 여러 가지 행위를 표현할 수 있는 3D캐릭터가 내장되어 있기 때문에, 사용자는 원하는 캐릭터를 선택한 후 간단한 입력과정을 거침으로써 가상캐릭터에 의한 음원과 영상을 쉽게 만들어낼 수 있다. 특히, 보컬로이드는 귀여운 여성 캐릭터를 내장하여 기존의 음악 소프트웨어와는 다른 마케팅 방식을 보여주었다. 하츠네 미쿠는 사이버 아이돌 가수의 콘셉트에 맞게 귀여운 여성 캐릭터로 제작되었다. 하츠네 미쿠가 공개되고 니코니코 동화와 유튜브에는 유저들의 독창적인 곡들과 비디오가 업로드되기 시작했으며 현재까지도 수많은 동영상들이 업로드되고 있다. 이후 약 250개의 오리지널 보컬로이드 곡들이 유통되었으며 마니아뿐만 아니라 평범한 젊은이들도 노래방에서 보컬로이드로 만들어진 노래를 즐기고 있다.(김승록·염동철, 2011: 12-13)

2008년 일본에서 굿 디자인 제품상, 성운상 자유 부문을 수상했으며, 세가에서 하츠네 미쿠를 주인공으로 플레이스테이션 포터블 전용으로 〈하츠네 미쿠: 프로젝트 디바〉라는 제목으로 게임이 제작

[그림 7] 하츠네 미쿠의 모습(좌)과 게임 〈프로젝트 디바〉 속 하츠네 미쿠(우)

되어 2009년 7월 2일 가격 6,080엔으로 발매되었다. 그리고 히트송들은 일본의 메이저 음반회사들을 통해 CD로 만들어져 많은 판매고를 올렸고 2010년 5월 19일에 발매된 앨범 〈엑시트 튠즈 프레젠츠 보컬로제네시스(exit tunes presents vocalogenesis feat. Hatsune Miku)〉는 오리콘 차트 1위를 기록하기도 하였다. 한편 2010년 3월 9일 일본에서는 세계 최초로 가상 아이돌 하츠네 미쿠의 콘서트가 열렸다. 3D 홀로그램으로 구현한 캐릭터를 보기 위해 수만 명이 몰려들었다. 과거 국내에도 아담을 비롯해 몇몇의 사이버 가수가 존재했지만 모두 소리 소문 없이 사라졌다. 그와 비교하면 하츠네 미쿠는 미소녀 캐릭터와 음성합성 프로그램 그리고 인터넷이 교묘하게 결합된 성공적 결과물인 셈이다.

2) 보컬로이드에 담긴 두 가지 경향

보컬로이드를 통해서 확인할 수 있는 현재 일본 대중음악의 특징 중 첫 번째로 개인주의적 성향을 들 수 있다. 일본 대중음악 시장에는 ① CD 형태로 유통되는 패키지 시장과 ② 유선 인터넷 음악 다운로드, ③ 무선인터넷 음악 다운로드의 세 가지 서비스가 존재한다. 이들 중 ②와 ③은 디지털 기술화를 바탕으로 컴퓨터와 휴대전화라는 매체를 통해 이용되고 있다.

현재 패키지 시장은 밀리언셀러의 수가 감소하면서 전체적으로 침체를 맞이하고 있다. 그리고 유선 인터넷 음악 다운로드는 20대를 중심으로 사용되어지고 있으나, 다운로드 가격이 비싸고 레코드 회사가 저작권을 문제로 음악배신 서비스 사이트에 음악을 제공하고 있지 않기에 곡수가 미국이나 한국에 비해 상대적으로 적다. 또한 자신의 컴퓨터를 포함한 총 5대의 컴퓨터에서만 자신이 구입한 음악을 들을 수 없는 DRM(Digital Rights Management)의 한계를 지니고 있다. 반면 무선인터넷 음악 다운로드 서비스는 휴대전화 보급률이 92%를 넘어선 배경과 맞물려 급속도로 발전하고 있다. 특히 2007년 애플의 아이폰 일본 출시로 인해 더욱 더 성장세를 보이고 있다.(김희연, 135)

이렇듯 소비자의 변화된 욕구를 충족시키기 위해서는, 우선 음악적인 질적 향상을 통해 변화하고 있는 소비자에게 다가가야 할 것이다. 또한 대중들이 사용하는 미디어가 멀티미디어화 되어가고 있는 만큼 정확한 콘택트 포인트(contact point)를 가지지 않으면 안 된다. 보컬로이드는 이러한 정확한 콘택트 포인트 구비에 대한 대표사례라 하겠다. 즉, 컴퓨터의 사용에 익숙한 사용자들은 패키지에서 유선 인터넷으로, 유선 인터넷에서 무선 인터넷으로 자신의 음악을 독자적으로 제작 및 소비할 수 있는 환경을 조성하는데 노력한다. 컴퓨터 음악의 일종인 보컬로이드는 니코니코 동화[1]나 유튜브와 같은 스트리밍 서비스의 주류 콘텐츠가 되면서, 이러한 일본의 개인주의적 대중음악 소비풍조에 일조한다.(임찬수·이윤지, 285)

두 번째로 살펴볼 것은 보컬로이드에 담긴 오타쿠적 경향이다. 보컬로이드의 주된 제작 및 소비층인 오타쿠 계층을 알기 위해서는 우선 이들의 세대 구분을 확인할 필요가 있다. 일본의 대중문화 비평가 아즈마 히로키(東浩紀)의 말을 옮기면 다음과 같다.(아즈마 히로키, 23-24)

> [오타쿠 세대란] 60년대 전후 출생을 중심으로 〈우주전함 야마토(宇宙戦艦ヤマト)〉나 〈기동전사 건담(機動戦士ガンダム)〉을 십대에 본 제1세대, 70년대 전후 출생을 중심으로 앞 세대가 만들어낸 발전되고 세분화된 오타쿠계 문화를 십대에 누린 제2세대, 80년대 전후 출생으로 〈신세기 에반게리온(新世紀エヴァンゲリオン)〉을 볼 때 중고생이었던 제3세대로 나뉘는 것으로, 이 세 그룹의 취미 지향은 각각 미묘하게 다르다.

3세대에 이르면서 소비라는 키워드를 중심으로 활동하고 있는 오타쿠들은, 보컬로이드를 중심으로 또 다시 새로운 방향으로 변화하고 있다. 그들은 더 이상 주어진 콘텐츠만 즐기기를 원하지 않는다.

1 니코니코 동화에 하츠네 미쿠의 성공 이후 '보컬로이드 음악(VOCALOID 音樂)'이라는 메뉴가 따로 마련된 것은 주목할 만한 점이다. 저작권의 제약이 적어 자유로운 활동이 가능한 니코니코 동화에 보컬로이드 사용자가 자신들의 작품을 업로드하였던 것이다.

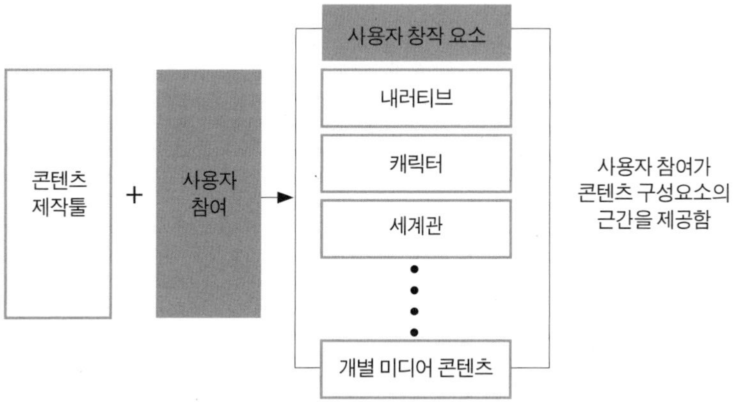

[그림 8] 사용자의 자유로운 참여에 의한 트랜스미디어 콘텐츠 구성

기존에도 오타쿠들의 활동 영역에서 2차 창작[2]이라는 개념이 제시되어 있었다. 하지만 보컬로이드를 중심으로 펼쳐지는 행위는 2차 창작을 뛰어넘어, 사용자들 즉, 오타쿠들이 직접 대상을 만들어나가는 활동이라는 점에서 대비된다.(임찬수·이윤지, 278-279)

과거 오타쿠들은 제작자가 만든 설정에 기초하여 2차 창작 활동을 하였다. 하지만 2차 창작 내에서 캐릭터의 성격, 말투, 행동 등은 제작자에 의해 제시된 범위 내에 고정되어 있었다. 이는 과거의 오타쿠들이 원작 설정을 중시했기 때문으로 풀이된다.

이에 반해 보컬로이드 사용자들은 스스로 캐릭터를 만들고 스토리를 만드는 동시에 그 정보를 바탕으로 2차 창작 활동을 한다. 따라서 내러티브, 캐릭터, 세계관 등의 콘텐츠 주요 구성요소는 사용자 참여에 의해 탄생하게 된다. 특히 보컬로이드는 원작에 해당되는 1차

2 이는 미디어 산업의 주체가 수행하는 창작을 1차 창작으로 보았을 때의 개념이다.

창작과 2차 창작 간의 교류가 활발하고 또 실시간으로 이루어지고 있으며, 각 창작자의 결과물 또한 인터넷을 통해 실시간으로 공유되고 있다. 원작과 2차 창작물은 서로 영향을 주게 되어 그 경계가 종래의 오타쿠 문화에 비해 희미하며, 거의 없다고 보아도 무방할 정도이다.(임찬수·이윤지, 283)

5. 사용자 참여로 인한 이야기 공유

지금까지 우리는 〈페이트〉 시리즈, 〈동방 프로젝트〉, 보컬로이드의 세 가지 예시를 통해 사용자 참여가 어떠한 방식으로 트랜스미디어 콘텐츠에 관여하는지를 살펴보았다. 〈페이트〉 시리즈가 미디어 분화에 관여하여 원작의 빈 부분에 사용자가 참여하는 형태라면, 〈동방 프로젝트〉는 원작의 설정에 사용자가 참여함으로써 다양한 내러티브 분화를 유도해내는 경우라 할 수 있다. 아울러 보컬로이드는 사용자가 직접 콘텐츠 내러티브, 캐릭터, 세계관 등을 구성하도록 돕는 바, 이를 통해 우리는 이제 트랜스미디어 콘텐츠에 있어서 제작사의 정전 제시가 없어도 사용자의 집단지성을 통해 콘텐츠 프랜차이즈를 구성할 수 있음을 확

[표 1] 사용자 참여와 트랜스미디어 콘텐츠의 관계

사례명	〈페이트〉 시리즈	〈동방 프로젝트〉	보컬로이드
구분	미디어 분화	내러티브 분화	사용자 참여로 콘텐츠 구성
특징	원작의 빈 부분에 사용자가 참여함으로써 다양한 미디어 콘텐츠로 분화됨	원작의 설정에 사용자가 참여함으로써 다양한 내러티브로 분화됨	사용자가 직접 내러티브, 캐릭터, 세계관, 개별 미디어 콘텐츠를 구성하는 콘텐츠 제작툴이 등장함

인하였다. 앞서 살펴본 내용을 정리하면 다음의 [표 1]과 같다.

트랜스미디어 콘텐츠에 있어서 사용자 참여는 이렇게 다양한 경우–미디어 분화, 내러티브 분화, 사용자 참여로 콘텐츠 구성–를 개별 콘텐츠에 맞게 다각적으로 파악할 필요가 있다. 다만 앞서 설명한 바와 같이 미디어 분화와 내러티브 분화가 별도로 이루어지지 않는다는 점에 유의할 필요가 있다. 앞서 〈기동전사 건담〉 시리즈의 예에서 살펴보았듯이, 트랜스미디어 콘텐츠 프랜차이즈 내에서는 일반적으로 이 두 가지 분화가 동시에 일어나게 된다. 따라서 미디어 혹은 내러티브의 분화가 어떠한 우열을 가지고 있거나, 앞서 살펴본 예시에서 하나의 분화만이 일어난다고 이야기하긴 어렵다. 다만 트랜스미디어 콘텐츠를 유심히 살펴보는 관찰자라면 이 두 가지 분화 현상에 대해서 명확히 구분할 필요가 있다. 이는 기존의 트랜스미디어 콘텐츠 분석에 있어서 미디어와 내러티브의 분화를 뭉뚱그려 보는 경우가 많았기 때문이다.

일례로 최근 마블코믹스 출신 슈퍼히어로들의 지명도가 높아진 것은 영화화를 통해서이다. 흔히 마블 시네마틱 무비라 일컫는 이러한 영화화는 ① 만화 원작을 바탕으로 영화를 제작한 미디어 분화와 ② 내러티브 분화인 '세계관의 확장'을 포괄한다. 그러나 기존에 마블 유니버스와 관련된 담론들은 이를 어느 한 측면으로 제한하여 논하는 경우가 많다. 미디어와 내러티브의 분화는 (양자가 서로를 보완한다 해도) 명백히 다른 관점에서 다루어져야 한다.

아울러 보컬로이드와 같은 제작 도구가 트랜스미디어 콘텐츠 활성화의 단초로 기능하는 것은 단순히 툴로서의 완성도뿐만 아니라 해당 사회의 문화적 성숙도와 관련 있음을 유념할 필요가 있다. UGC의 활성화는 단순히 인프라의 확충만으로 이루어지지 않는다. 트랜스미디어 콘텐츠의 사용자 참여 예시가 일본에 집중되어 있는 것도, 이미 1960~70년대를 거치며 오랜 동안 동인활동이라 불리는 UGC에 매진해온 특유의 문화와 무관하지 않다. 따라서 트랜스미디어 콘텐츠의 사용자 참여와 관련된 예시들이 과연 국내에 활성화될 수 있는가에 대해서는, 제작자와 사용자 양측 모두의 깊은 고민을 필요로 한다.

[유제상]

참고문헌

김대호 외, 『콘텐츠』, 커뮤니케이션북스, 2013.

김미아, 『낭만주의 시대의 진정한 사색가 John Keats의 미학』, 한국학술정보, 2010.

김성환, 「대중음악 속의 철학」, 『대진논의』 제6집, 1998.

김승록·염동철, 「보컬로이드의 활용사례를 통해 분석한 가상가수 캐릭터의 확장성」, 『한국 디자인학회 학술발표대회 논문집』 제10호, 2011.

김신엽, 「트랜스미디어 전략 연구」, 한국광고학회 추계학술대회, 2013.

———, 「디지털 미디어를 통한 소비자 경험이 브랜드 자산 및 구매의도에 미치는 영향에 관한 연구」, 『한국콘텐츠학회논문집』 제14권 제10호, 2014.

———, 「리듬 앤 밸런스 R&B 트리플 미디어 전략 사례 연구」, 한국광고학회 추계학술대회, 2012.

김훈철·장영렬·이상훈, 『브랜드 스토리 마케팅』, 멘토르, 2006.

김희경, 「1960년대 일본대중가요의 양상」, 『한국일본어문학회 학술발표대회논문집』 제10호, 2006.

김희연, 「MTV JAPAN를 통해 살펴본 일본 음악산업의 변화」, 『문화예술경영학연구』 제1집, 2008.
남석순, 「출판콘텐츠의 다중 미디어 확산 전략: 트랜스미디어와 크로스미디어 스토리텔링을 중심으로」, 『한국언론학회 학술대회 발표논문집』, 2011.
리처드 래저러스·버니스 래저러스, 『감정과 이성』, 정영목 옮김, 문예출판사, 1997.
서성은, 「매체 전환 스토리텔링 연구」, 이화여자대학교 대학원 박사학위논문, 2015.
손병홍, 『가능세계의 철학: 가능세계와 동일성에 대하여』, 소피아, 2004.
신광철, 「트랜스미디어와 콘텐츠」, 세계한국어문학회 추계 학술대회, 2011.
신동희·김희경, 「트랜스미디어 콘텐츠 연구: 스토리텔링과 개념화」, 『한국콘텐츠학회논문지』 제10권 제10호, 2010.
이영수, 「멀티버스에 기반한 마블코믹스의 트랜스미디어 스토리텔링 연구」, 『애니메이션 연구』 제10권 제4호, 2014.
이우철·김지호, 「복합매체에서의 시너지 극대화를 위한 매체 메시지 조합의 적합성 검증 연구」, 『홍보학연구』 제13권 제2호, 2009.
임찬수·이윤지, 「보컬로이드(VOCALOID)에 나타난 오타쿠 문화의 변화」, 『일어일문학연구』 제82권 제2호, 2012.
임현정, 「보컬로이드(Vocaloid) 2차 창작의 변형 구조 연구」, 이화여자대학교 대학원 석사학위논문, 2013.
장대련·장동련·권승경, 「미디어 경계 허물어진 트랜스 시대, '트랜스브랜딩'으로 대응하라」, 『동아비즈니스리뷰』 제178호, 2015.
전경란, 「트랜스미디어 콘텐츠의 텍스트 및 이용 특징」, 『한국콘텐츠학회논문지』 제10권 제9호, 2010.
정수희·김봉채·이병민, 「문화콘텐츠 생산의 매커니즘으로서 트랜스미디어 콘텐츠에 대한 담론적 접근」, 『한국콘텐츠학회 종합학술대회 논문집』, 2014.
제시 제임스 개럿, 『사용자 경험의 요소』, 정승녕 옮김, 인사이트, 2013.
존 키츠, 『키츠 시선』, 윤명옥 옮김, 커뮤니케이션북스, 2015.
피터 스톡웰, 『인지시학개론』, 이정화·서소아 옮김, 한국문화사, 2009.
한국문학평론가협회, 「각색」, 『문학비평 용어사전』, 국학자료원, 2006.
한혜원·남승희, 「트랜스미디어 콘텐츠의 스토리텔링 구조 연구: '로스트' 대체현실게임을 중심으로」, 『인문콘텐츠』 제15호, 2009.
헨리 젠킨스, 『컨버전스 컬처: 올드 미디어와 뉴 미디어의 충돌』, 김정희원·김동신 옮김, 비즈앤비즈, 2008.

Brandon C. Look, "Leibniz's Modal Metaphysics", Edward N. Zalta (ed.), *The Stanford Encyclopedia of Philosophy*, Spring, 2013.
Carlos Scolari, Paolo Bertetti & Matthew Freeman, *Transmedia Archaeology: Storytelling in the Borderlines of Science Fiction, Comics and Pulp Magazines*, Palgrave Macmillan, 2014.
Charles Suhor, "Towards a Semiotic-based Curriculum", *Journal of Curriculum Studies*, Vol.16 No.3, 1984.

Edward F. Gehringer, "Consistency vs. Coherence", *Architecture of Parallel Computers*, North Carolina University, 1997.

Edward M. Forster, *Aspects of the Novel*, RosettaBooks, 2010.

Geoffrey A. Long, *Transmedia storytelling: business, aesthetics and production at the Jim Henson Company*, Massachusetts Institute of Technology, 2007.

Julia Kristeva, *Recherches pour une Sémanalyse*, Seuil, 1969.

Kamilla Elliott, "Literary Film Adaptation and the Form/Content Dilemma", *Narrative Across Media*, 2004.

Kazuhisa Fujie & Martin Foster, *The Gundam Explorer: Wing, First, G, Seed and More!*, DH Publishing Inc., 2004.

Linda Costanzo Cahir, *Literature into Film: Theory and Practical Approaches*, McFarland, 2006.

Linda Hutcheon, *A Theory of Adaptation*, Rougledge, 2013.

Marie-Laure Ryan, *Possible Worlds, Artificial Intelligence and Narrative Theory,* Indiana University Press, 1991

Marsha Kinder, *Playing with Power in Movies, Television, and Video Games: From Muppet Babies to Teenage Mutant Ninja Turtles*, University of California Press, 1991.

Marsha Kinder, "Playing with Power in Saturday Morning Television and on Home Video Games", Nick Browne (ed.), *American Television: New Directions in History and Theory*, Routledge, 2013.

Mary Orr, *Intertextuality: Debates and Contexts*, Wiley, 2003.

Walter R. Fischer, "Narration as a human communication

paradigm: The case of public moral argument”, *Communication Monographs*, Vol.51 No.1, 1984.
Wikipedians ed., *Anime and Manga*, PediaPress, 2007.
メディアクリエイト編集部, 『オタク産業白書』, メディアクリエイト, 2008.
レッカ社, 『ガンダムMS&人物列伝: 機動戦士ガンダム·機動戦士Zガンダム編』, PHP研究所, 2014.
伊藤剛, 『マンガは変わる: “マンガ語り”から“マンガ論”へ』, 青土社, 2007.

인터넷 자료

마블 시네마틱 유니버스 (blog.naver.com/sec1021?Redirect=Log&logNo=30134382783)
네이버 지식백과 뉴미디어 이론 (terms.naver.com/entry.nhnidooId=1624891&cid=42171&categoryId=42173)
미디어잇 (it.co.kr/news/article.html?no=2809712)
스타워즈 (starwars.com/news/what-is-the-holocron)

맺는 말

맺는 말

트랜스미디어 콘텐츠의 현재와 미래

본 저서는 트랜스미디어 콘텐츠의 이론과 실제를 종합하고자 기획되었다. 특히 트랜스미디어를 처음 접하거나 트랜스미디어 개념을 통해 문화콘텐츠의 이론과 실제에 접근하고자 하는 독자들을 위해, 현상의 태동과 배경, 개념에 대한 기본적인 설명부터 담론구축의 맥락과 중요한 논점들, 현장전문가들의 경험과 조언, 중요한 사례와 평가들을 폭넓게 다루었다. 그간 유사한 주제의 저서 발간이 없지는 않았으나, 본 저서는 풍부한 사례를 통해 이론과 실제를 좀 더 의미 있게 종합하여 학계와 업계 관계자들에게 실제적인 도움을 주고자 하였다.

결론에 갈음하여 되새겨 음미해볼 만한 트랜스미디어의 가장 큰 현상적 특징을 찾자면, 이론과 실제를 둘러싼 모든 것이 지금 이 순간에도 구성의 과정에 있는 현재진행형이라는 점이다. 저서에서 미시적으로 추적해 본 역사적 궤적에서 보듯, 주요한 특정 인물들의 인위적이고 실험적인 연구 성과나 창작의 결과이기도 하고, 거시적으로는 디지털의 도저한 심화 과정에서 발생한 기술과 산업 진화의 한 과정이기도 하다. 트랜스미디어 콘텐츠라는 현상은 대단히 빠른 변화 과정의 연쇄로 주어져 있는 것이다.

첫 페이지부터 마지막까지, 본 저서는 이러한 특징으로 일관되어 있으며, 이를 적합하게 문제화하여 미래 발전의 밑거름으로 삼고자 하는 노력으로 채워져 있다. 앞선 네 개의 장들에서 확인할 수 있듯, 트랜스미디어는 그 개념적 정의나 적용 방식의 방향성과 같은 기본적인 문제에 대해서도 다양한 의견이 제시되고 있다. 효용이나 목적에 대한 의견 역시 분분하며, 현장 전문가와 학자들의 견해는 서로 다른 관점을 지향하기도 하고 어느 지점에서는 충돌하기도 한다. 현장 전문가들 사이에, 또 학자들 간에도 접점 없는 평행적 시각들이 포착된다. 실로 트랜스미디어는 이론과 실제, 논리와 경험, 이성과 감성, 미학적 가치와 경제적 가치, 주류와 비주류, 검증된 방식과 실험적 가능성들이 충돌하며 뒤섞이는 용광로와도 같다. 이런 의미에서 본 저서는, 경합하고 융합하며 더욱 세련되고 정제된 결과물을 도출하기 위한 트랜스미디어의 뜨겁게 끓고 있는 공정의 한 결과물인 것이다.

따라서 현황 파악과 미래 전망에 있어서 간과해서는 안 될 점은 이 현상의 가변성이다. 즉, 트랜스미디어의 미래는 그 방향성이나 도달 가능한 양적, 질적 성과가 운명론적으로 결정되어 있지 않다는 것이다. 특히 의미와 가치의 문제를 따져 보자면 더욱 그러하다. 이는 본 저서의 키워드인 컨버전스, 즉 융합의 일반적 특성이기도 하다. 융합은 오늘날 사회경제적, 기술적으로 큰 조류를 형성하고 있으며, 발전 과정에서 일정 부분 필연적이기도 하다. 그러나 그 자체가 당위성을 가지는 것은 아닌, 가치중립적인 개념임이 강조될 필요가 있다. 융합은 그 자체가 목적이 아니다. 모든 융합이 지금보다 더 나은 결과를 담보하는 것이 아니며, 늘 발전적인 방향으로의 운동성을 가진 것은 더욱 아니다. 결국 의미와 가치를 부단히 따져 묻고 지속적으로 수정해가는 노력에 따라 트랜스미디어의 사회경제적, 미학적, 문화산업적 의미와 가치가 구성되게 될 것이다.

본 저서는 이런 문제의식에서 기획되었다. 저자들이 선정한 방식은 그간의 논의들을 정리하면서 서로 다른 전문가들의 견해들을 변증법적으로 충돌시켜 한 단계 발전된 소결을 얻는 것과, 더욱 복잡하고 깊이 있는 문제점을 발견해 미래의 해결과제로 상정하는 것이었다. 다양한 이론들이 검토되었고, 수많은 사례 수집과 현장 전문가들의 인터뷰가 수행되었다. 스터디와 토론을 통해 서로 다른 시각들에 대한 상호이해가 도모되었고, 발전 방향 제시를 위해 올바른 목적에 대한 합의가 모색 되었다. 이 과정에서 특히 그 동안 서로 유리된 채 각자의 발전에 매진해 왔던 학계와 업계의 다양한 견해들이 광장에서 만났고, 풍성하고 심도 있는 토론을 통해 공동의 목표에 수렴해 가기 위해 노력한 점은 본 저서의 가장 큰 성과라 할 것이다.

트랜스미디어 콘텐츠의 의미와 가치

특히 2부에서 확인할 수 있듯, 본 저서가 여타의 트랜스미디어 콘텐츠 관련 저서들과 변별되는 가장 큰 특징은, 한국의 문화콘텐츠 현장 전문가들의 목소리를 적극적으로 담아낸 것이며, 이를 학계의 연구와 연계했다는 점이다. 오늘날 의미있게 회자되는 트랜스미디어는, 1부에서 검토했듯 영국 버밍엄발 문화연구의 역사적 지류에서 발혀된 것이며 특히 비판적 미디어연구 분야의 성과라 할 수 있다. 그러나 젠킨스가 여러 차례 강조했듯, 트랜스미디어는 문화산업이나 경제적 가치의 추구와 뗄 수 없는 태생적 특징이 있다. 이윤극대화와 같은 가치 실현 가능성을 제시하지 못했다면 트랜스미디어 콘텐츠 논의는 어쩌면 존재가치를 찾지 못하고 사산(死産)되었을지도 모른다.

한국의 문화산업계에서 인식하는 트랜스미디어의 가치 역시 이윤극대화 방안과 관련이 있다. 특히 1부에서 수행된 신광철의 연구를 필두로 여러 차례 강조되고 있듯, 한국 문화산업계의 현실은 자본과 시장의 규모 면에서 미국, 중국, 일본과 같은 강대국들에 비교되지 않을 만큼 작지만, 생존을 위해 경쟁해야 할 맞상대는 한국과 비슷한 규모의 국가들이 아니라 미국, 중국, 일본이다. '강대국 극복이냐, 자국문화산업 포기냐'식의 극단적인 양자택일을 강요받는 현실인 것이다. 소극적으로는 생존전략으로서, 적극적으로는 해외시장에서의 선전을 위해, 한국의 문화콘텐츠 업계는 늘 적은 자본을 투자하여 좋은 콘텐츠를 만든 다음 전 세계에서 히트해 많은 자본을 거둬들인다는, 꿈같은 이야기를 현실로 바꾸기 위해 분투해 왔다. 수익 극대화를 위한 저비용 고효율 추구, 리스크 분산과 같은 전략에 늘 고심하지 않을 수 없는 상황이었던 것이다.

이런 환경에서, 네트워크와 참여문화가 빚어내는 새로움과 다양성의 창조를 본성으로 하는 트랜스미디어 콘텐츠는 전문가들의 눈에 새로운 미래의 가능성으로 비춰지고 있다. OSMU 등 20년간 지속되어 온 상품과 미디어의 채널 다각화 전략이, 여럿이 한꺼번에 여기저기서 미디어를 넘나드는 디지털 네트워크 행위를 통해 창작 소비 다극화라는 새로운 단계로 진입한 것이다. 이런 디지털적 넘나들기 행위 과정을 통해 파생되는 가치는 양적, 질적으로 가늠하기 힘들만큼 방대하고 깊다.

본 저서에는 현장 전문가들이 트랜스미디어 콘텐츠를 바라보는 관점과 기대, 미래가치가 다양한 성공사례와 아이디어와 함께 제시되어 있다. 또 한편 우려와 한계, 극복방안에 대한 검토도 이루어지고 있다. 이들이 펼치는 논리의 지향점은 장밋빛 미래가 아니라 이미 업계의 현실이 된 트랜스미디어 콘텐츠의 다음 단계 꿈꾸기이다. 트랜스미디어 콘텐츠의 산업적 가치는 적용과 활용에 대한 향후의 노력의 정도와 방향에 따라 크게 증식될 것이며, 더 나아가 패러다임 전환과 같은 획기적인 변혁도 기대해 볼 만하다.

산업적 가치를 논할 때 중요한 것은 그것이 단순히 돈 계산의 문제로 끝나지 않음을 인식하는 것이다. 부정적이건 긍정적이건, 플러스가 되건 마이너스 요인이건, 산업적 가치는 또 다른 가치에 연결되게 마련이다. 따라서 의미와 가치를 논하기 위해서 산업적 가치를 포함한 다양한 가치의 연쇄를 이해하는 종합적 고려가 필요하다. 이에, 학술적인 토론 재료와 체계, 즉 담론으로서의 트랜스미디어 콘텐츠가 가진 의미와 가치에 대한 고민이 이어졌다.

트랜스미디어 콘텐츠를 담론화하여 종합적으로 파악하고자 하는 연구에 있어서 핵심적인 문제는, 새로운 현상으로 제시된 트랜스미디어 콘텐츠가 아직 체계를 갖춘 하나의 독립된 이론이 아니며, 콘텐츠 창작에 귀속된 특정한 창작방법론이나 특수 기법도 아니라는 점이다. 트랜스미디어는 양쪽의 성격을 직·간접적으로 모두 공유하고 있는 실천적 현상으로서, 분명 실체는 있으나 선명한 개념적 정의나 명료한 설명으로 포획해내기 어려운 모호한 도전 과제였다.

이를 학술적 담론으로 담아내고 의미를 부여하기 위해서는 양자의 성격을 구명하고 의미 있게 종합해 내는 한편, 효용을 정의할 필요가 있었다. 트랜스미디어를 연구하는 이유, 그것이 무엇인지 알아야만 하는 이유, 그것의 가치를 밝혀야 할 당위는 그것의 미래가치나 효용과 직접적인 연관이 있을 것이다. 트랜스미디어가 가진 천의 얼굴들과 만 가지 성격들을 살펴보면서, 본 저서는 학술적, 산업적 현실에서의 효용이자 본령을 콘텐츠에 가치를 부가하는 것으로 정리했다. 다시 말해, 오늘날 트랜스미디어가 중요한 이유는 콘텐츠의 산업적 가치와 미학적 가치, 사회적 가치의 연계를 모색하는 '부가가치 창출 고리'의 역할을 하기 때문이다. 콘텐츠 창작과정의 효율성이나 획득된 자본과 같이 체감할 수 있는 부가가치를 포함해, 트랜스미디어 콘텐츠는 다양한 부가가치를 연계된 망의 형태로 창출하는 수많은 접점의 고리인 것이다.

트랜스미디어는 사이버스페이스에서의 집단창작과 그것을 가능케 하는 집단지성과 같은 인터넷 윤리의 변화 양상에 기대어 발현한 현상이다. 따라서 이러한 토양에서 트랜스미디어적으로 생산된 수많은 부가가치들의 진원지는 결국 사람과 그들 사이의 관계다. 트랜스미디어의 가치는 결국 사람들 사이의 관계망의 가치가 산업적, 미학적, 기술적으로 환원되면서 발생된 파생물인 것이다.

이를 통해 본 저서의 참여자들은 트랜스미디어 연구의 지향점이 추가적이고 깊이 있는 이론의 개발이나, 산업적인 의미에서 투자 대비 효율성 극대화 방안 마련이나, 한류를 강화하는 글로벌 킬러콘텐츠 제작의 방법 발견이나, 복잡한 현상을 구상적으로 추상화 해낸 트랜스미디어 모델의 제시와 같은 것을 넘어, 결국 사람에 대한 연구이자 사람들의 관계로서의 사회에 대한 연구라는 것을 알게 되었다.

이에, 향후 연구과제는 급변하는 미디어의 기술적, 산업적 환경을 트랜스미디어의 프레임으로 실시간 추적하며, 미학적 가치와 산업적,

경제적 가치가 어떤 사회적 의미를 구성하는가를 밝히는 일이 될 것이다. 또한 그 사회적 의미가 사이버스페이스에서의 사람들 사이의 관계망을 어떻게 변화시키며, 그 논리적 귀결로서 트랜스미디어 콘텐츠에 미치는 영향이나 구체적인 양상을 추적하고 예측하는 일이 될 것이다. 미디어 융합에 대한 연구인 트랜스미디어의 연구는 결국 인문, 사회, 과학, 기술을 아우르는 융합 연구에 수렴되는 것이다.

트랜스미디어 콘텐츠 연구의 가능성

학문과 이론, 즉 지식은 양가적 특성이 있다. 주어진 현상과 실천을 정보 수집과 분석, 해석을 통해 설명하기도 하지만, 그 자체가 사회를 구성, 재구성하는 하나의 실천적 요인이 되기도 한다. 따라서 특정 현상에 대해 어떤 시각을 가지고 무슨 이론을 전개하느냐에 따라, 단순한 사태 파악을 초월하여, 이 사회의 윤리적, 정치경제적, 문화적, 사회적, 미학적 가치는 바뀌게 마련인 것이다. 이런 의미에서, 어떤 목적으로 무슨 정보를 수집해 어떤 방향의 분석과 해석이 행해지는가와 같은 지향점 문제는 해당 연구가 얼마나 정교하게 현상을 분석하고 있는가와 같은 수행성 평가 문제에 선행하는 중요성을 갖는다.

트랜스미디어 콘텐츠 연구 역시 다르지 않다. 창작자이자 소비자인 대중과 문화콘텐츠 산업계 구성원들, 예측 모델이 따라가기 버거울 정도로 빠른 디지털 기술 발전, 의견의 망인 네트워크를 의미의 망으로 전도하는 참여문화, 같은 것을 낯설게 보고 싶은 미학적 욕망과 여러 종류의 콘텐츠로 만들어 내는 창의력, 광활하다 못해 끝이 없는 스토리텔링의 이야기 우주 확장력, 이와 함께 향후 행해질 연구는 트랜스미디어 콘텐츠의 미래를 구성, 재구성해 나갈 핵심 참여행위자로서 중요한 역할을 하게 될 것이다.

트랜스미디어 콘텐츠는 이미 뜨거운 화두가 되고 있으나 미래에 더욱 큰 양적, 질적 의미를 가지게 될 것이다. 현상은 더욱 다양해지고 사례는 하루가 다르게 늘어날 것이다. 트랜스미디어 콘텐츠와 관련된 디지털 미디어 기술의 빠른 변화발전에 네트워크에서의 다양한 적용방식이 곱해지며 가져오게 될 복잡성의 기하급수적 심화는 어떤 식으로든 실시간 네트워크에 매개된 채 살아가는 우리의 삶과 인식에 영향을 미칠 것이다. 트랜스미디어 연구는 이런 의미에서 콘텐츠를 매개로 이루어지는 인간과 문화의 관계에 대한 연구인 문화콘텐츠 연구의 가장 핵심적인 테마라 할 수 있을 것이다. 본 저서가 씨앗이 되어 이러한 트랜스미디어 융합 현상에 대한 다학제적 융합 연구가 꽃 피우길 바란다.

부록

문화콘텐츠와
트랜스미디어

1

트랜스미디어 핵심 키워드

본 장에서는 본문에 수록된 트랜스미디어 관련 주요 개념들을 학술적 정의부터 산업적으로 활용되는 다양한 연관 개념들까지, 쉽게 풀어서 설명해보았다. 개념의 탄생부터 역사적 계보, 활용 현황 등을 정리해놓았기 때문에 트랜스미디어를 연구자와 콘텐츠 기획자들에게도 유용한 정보가 되리라 생각한다.

가능세계이론(Multiverse)

가능세계란 사물이 현실에 그렇게 있는 방법(현실세계) 외에 사물이 그렇게 있을 수 있는 많은 방법이 있다고 생각할 때, 이 '그렇게 있을 수 있는' 세계들을 이르는 말이다. 양상실재론과 관련하여, 상대역이론과 양상양화논리에 대해서 논문을 쓴 루이스(David Lewis)는 독립된 우주들이 무한히 존재하며, 그것은 우리의 우주만큼이나 현실적이나, 그들의 작동 방식은 다를 수 있다고 주장한 바 있다. 그에 따르면 실재란 단순히 문맥적 의미의 수준이다. 이러한 가능세계의 역사는 사실 철학의 경우 "신은 다양한 가능성 중에서 현재 존재하는 것들을 충분한 이유로 인해 선택하였다"고 언급한 라이프니츠로 거슬러 올라가야 하며, 물리학에서 이야기하는 다중우주와도 맥락을 같이 한다.

가능세계를 차용한 트랜스미디어 콘텐츠는 매우 많으나, 이에 대한 대표적인 예로 마블코믹스의 세계관을 통칭하여 부르는 '마블 유니버스(Marvel Universe)'를 들 수 있다. 마블 유니버스는 빅뱅 이전의 세계인 '지구-0'을 시작으로 개별적인 만화와 애니메이션, 영화, 게임의 세계관까지 포함해 총 300개 이상의 가능세계를 설정하고 있다. 초기에 각각의 세계는 단순한 배경 설정에 불과하였으나, 이후 각 세계의 유명 캐릭터들이 하나로 모여 서로 자웅을 겨루는 스토리가 유행하면서 캐릭터의 개성을 분화시키는 수단으로도 각광을 받고 있다. 이제 트랜스미디어 콘텐츠의 수용자는 만화판 〈스파이더맨〉과 영화판 〈스파이더맨〉이 게임 등 제3의 매체를 통해 서로 맞붙는 모습을 볼 수 있는 것이다.

게이미피케이션(게임화, Gamification)

게이미피케이션은 게임(game)과 –화하기(-fication)가 조합된 용어로, 우리말로는 '게임화'라고 하며, 비(非)게임적 분야에 게임적 요소들을 적용하여 참여자가 재미를 느끼도록 하여 자발적 참여가 가능하도록 만드는 기법을 말한다. 위키피디아에서는 "소비자를 대상으로 하는 모바일 사이트나 웹 등에 게임 플레이 기법을 적용하여 게임이 아닌 어플리케이션의 사용을 권장하는 것"이라고 정의하였고, 삼성경제연구소에서는 "게임적 요소, 즉 게임의 구조, 작동원리, 상호

작용 등을 활용해 사용자의 자발적 참여와 긍정적 행동을 제고하고자 하는 것"이라고 하였다. 게임용어사전에서는 "게임의 사고방식, 메커니즘 같은 게임적 요소를 게임이 아닌 분야에 접목시켜 그에 관련된 지식의 전달이나 마케팅적으로 활용하여 사용자의 관심을 유도하려는 것"이라고 하였다. 또한 가트너(Gartner Inc.)는 "비(非)게임적인 분야에 게임 메커니즘을 응용하여 사용자의 동기를 강화시켜 행동에 영향을 미치게 하는 다양한 트랜드를 말한다"고 하였다.

게이미피케이션의 요소에는 점수(point/score), 레벨(level), 순위표(leader board), 배지(badge), 도전 과제(quest), 경쟁(competition), 목표(goal), 공유(community), 보상(reward) 등 9가지 요소가 있다. 점수는 미션이나 퀘스트(도전 과제) 수행에 따른 보너스로 숫자, 돈, 지위, 상품 등의 보상으로 연결된다. 레벨은 점수의 누적이나 미션의 수행을 통해 단계가 변화된다. 순위표는 사용자의 레벨이나 순위를 확인할 수 있어 동료 간의 경쟁을 촉진한다. 배지는 사용자의 지위나 레벨의 상태를 알리는 표시 기능과 함께 수집 기능, 미적 기능도 담당한다. 도전과제는 사용자가 무엇을 해야 하는지, 왜 해야 하는지에 대한 외적 동기 유발 요소에 해당한다. 경쟁은 사용자로 하여금 더욱 높은 성과를 달성하게 하는 요소다. 목표는 게임을 통해 달성하고자 하는 궁극적인 요소다. 공유는 게임 사용자 간 도전 과제 수행과 관련된 정보를 서로 공유하는 것이다. 보상은 목표 달성에 대한 혜택으로 게임시도와 플레이에 대한 강력한 동기를 부여한다.

게이미피케이션의 예로 〈슈퍼스트럭트〉를 들 수 있다. 이것은 사회문제해결을 위한 프로젝트로 2019년 기준 23년 후인 2042년, 지구는 질병, 식량 부족, 에너지 고갈, 테러리즘, 국제적 망명의 5대 위험 때문에 멸망할 위기에 처해 있다는 것이 주요 설정이다. 대체현실게임과 게이미피케이션을 적절하게 혼합한 이 프로젝트는 클라우드 메이커들, 즉 참여자들이 협력해서 지구의 생존 기간을 늘리기 위해 4가지 미션을 수행해야 한다. 첫 번째는 슈퍼스트럭트 커뮤니티에 가입하기, 두 번째는 자신의 미래를 개발하기, 세 번째는 큰 위협들을 찾아내기, 네 번째는 하나의 위협을 채택하기가 그것이다. 이 프로젝트를 시행하자 10세부터 90세까지 다양한 연령대 사람들 9000여명이 참여하여 서로 관심사가 같은 사람들끼리 커뮤니티를 형성하였다. 그 안에서 본인들이 세계를 구할 방안을 위키 문서로 만들어 이를 슈퍼스트럭처(superstructure)라고 명명했다. 이것이 얼마나 정확하냐에 따라 지구의 생존기간이 길어지고, 개인의 생존력 또한 증가하였다. 〈슈퍼스트럭트〉는 집단지성을 통한 협력으로 생존력이라는 보상을 받게 되는 게이미피케이션 적용 사례로 볼 수 있다.

대체현실게임(Alternate Reality Game, ARG)

대체현실게임은 가상의 사건이 현실에서 일어났다는 가정하에 사람들이 사건을 해결하는 게임을 말한다. 가상 세계에서 사건을 해결하는 것이 아니라 현실 세계에서 해결한다는 점에서 대안현실게임이라고도 한다. 밀러(Carolyn H. Miller)는 "다양한 미디어를 활용하여 현실과 허구를 흐릿하게 만드는 것"을 대체현실게임이라고 하며, "콘텐츠는 하나보다 더 많은 매체에 존재하고, 최소한 부분적이라도 상호작용적이어야 하며, 다른 미디어들은 주요 내용을 확장하는데 사용되었으며, 각각은 매우 밀접하게 통합되어 있다"고 하였다. 맥고니걸(Jane McGonigal)은 "몇 주간이나 몇 달에 걸쳐 온라인과 실제 세계에서 전개되는 인터랙티브 드라마로 수십, 수백, 수천 명의 플레이어들이 온라인에서 모여 협력적인 사회적 네트워크를 형성하고, 혼자서는 절대로 풀 수 없는 미스터리나 문제를 풀기 위해 협동한다"고 하였다. 국제게임개발자협회(IGDA)에서는 "대체현실게임은 매일의 삶의 내용을 가져와 추가적인 의미, 깊이 그리고 상호작용을 엮어 실제세계로 만든 내러티브에 삶의 내용을 끼워 넣는다. 그 내러티브의 내용은 지속적으로 현실과 교차한다. 그러나 이것은 허구이다. 때때로 실제적이며 혹은 심하게 내러티브를 왜곡하여 시작하는 것은 필연적으로 섞여서 짜인다"고 하였다. 이 과정에서 참여자들이 문제를 풀기 위해 이용 가능한 모든 커뮤니케이션 수단, 예를 들면 웹사이트, 이메일, 휴대폰, 광고, 이벤트, 다른 참여와의 토론, 커뮤니티 형성 등을 사용하게 된다.

대체현실게임을 이해하기 위해서는 현재 전 세계적으로 사용하고 있는 몇 가지 용어를 알아야 한다. '퍼핏마스터(puppet master, PM)'는 대체현실게임을 기획 및 실행하는 담당자로서 참여자들에게는 동맹자이면서 동시에 적이기도 한 존재이다. 이들은 게임의 스토리가 진행되는 과정에서 참여자들이 풀어야 할 과제와 단서들을 제공한다. '토끼굴(rabbit hole)'은 대체현실게임이 시작되는 지점으로 참여자들을 참여시키기 위한 첫 번째 단서나 웹사이트, 퍼즐 등을 말한다. '단서(trailhead)'는 참여자들이 게임에 참여하게끔 퍼핏마스터에 의해 계획적으로 뿌려지는 단서나 퍼즐의 열쇠를 뜻한다. '이것은 게임이 아니다(This is not a game, TINAG)'는 대체현실게임이 일반게임과 다른 대표 속성으로 단서나 제공되는 번호, 이메일, 사이트 등이 실제로 존재하고 작동된다는 것이다. 동시에 일반 게임처럼 명백히 규정 지어진 장소나 참여자들이 반드시 지켜야 할 규칙이 없다는 의미이기도 하다. '클라우드 메이커(cloud maker)'는 게임을 풀기 위해 일시적이고 임시로 형성된 참여자를 말하며, '암호 풀기(cracking code)'는 퍼핏마스터가 인터넷이나 다른 미디어를 이용해 제시하는 암호나 단서를 참여자들이 푸는 행위를 의미한다.

대체현실게임은 영화, 드라마, 광고 등 다양한 분야에서 사용되는데 아우디 A3 모델 홍보를 위한 〈더 아트 오브 더 하이스트(The Art of the Heist)〉를 살펴보면, 자동차 쇼에 전시될 적색 A3가 도난당한 후 이를 찾는 과정을 대체현실게임으로 만들었다. A3의 신모델이 도난당했다는 사실에 집중하게 되고, 도난품을 찾아주는 전문 회사인 라스트 리조트 리트리벌(Last Resort Retrieval)에 사건을 의뢰하게 된다. 회사 홈페이지, 블로그, CCTV 화면, 옥외전단지 및 광고, 자동차 모터쇼와 같은 라이브 이벤트에 참여자들이 참여하면서 A3의 행방을 추적하는 과정을 그린 대체현실게임이었다.

디지털 컨버전스(Digital Convergence)

컨버전스는 어떤 방향으로 수렴된다는 의미로 1960년대 초반 로젠버그(Nathan Rosenberg)가 '다양한 산업이 각자의 기술적 문제를 해결해가는 과정에서 일어나는 공동 기술혁신 활동'이라고 정의하면서 활발하게 논의되기 시작하였다. 이후 논의가 확대되면서 본래 이종 기술 및 산업 간 융합을 이야기하던 것에서 진화하여 서비스 및 제품 간 융합을 뛰어넘어 인문 및 예술 등 다양한 분야의 융합을 망라하기에 이르렀고, 콘텐츠 분야에서는 사전적으로 디지털 기술과 통신망의 발달에 따라 통신과 방송으로 각각 분리되었던 콘텐츠, 네트워크, 단말기 및 서비스의 경계가 허물어지고 통합되는 현상을 의미하게 되었다.

트랜스미디어에서 컨버전스는 트랜스미디어 콘텐츠가 하나의 세계 구축을 위한 온오프라인의 미디어의 통합, 미디어를 넘나드는 유기적인 스토리의 통합, 시청자·이용자·플레이어 등의 다양한 행위자 통합 등을 포함하는 거대한 컨버전스의 산물이라는 점에 주목한다. 다만 트랜스미디어 콘텐츠는 하나의 세계관이 적용된 통합체를 이루기 위한 컨버전스가 일어나지만 그 과정에서는 미디어 채널과 전달 방법을 다양화하는 디버전스가 동시에 일어나고 있다. 즉, 트랜스미디어 콘텐츠는 미디어의 분기와 스토리의 분화를 통해 하나의 세계가 구축되는 디버전스를 통한 컨버전스가 이루어지고 있는 것이다.

예를 들어 〈마리카에 관한 진실〉의 경우 마리카라는 여성의 실종 사건을 소재로 다루고 있는데, TV 드라마 및 토론 프로그램뿐만 아니라 블로그, 모바일 게임, 웹사이트 등 다양한 미디어로 분기되고 각 미디어에 실종 사건에 대한 다양한 이야기 분화가 동시에 일어나면서 미디어나 스토리 개별로 분화 및 분기되는 디버전스가 일어났다. 더불어 이러한 미디어 분화와 스토리 분기는, 〈마리카에 관한 진실〉이 통합체라는 관점에서 봤을 때 하나하나의 미디어와 스토리가 통합체로 수렴되는 컨버전스가 일어난 것이라 볼 수 있다. 이런 점에서 〈마리카에 관한 진실〉은 디버전스를 통한 컨버전스가 이루어진 트랜스미디어 콘텐츠의 대표적인 사례로 평가된다.

매체적 각색(Adaptation)

매체적 각색이란 매체의 전환에 있어 해당 매체의 특성에 맞게 원작을 재구성하는 것이다. 각색은 '장르 전환 혹은 매체 전환 과정에서 일어나는 스토리텔링의 변형'이다. 각색을 통한 스토리텔링은

OSMU의 전략으로 성공한 원작 콘텐츠를 기반으로 다른 미디어로 그 특성에 맞게 변환한 콘텐츠 제작이다.

과거 협의적 개념에서 각색은 문학작품을 시나리오로 옮기는 일, 즉 '문자-매체의 무대화'였다. 하지만 영상 매체의 발달로 각색의 정의에 변화가 생겼다. 또한 21세기에 들어 문자, 영상, 음성 등을 포함한 기존의 모든 매체가 디지털화되어 새로운 매체와 장르가 탄생함에 따라 각색은 매체, 장르, 시공간, 관객에 따른 원작의 변형과 제작자의 의도에 따른 재창작으로 그 정의가 확장되었다. 광의적 의미의 각색은 텍스트를 이미지화하는 문학적 각색을 포함하여 매체를 달리하여 새롭게 창조되는 것까지 포함한다. 원작과 다른 장르로 변환시키는 작업으로 소설, 서사시 또는 근래에 들어서는 만화나 웹툰 등의 원작을 토대로 연극, 영화, 드라마 등의 시각적 매체로 전환하는 경우나 그 반대의 경우도 여기에 해당한다.

예를 들어 영화 〈해리포터〉는 조앤 롤링(Joan K. Rowling)의 소설 〈해리포터〉를 각색하였고, 영화 〈반지의 제왕〉은 톨킨(J. R. R. Tolkien)의 동명 소설 〈반지의 제왕〉을 각색한 것이다. 텍스트로 존재하던 인물과 시공간적 배경이 각색을 통해 시각 매체인 영화로 재탄생하였다. 영화의 속성에 따라 캐릭터, 플롯, 배경이 더해지거나 생략되는 등의 변화는 있지만, 소설과 영화 두 콘텐츠는 동일한 스토리를 다룬다.

미디어 믹스(Media mix)

미디어 믹스는 많은 소비자들이 콘텐츠를 향유할 수 있도록, 적절한 미디어로의 수평적이고 동시 다발적인 콘텐츠 확장 전략을 의미한다. 본래 미디어 믹스는 광고의 매체 전략의 한 방법으로 각종 광고 매체를 혼합 이용하여 광고 효과를 높이는 방법을 의미하는데 콘텐츠산업에서는 콘텐츠 확장 전략의 하나로 그 의미가 확장되었다.

미디어 믹스라는 용어는 특히 일본의 미디어 산업에서 통용되는 전략으로 현재 시장에서도 여전히 유효하다. 일본 미디어산업에서 미디어 믹스는 사전에 미리 다장르로 콘텐츠를 기획 및 제작하는 전략을 말한다. 이는 다매체를 활용한다는 점에서 트랜스미디어와 분별점이 없는 것 같다. 하지만 미디어 믹스는 '홍보'에 그 뿌리가 있기에 미디어의 확장이 구심점이 되는 콘텐츠의 홍보를 위해 다른 미디어를 활용하는 반면, 트랜스미디어는 이야기 확장 혹은 세계구축을 위해 다매체를 활용한다는 점에서 뚜렷한 차이를 보인다.

최근 일본에서 큰 인기를 얻은 〈요괴워치〉 역시 미디어 믹스 전략을 활용하고 있다. 닌텐도3DS 전용 게임소프트로 출발한 요괴워치는 만화 출판사(小学館)와 애니메이션 제작사(OLM), 완구업체(BANDAI)가 함께 개발 전략을 세워 게임을 홍보하기 위한 수단으로 만화, 애니메이션, 완구 등의 매체를 활용하였다. 홍보 수단으로 다매체를 활용하는 미디어 믹스 전략은 홍보를 위해 기획된 별도의 콘텐츠 자체가 이야기의 확장성을 가지고 있거나 세계관을 구축하는데 도움을 주는 내용은 아니다.

브리콜라주(Bricolage)

브리콜라주는 프랑스의 인류학자 레비스트로스(Claude Lévi-Strauss)가 처음 사용하였으며, 프랑스어로 '손으로 수리하다'라는 뜻의 브리콜뢰르(bricoleur)에서 파생됐다. 레비스트로스는 그의 저서 『야생의 사고(La Pensée Sauvage)』에서 원시부족들의 신화적 양식들과 사유 체계를 브리콜라주로 표현했다. 브리콜라주는 주어진 재료를 활용해서 새로운 물건을 만드는 행위를 뜻한다. 드에즈는 디지털문화의 독특한 특성으로 재매개, 참여 그리고 브리콜라주를 제시하였다. 드에즈에 따르면 트랜스미디어 시대의 브리콜라주는 콘텐츠 향유를 통해, 이용자들이 다양한 콘텐츠 조각들을 이어 맞추는 한편, 팬 커뮤니티 등을 통해 스스로 콘텐츠와 소통하는 적극적이고 참여적인 미디어 이용 행위를 뜻한다. 전경란(2010)에 따르면 트랜스미디어 환경에서 이용자들은 필요에 따라 혹은 상황에 따라 주어진 미디어 환경을 통해 자신에게 필요한 미디어와 콘텐츠 조합을 선택하게 되며, 자율적으로 주어진 현실을 조합, 해체, 재조합하면서 새로운 경험이나 의미를 창조하고 표현하게 된다.

트랜스미디어 환경에서 이용자들은 미디어 환경과 소통하며 필요에 따라 혹은 상황에 따라 순발력 있고 유연하게 자신에게 가장 의미 있는 미디어와 콘텐츠 조합을 선택한다. 이용자들은 매개된 현실을 자율적으로 조합, 해체, 재조합함으로써 새로운 의미나 통찰을 창조해낸다. 트랜스미디어 콘텐츠 이용자들은 자신의 인지적, 심리적 능력에 맞추어 콘텐츠를 소비함과 동시에 특정 미디어의 영역을 넘어서는 어떤 것을 만들어내는 생산자가 되는 것이다. 시청자, 이용자, 플레이어로서 창조적 체험을 통한 새로운 스토리와 콘텐츠의 탄생이야말로 트랜스미디어 시대의 브리콜라주라고 할 수 있다.

사용자 제작 콘텐츠(User Generated Contents, UGC)

UGC는 사용자가 단순히 콘텐츠를 향유하는 것에 그치지 않고 직접 생산한 콘텐츠를 뜻한다. UGC는 광범위한 영역을 지칭하는 용어로 특정한 장르에 머무르지 않는다. 인터넷상에서 통용되는 UGC를 살펴보면 다수를 차지하는 영상물, 소설(팬픽), 합성사진과 음원, 그리고 상용화가 가능한 캐릭터나 게임에 이르기까지 다양하다. UGC의 특성을 살펴보면 첫째, 기존 문화의 패러디 성격을 지니고 있다. 애니메이션, 오토튠(auto-tune)을 활용한 뮤직비디오, 머시니마(machinima) 등 유튜브에서 확인 가능한 UGC는 모두 기존의 대중문화나 유명인, 특정 사건을 패러디한 것이다. UGC는 우리가 흔히 필수요소라 부르는 인터넷 밈(문화 유전자, meme)의 영향을 강하게 받는다. 둘째, UGC는 특정문화의 팬들이 제작한 것이다. 단순한 향유에 머무르지 않고 자신이 좋아하는 콘텐츠에 대한 새로운 콘텐츠를 제시함으로써 그 세계와 캐릭터의 성격을 확장시키는 것이다. 마지막으로는 UGC의 상업화이다. 일본의 슈팅게임 〈동방 프로젝트〉 시리즈는 팬들이 만들어 유통하는 UGC가 관련 상품의 대다수를 차지한다. 또한 머시니마를 업로드하는 유튜버 다수는 광고와 금전적인 후원을 통해 상업적인 이윤을 취한다. 이와 같이 UGC가 단순한 팬 문화의 일환이 아닌 콘텐츠 수익향상을 위한 대안적인 제작방식이 될 수도 있음을 염두에 두어야 한다.

서비타이제이션(서비스화, Servitization)

서비타이제이션이란 일반적으로 ① 제품 서비스화(product servitization), ② 서비스 제품화(service productization), ③ 기존

서비스와 신규 서비스의 결합 등을 포괄하는 개념이다. 1980년대 후반 각국의 제조업체들은 수익의 증가와 더불어 기업의 규모가 커지는 현상을 맞이하게 된다. 그러나 경제 환경이 복잡해지면서 산업의 변화 주기가 짧아졌고, 구시대적인 전략만으로는 제품을 판매하는 데 어려움을 겪게 되면서 이에 대한 해결책으로 서비스를 지향하는 기업이 부각된다. 즉, 원자재를 기반으로 좋은 제품을 생산하는 것만이 산업의 핵심이라고 여겼던 사고에서 벗어나 서비스 분야 또한 산업의 주요 부분이라고 여기게 된 것이다. 예를 들어 레스토랑의 경우, 과거에는 음식의 맛으로만 승부했다면, 세련된 인테리어나 종업원의 친절함 등도 고객을 유치하는 중요한 요인이 되었다. 서비타이제이션에 대한 최근 예로 2011년 한국야쿠르트의 발효유 '리듬 앤 밸런스(R&B)' 홍보 방안을 들 수 있다. 이는 제품을 타인에게 추천할 경우, 추천한 사람과 추천 받은 사람 모두에게 장 발효유 R&B를 일정기간 배달시켜 주는 온라인 이벤트였다. 이처럼 기업들이 합리적인 구매를 추구하는 소비자들에게 제품 외에도 서비스를 판매함으로써 그들의 만족감을 끌어내는 방법을 서비타이제이션이라고 할 수 있다.

세계구축(Worldbuilding)

트랜스미디어에서 세계구축이란 전체 허구 세계와 연관된 가상 세계를 구축하는 과정이다. 세계구축이란 용어는 1965년 초기에 공상과학비평에서 등장했다. 많은 SF나 판타지 작가는 역사, 지리, 생태와 같은 일관된 성질로 설정된 상상세계를 개발한다. 세계구축은 어떤 세계의 지도, 배경스토리, 그리고 사람들의 생성을 포함함으로써 작품 내용을 풍부하게 한다.

바움(Lyman Frank Baum)의 작품 〈오즈의 마법사〉는 세계구축에 대한 대표적인 예시라고 할 수 있다. 한 소녀가 신비한 나라 오즈에서 겪는 모험담을 중심으로 전개되는 이 판타지 여행소설은, 가상의 세계를 배경으로 삼아 14권의 책과 영화, 연극, 드라마 등에서 고유의 특징적인 스토리를 보여준 바 있다. 젠킨스는 바움이 〈오즈의 마법사〉라는 작품을 통해 자신만의 세계를 보여주는 것이라고 설명하였으며, 이 책이 보여준 일관된 세계구축은 이후 〈반지의 제왕〉, 〈나니아 연대기〉 등 유명 판타지 소설의 세계구축에 영향을 미치게 된다.

스핀오프(Spin-off)

스핀오프는 주로 영화, 만화, TV 드라마 등에서 자주 사용되어 왔다. 스핀오프 콘텐츠 사례로는 애니메이션 〈슈퍼배드(Despicable Me)〉의 원정대가 최초의 여성 슈퍼 악당 스칼렛을 만나면서 펼쳐지는 모험을 그린 〈미니언즈(Minions)〉, 〈배트맨〉 시리즈에 등장하는 여자 악당을 주인공으로 하여 제작된 〈캣우먼(Cat-Woman)〉, 〈해리포터: 마법사의 돌〉에 등장했던 마법학교 교과서를 소재로 제작한 〈신비한 동물사전〉 등이 있다.

최근에 국내 TV 예능 프로그램에서도 스핀오프 콘텐츠가 활발하게 제작되고 있다. 실버 예능인들의 유쾌한 여행 시리즈인 〈꽃보다 할배〉의 스핀오프로 제작된 〈꽃보다 누나〉, 〈꽃보다 청춘〉등은 원작에서 보여준 휴먼 리얼리티 형식의 여행 포맷을 살리면서 다양한 세대와 지역을 넘나들며 시청자들의 감성과 공감을 확장시켰다. 또한 다국적 패널로 구성된 토크쇼 〈비정상회담〉의 스핀오프로 제작된

〈내 친구의 집은 어디인가?〉의 경우, 스튜디오에서 각자의 문화적 차이에 관해 토론을 나누던 형식에서 벗어나 각자의 고향집을 찾아가서 가족과 친구를 만나고, 그곳의 문화를 직접 접하면서 진정한 친구로 거듭나는 리얼리티 형식으로 원작과는 다른 감성과 체험을 제공하였다.

시리즈 연쇄성(Seriality)

시리즈 연쇄성은 스토리를 하나의 미디어에서 다양한 형태로 펼치는 것뿐만 아니라 다중의 미디어를 넘나드는 것을 말한다. 이에 대한 예로 디킨스(Charles Dickens)의 작품이나, 영화 〈조로(Zorro)〉 연작 프랜차이즈를 들 수 있다. 〈조로〉는 1919년 연속된 펄프 매거진 스토리에서 시작하여 12편의 조로 소설을 쓴 맥컬리(Johnston McCulley)외 다른 작가에 의해 59가지 다른 소설로 탄생하였으며, 5편의 연속된 영화 시리즈, 4편의 TV 시리즈, 그리고 3편의 애니메이션 시리즈로 만들어졌다. 이 중에서 특히 홉킨스(Anthony Hopkins)와 반데라스(Antonio Banderas)가 등장한 영화 〈마스크 오브 조로(The Mask Of Zorro)〉는 그 자체의 후속작을 낳기도 했다. 이외에도 더 많은 영상콘텐츠가 프랑스, 일본, 이탈리아, 스페인에서 만들어졌다. 스토리는 다수의 만화책과 애니메이션 비디오 게임, 심지어는 극장 무대와 대중음악으로까지 확대되었으며, 알렌드(Isabel Allende) 등의 작가에 의해 새로운 소설도 만들어졌다. 이러한 분화 속에서도 원본 스토리는 그대로 남아 있으며, 19세기 초반 캘리포니아를 배경으로 '독재자에 맞서 싸우는 가면 쓴 부자'라는 콘셉트는 여전히 유지되고 있다. 그리고 이 콘셉트는 향후 〈배트맨〉

시리즈에도 큰 영향을 미친 것으로 보인다.

시퀄(Sequel)

시퀄은 오리지널 콘텐츠의 후속편이다. 즉, 오리지널 콘텐츠의 다음 이야기, 시간적으로 미래를 다룬 속편을 뜻하며, 대부분 오리지널 콘텐츠가 성공한 이후 제작된다. 따라서 본편에서 구축된 세계와 캐릭터는 그대로 살리고, 새롭게 확장된 스토리를 제공함으로써 본편의 인기를 지속시키는 것이 목표이다.

시퀄은 오래전부터 다양한 장르에서 시도된 제작방식이다. 〈대부(The Godfather)〉-〈대부 2〉-〈대부 3〉, 〈터미네이터(Terminator)〉-〈터미네이터 2: 심판의 날〉-〈터미네이터 3: 라이즈 오브 더 머신〉-〈터미네이터 4: 미래전쟁의 시작〉-〈터미네이터 제네시스〉, 〈매드맥스(Mad Max) 1〉-〈매드맥스 2: 로드 워리어〉-〈매드맥스 3: 비욘드 썬더돔〉-〈매드맥스: 분노의 도로〉, 〈미션 임파서블(Mission Impossible)〉-〈미션 임파서블 2〉-〈미션 임파서블 3〉-〈미션 임파서블: 고스트 프로토콜〉-〈미션 임파서블: 로그네이션〉, 〈반지의 제왕: 반지 원정대〉-〈반지의 제왕: 두 개의 탑〉-〈반지의 제왕: 왕의 귀환〉 등 시리즈로 제작되어 오랜 시간 팬들의 사랑을 받아온 콘텐츠가 모두 시퀄에 해당된다.

연속성(Continuity)

시간이 흐르는 동안 특정 존재의 상태가 급격히 변화하지 않고 지속됨으로써 내적·외적 논리성(logicality)과 일관성(consistency)을 가지게 되는 현상을 가리킨다.

스토리텔링 과정에서는 인물, 사건, 배경 등 이야기의 구성 요소들이 이전의 형태를 그대로 또는 비슷하게 유지해야만 독자나 청자 또는 시청자의 몰입을 방해하지 않는다. 예를 들어 주인공의 이름, 외모, 의상, 말투, 습관 등이 유사한 형태로 반복되지 않고 계속 바뀐다면 연속성을 잃게 되어 동일 인물로 인식되기 어렵다. 영상미디어 제작에서는 연속성 편집이 중요한 역할을 한다. 드라마나 영화가 여러 날에 걸쳐 촬영이 진행된 경우 각 장면과 장면이 부드럽게 이어지도록 후반작업 과정에서 인물과 등장 요소의 외양을 일치시키고 변화가 점진적으로 이루어지도록 편집해 일관성을 부여한다. 이처럼 연속성을 계속 유지해야만 수용자들이 불편함을 느끼지 않고 해당 미디어를 지속적으로 소비한다. 베스트셀러 작가 킹(Stephen King)은 여러 권으로 이어지는 시리즈물을 창작할 때 별도의 비서를 두어서 이야기 속의 요소들이 연속성을 유지하도록 했다.

특히 매체가 달라지면서 이야기도 다르게 진행되는 트랜스미디어 콘텐츠의 경우 비주얼 요소와 이야기 내용 등 기존 설정이 크게 바뀌지 않도록 연속성을 점검하는 작업이 필수적이다. 영화 〈스타워즈〉 시리즈가 1977년부터 현재까지 여러 편에 걸쳐 진행되고 그 사이에 게임과 애니메이션이 제작되는 동안 영화감독 루카스(George Lucas)는 〈홀로크론(Holocron)〉이라는 자체 백과사전을 만들어 등장인물과 배경의 설정이 연속성을 확보하고 있는지를 점검했다.

캐릭터 주체성(Subjectivity)

캐릭터 주체성은 특정한 작품에 등장한 캐릭터가 독자적인 생명력을 지니고 그 영역을 확대해가는 것으로, 젠킨스가 제시한 트랜스미디어 스토리텔링의 7가지 원칙 중 하나로 제시되는 용어이다. 예를 들면, 〈스타워즈〉가 영화에서 게임으로 전환되면서 현상금 사냥꾼이나 포드레이서(podracers)를 주요 캐릭터로 내세운 것처럼, 영화에 등장은 했으나 주된 역할을 맡지 않았던 조연들에게 해당 미디어의 특성에 맞게 일정한 역할을 부여하는 것이다. 이를 통해 영화 〈스타워즈〉에서 묘사된 특정한 사건은 그 디테일을 더욱 확장하게 되며, 작품 속에서 주목받는 캐릭터도 더 늘어나게 된다.

이러한 캐릭터 주체성에 있어서 중요한 것은 "캐릭터의 주체적인 관점이 얼마나 잘 드러나는가"이다. 특정한 콘텐츠가 동일한 세계관을 다룬 다른 장르의 콘텐츠로 확장되었을 때, 스토리를 이끌어가는 캐릭터의 주체적인 관점은 그 작품 전체를 묘사하여 수용자에게 전달하는 역할을 맡게 된다. 이는 영화 〈매트릭스〉와 달리 애니메이션 〈애니매트릭스(The Animatrix)〉 같은 작품에서 조연 또는 적대자인 기계의 눈으로 동일한 사건이 묘사된 경우를 예로 들 수도 있다.

크로스미디어(Crossmedia)

크로스미디어는 다양한 매체 간의 결합으로 일관된 메시지를 전달하는 전략을 가리킨다. 크로스미디어는 다매체를 활용하여 더 널리 알려지는 것과 함께 소비자의 마음을 깊이 사로잡아 그들의 능동적인 행동을 유발시키는 것을 중시한다. 즉, 단순한 매체의 교차 활용만이 아니라 소비자의 능동적인 참여를 핵심으로 하며, 각 미디어의 콘텐츠가 별도의 통합체를 구성하는 것이 아니라 복수의 미디어 조합으로 인해 하나의 통합체적 결과물로 완성되어 사용자로 하여금 미디어와 미디어 간의 적극적인 이동을 유도한다. 크로스미디어는 복수의 매체를 효과적으로 결합시켜야만 전체 스토리를 향유할 수 있다는 특징을 함께 지닌다. 따라서 크로스미디어는 하나의 성공적인 원천 콘텐츠가 각종 미디어 매체를 통하여 장르가 확대되는 OSMU와는 달리 하나의 콘텐츠가 다양한 미디어 매체와 사용자 참여를 통하여 전체 스토리로 만들어지는 방식이라고 볼 수 있다.

크로스미디어가 미디어의 교차활용을 수행한다는 점에서 일종의 미디어 넘나들기 전략 즉 트랜스미디어와 유사점을 지닌다. 하지만, 크로스미디어와 트랜스미디어는 각 블록 간 관계에 있어 차이가 있다. 트랜스미디어 스토리텔링에 있어 각 텍스트 블록이 부분의 독자성과 내재적 완결성을 지니고 있는 반면에, 크로스미디어 스토리텔링에 있어 각 텍스트 블록은 부분의 독자성과 내재적 완결성이 약하다. 때문에 크로스미디어는 복수의 매체를 효과적으로 결합시켜야만 전체 스토리를 향유할 수 있다. 결국, 크로스미디어 콘텐츠는 교차활용을 수반한 매체-결합의 지점에 서 있다고 할 수 있으며, 이는 트랜스미디어 콘텐츠가 지니는 전이의 지점과는 구별된다.

트랜스미디어(Transmedia)

트랜스미디어는 트랜스(trans)와 미디어(media)의 합성어로 미디어 간 경계를 넘어 콘텐츠가 결합 및 융합되는 현상을 의미한다. 이 용어는 문화연구가 킨더가 1991년 한 작품의 캐릭터가 여러 플랫폼에 걸쳐 나타나는 현상인 미디어 프랜차이즈를 서술하기 위해 트랜스미디어 상호텍스트성(transmedia intertextuality)이라는 용어를 언급한 것을 최초의 등장으로 보고 있다. 이후 젠킨스는 트랜스미디어 스토리텔링 개념을 통해 이 용어를 대중화시켰다.

트랜스미디어와 관련한 용어들은 트랜스미디어, 트랜스미디어 콘텐츠, 트랜스미디어 프랜차이즈, 트랜스미디어 프로덕트, 트랜스미디어 스토리텔링 등 다양한 용어로 혼재되어 사용되고 있다. 트랜스미디어는 미디어의 측면이, 트랜스미디어 스토리텔링은 트랜스미디어의 이야기 방법 측면이 강조되며 트랜스미디어 콘텐츠의 경우는 여러 미디어를 통해 다양한 이야기가 분기·융합되는 서비스 형태라는 측면을 강조한 경우이다.

트랜스미디어 콘텐츠는 트랜스미디어와 콘텐츠의 합성어로 미디어 간의 경계를 넘어 콘텐츠 이야기 간 일어나는 결합 및 융합 현상을 의미한다. 트랜스는 사전적 의미로 '넘어서', '횡단하여', '꿰뚫어'라는 의미와 함께 '초월하여', '다른 상태로'라는 의미까지 다양한 의미로 해석될 수 있는데, 트랜스미디어 콘텐츠에서의 트랜스는 다양한 미디어 간 넘나들기로 정의된다. 따라서 트랜스미디어 콘텐츠는 복수의 미디어를 넘나들면서 콘텐츠 이야기가 분기 및 융합되어 하나의 이야기 세계로 수렴되는 현상을 말한다.

트랜스미디어 콘텐츠 사례는 아직까지 미국이나 유럽 사례가 대부분을 차지하고 있다. 대규모의 트랜스미디어 콘텐츠로는 〈스타워즈〉, 〈매트릭스〉, 〈글리〉 등을 들 수 있으며 소규모의 트랜스미디어 콘텐츠로는 〈선을 위한 음모〉, 〈석유 없는 세상〉, 〈마리카에 관한 진실〉 등이 있다. 이 중 〈매트릭스〉는 영화, 게임, 애니메이션 등의 미디어를 넘나들면서 각각 반복되지 않는 이야기가 변형 및 변주되고 이를 통해 〈매트릭스〉 세계가 구축되는 대표적인 트랜스미디어 콘텐츠 사례이다.

트랜스미디어 스토리텔링(Transmedia Storytelling)

트랜스미디어 스토리텔링은 동일한 세계관을 가진 여러 이야기가 다양한 미디어를 가로지르며 변주되는 것을 말한다. 각각의 콘텐츠는 미디어에 최적화된 이야기가 상호 연결되고 조합됨으로써 하나의 트랜스미디어 세계구축에 기여한다. 이 과정에서 사용자들은 다양한 미디어를 활용하여 콘텐츠 조각들을 맞추어 나가며 가상과 현실의 경계를 자연스럽게 넘나든다. 그들은 독자, 시청자, 플레이어를 비롯하여 창작자까지 다층적인 역할을 담당하며 수동적인 수용자에서 적극적인 사용자로 그 경험의 폭을 넓힌다. 즉 트랜스미디어 스토리텔링은 일반적인 스토리텔링과는 달리 세계구축과 같은 통합 스토리로의 수렴이 전문 작가 그룹뿐만 아니라, 일반 대중들의 참여와 생산을 통해서도 이루어진다는 점에서 확장적이다.

트랜스미디어 스토리텔링이라는 용어를 대중화시킨 이는 젠킨스이다. 그는 저서 『컨버전스 컬처』에서 4가지 트랜스미디어 스토리텔링의 요건을 제시했다. 그에 따르면 트랜스미디어 스토리텔링은 첫째, 다양한 미디어 플랫폼을 통해 공개되며 둘째, 각각의 새로운 텍스트가 전체 스토리에 분명하고도 가치 있는 기여를 해야 한다. 셋째, 각 프랜차이즈로의 진입은 자기 충족적 성격을 지니며 넷째, 어떤 상품이든지 전체 프랜차이즈로의 입구가 될 수 있어야 한다는 것이다. 이 중 세 번째 요건인 자기 충족적 성격은 엄격한 조건이기에 트랜스미디어 콘텐츠의 다양한 유형을 포괄하기에는 한계가 있다. 이에 필립스(Andrea Phillips)는 다매체, 단일하고 통일된 스토리와 사용자 경험, 매체 간 불필요한 반복 방지를 트랜스미디어 스토리텔링의 3가지 요건으로 제시하기도 하였다.

트랜스미디어 스토리텔링의 예로 〈덱스터(Dexter)〉를 살펴볼 수 있다. 〈덱스터〉는 책을 기반으로 하여 TV 드라마로 시즌1이 제작되었고 이후 시즌8까지는 독자적인 이야기로 TV 드라마가 제작되었다. TV 드라마가 진행되는 속에서 〈덱스터〉는 바이럴 캠페인 〈덱스터 히트리스트(The Dexter Hit List)〉, 웹비소드 〈덱스터 얼리 컷츠(Dexter Early Cuts)〉, 유튜브 기반 〈덱스터 인터랙티브 수사(Dexter Interactive Investigation)〉, 소셜 게임, 온라인 숍 등으로 다양한 미디어를 활용하면서 이야기를 확장하고 세계를 창조하였다.

트랜스미디어 프랜차이즈(Transmedia Franchise)

트랜스미디어 프랜차이즈는 트랜스미디에이션(transmediation), 즉 매체 변환을 통한 결과물을 포함하여 기획 및 전개, 유통 방식을 아우르는 포괄적인 의미의 용어이다. 국내에서는 프랜차이즈라는 용어보다는 콘텐츠라는 용어를 더 많이 사용하고 있기에 트랜스미디어 프랜차이즈라는 용어 역시 낯설다. 때문에 우리에겐 트랜스미디어 프랜차이즈보다 트랜스미디어, 트랜스미디어 콘텐츠 혹은 트랜스미디어 프로덕트가 익숙하다. 하지만 해외 자료를 찾아보면 프랜차이즈나 프로덕트, 그리고 IP라는 용어를 사용한 경우가 많다. 예를 들면, "〈스타트렉〉은 미국에서 제작한 공상과학 장르의 엔터테인먼트 미디어 프랜차이즈다"처럼 프랜차이즈라는 용어를 사용한다.

트랜스미디어 콘텐츠, 트랜스미디어 프랜차이즈의 공통점과 차이점을 통해 두 개념을 좀 더 명확하게 살펴보면 두 개념 다 트랜스미디에이션이라는 매체 변환을 통해 제작된 결과물을 가리킨다. 하지만 트랜스미디어 콘텐츠라는 용어는 결과물 자체를 지칭하는 협의의 개념으로 이해되는 반면 트랜스미디어 프랜차이즈 용어는 결과물을 포함하여 기획 및 전개, 유통 방식을 아우르는 넓은 의미로 이해된다. 이러한 차이점에도 불구하고 문맥과 환경에 따라 트랜스미디어 프랜차이즈와 트랜스미디어 콘텐츠 등은 혼재되어 사용되고 있다.

팬 픽션(Fan Fiction)

팬 픽션이란 팬을 통해 생성된 2차 창작물 중 소설의 형식을 갖춘 텍스트를 지칭한다. 디지털 패러다임과 함께 나타난 디지털 스토리텔링 영역에서는 생산-소비-비평의 삼차원이 하나의 통합적 장(場)에서 동시다발적으로 나타난다. 그 예로 들 수 있는 '온라인 팬픽'은 사용자 중심의 적극적인 디지털 문화와 함께 등장한 새로운 유형의 글쓰기라고 볼 수 있다. 팬픽이란 '팬(fan)'과 '픽션(fiction)'의 합성어로, '팬이 쓰는 이야기(소설)'을 뜻하며, 이는 대중문화의 적극적 소비를 일컫는 팬덤의 한 현상으로 나타났다. 팬이 자기가 좋아하는 인물이나 작품을 기반으로 만드는 2차 창작물인 팬 픽션은 기본적으로 자신이 얼마나 그 작품을 이해하고 있는지 다른 사람들과 공유하고자 하는 욕구에서 출발한다. 여기서 말하는 공유는 단순히 남들에게 자신의 것을 보여주는 것을 넘어서, 자신의 의견과 남의 의견을 같이 받아들이고 개진하는 것이다. 팬 픽션은 창작을 넘어 남들과 상호작용을 하는 데서 더욱 가치를 보인다. 이는 팬들이 다양한 의견을 나누고, 받아들이며 재생산하는 과정을 반복하면서 스토리에 몰입하며 스토리 자체를 이끌어가는 주인이 되는 경험을 한다고 볼 수 있다.

팬 픽션은 특정 콘텐츠를 확장할 수 있는 다양한 진입점을 제공하는데 확실한 역할을 할 수 있다. 젠킨스는 그의 저서 『컨버전스 컬처』를 통해 팬 픽션이 스토리상의 틈이나 과도한 부분을 통해 새로운 플롯을 제시할 수 있다고 하였다. 따라서 트랜스미디어 환경에서 기본적인 세계관을 확립해 놓고, 가능성을 열어 둔다면 팬들의 참여는 이야기의 확장을 불러일으키고, 다양한 미디어로 전개될 수 있는 가능성이 발생하면서 트랜스미디어 생태계에 활력을 불러일으킬 것이다.

팬덤(Fandom)

팬덤은 특정한 인물이나 분야를 열광적으로 좋아하는 집단 또는 그러한 문화현상을 통칭하여 이르는 말이다. 본래 면대면으로 이루어지던 팬덤 활동은 1990년대 초반 인터넷의 발달로 그 환경이 온라인으로 옮겨 가며 '온라인 팬덤'이 중심을 이루게 되었다. 이후 휴대폰 및 네트워크 등의 발달로 팬덤의 생산성은 더욱 발달하여 미디어 콘텐츠를 가공하여 새로운 창작물을 만들어 내고 다양한 채널을 통해 유통시킴으로써 콘텐츠의 질적 양적 확장에 기여했다. 이러한 팬덤 현상은 미디어에 의한 조작을 보여주는 수동적인 현상이 아니라 콘텐츠 수용자의 '생산적인 힘'을 보여주는 주체적인 현상으로 판단된다.

트랜스미디어 콘텐츠에서 팬, 즉 사용자는 이전 미디어의 사용자에 비해 훨씬 능동적인 존재들이다. 사용자들은 더 이상 수동적으로 미디어가 주는 일방적인 메시지에 만족하지 않고 재미를 찾아 스스로 능동적으로 활동하는 사람들이다. 또한 사용자는 혼자서가 아니라 집단으로 활동하면서 개별 지식과 경험을 공유하고 이를 토대로 더 큰 지식과 경험을 이루어나간다. 즉 트랜스미디어 콘텐츠의 팬들은 미디어 소비뿐만 아니라 지식과 경험을 나누며 또 다른 콘텐츠를 생산을 담당하는 집합체로 트랜스미디어 세계구축의 폭과 깊이를 넓히는 존재들로 인식되고 있다. 때문에 트랜스미디어에서 팬덤을 이끄는 팬들 혹은 사용자들의 역할은 날로 확대되고 있다.

예를 들어 〈헤일로〉의 팬들은 온라인 게임을 플레이하면서 서로의 실력을 향상시키고 지식을 공유하고자 헤일로피디아와 헤일로 위키 등의 지식 공유 프로젝트에 스스로 참여한다. 헤일로피디아의 경우는 장대한 세계관을 구축하는 데 중점을 두고 있으며 헤일로 위키는 전략과 기술에 초점을 맞추어 서로의 경험을 공유한다. 이외에도 팬들은 토론 포럼을 통해서도 적극적으로 자신의 경험을 공유하기도 한다. 이러한 팬덤 활동을 통해 팬들은 트랜스미디어 콘텐츠 〈헤일로〉의 세계구축에 이바지한다.

프리퀄(Prequel)

프리퀄은 오리지널 콘텐츠의 속편으로, 본편보다 시간적 배경이 앞선 이야기, 즉 전사(前史)를 뜻한다. 프리퀄의 내용은 오리지널 콘텐츠의 사건이 일어나게 된 배경, 주인공과 주변 인물들의 성장 과정, 관계도 등을 다룸으로써 주인공과 스토리에 대한 설득력과 당위성을 높인다. 트랜스미디어 콘텐츠로서 프리퀄은 경제적 성공과 밀접한 관련이 있다. 프리퀄이 제작되는 작품은 대부분 대중적 인기가 확보된 콘텐츠이다. 〈스타워즈 에피소드 1, 2, 3〉, 〈트랜스포머: 무비 프리퀄〉, 〈혹성탈출: 진화의 시작〉, 〈엑스맨: 퍼스트 클래스〉 등이 대표적인 프리퀄로 제작된 작품들이다. 프리퀄의 스토리는 오리지널 영화와의 연속성을 갖고 있으면서 동시에 독립된 스토리로서 확장성을 지향한다.

영화 〈트랜스포머〉의 프리퀄인 그래픽 노블(만화) 〈트랜스포머: 무비 프리퀄〉은 로봇 세계의 공간적 배경인 사이트론에서 트랜스포머들이 펼치는 절대 선과 악의 대결이 주 내용이다. 오리지널 영화만 관람한 관객들에게 왜 거대 로봇들이 전투를 벌이는가에 관한 이유와 그들의 탄생배경 스토리를 제공함으로써 트랜스미디어 콘텐츠를 더욱 깊이 이해하고, 즐길 수 있도록 한 것이다. 〈반지의 제왕: 왕의 귀환〉의 프리퀄 〈호빗: 뜻밖의 여정〉에서는 본편의 프로도의 삼촌인 빌보 배긴스가 겪었던 모험과 사우론이 부활하게 된 배경을 소개한다. 국내에서는 윤태호 작가의 웹툰 〈미생〉 속 주요 인물들의 성장 배경, 학창시절, 취업준비 과정 등을 다룬 모바일 무비 〈미생 프리퀄〉이 출시된 바 있다.

확산성(Spreadability)

트랜스미디어에서 확산성이란, 일반적으로 어느 특정한 작품의 내용이 다양한 미디어를 통해 전파되는 현상을 의미한다. 뿐만 아니라 대중들의 미디어 활동을 이끌어내고 이를 통해 콘텐츠의 경제적·문화적 가치가 확산되는 일련의 과정들을 포함한다. 정보통신기술과 디지털 미디어의 발달은 오늘날 콘텐츠를 제작하고 확산시키는 주요한 수단으로 작용하며 대중들의 콘텐츠 향유 방식을 다양화시켰다. 과거 미디어를 중심으로 이루어졌던 일방적인 소통에서 벗어나 현재는 쌍방향적 소통을 가능하게 함으로써 대중들의 능동적인 참여를 이끌어내고 있는 것이다. 이를 통해 대중들은 다양한 매체 활동에 참여하면서 특정 콘텐츠와 관련된 정보들을 지속적으로 수집하게 되고, 작품에 대한 세계관을 확장시켜 나간다. 때문에 트랜스미디어에서 확산성은 창작자들에게 직접 참여할 수 있는 동기를 부여하고, 대중들에게는 창작자가 될 수 있는 기회를 제공한다고 할 수 있다.

확산성을 대표하는 예로 롤링의 판타지 소설 〈해리포터〉를 꼽을 수 있다. 1997년 처음 출간된 이 소설은 7개의 해리포터 시리즈를 만들어내며 67개 언어로 번역되고 4억 5천만 부 이상 판매라는 거대한 기록을 세웠다. 특히 〈해리포터〉가 성공적인 브랜드로 떠오른 데에는 인터넷이라는 매체의 영향을 받았기 때문이다. 〈해리포터〉가 영화로 만들어진 2000년은 인터넷의 상용화가 본격적으로 진행되던 시기로 당시 팬들은 홈페이지, 블로그, 채팅룸 등과 같은 인터넷 공간에서 해리포터의 스토리를 확장시키고 확산시켰다. 해리포터에 관련된 뉴스는 물론 영화에 출현하는 배우들이나 세트장에 관련된 정보들을 공유하였으며, 전작들 속에 숨겨져 있는 의미나 단서들을 가지고 후속에 대한 스토리 라인을 추측하기도 하였다. 이러한 팬들의 활동은 인터넷 공간에서 원작을 재창작할 수 있는 기회로 작용하며 〈델리케이트(Delicate)〉나 〈크로스로즈(Crossroads)〉, 〈언더워터 라이트(Underwater Light)〉, 〈콜 오브 더 와일드(Call of the Wild)〉와 같은 유명한 팬 픽션을 등장시켰다.

N스크린(N-Screen)

N스크린 서비스는 여러 개의 스크린을 통해 콘텐츠를 제공하는 서비스로, 예를 들면 TV 방송 콘텐츠를 태블릿, 스마트폰, PC 등에서도 시간장소에 구애받지 않고 시청 가능한 것을 뜻한다. N스크린이라는 용어에서 N이란, 콘텐츠를 이용할 수 있는 스크린 개수가 정해져 있지 않기 때문에 아직 결정되지 않은 미지수를 나타낼 때 쓰

는 'N'이란 문자를 따온 것이다.

미국 지상파방송국 ABC의 〈마이 제네레이션(My Generation)〉과 〈그레이 아나토미(Grey's Anatomy)〉가 N스크린으로 서비스된 사례이다. 사용자가 TV를 보면서 아이패드를 같이 켜놓으면 드라마가 진행되는 동안 아이패드에는 그것과 관련된 추가 정보들이 나타나게 된다. 필요한 경우에는 드라마의 미공개 영상을 볼 수 있고, 좋아하는 주인공에 관한 뉴스나 SNS도 실시간으로 확인할 수 있다. 뿐만 아니라 드라마의 내용과 관련된 여론 조사에 참여할 경우, 드라마 줄거리 구성에 직접 참여할 수도 있다.

OSMU(One Source Multi Use)

OSMU는 하나의 원천(one source)이라 할 수 있는 문화적 소재, 문화원형 또는 이미 완성된 하나의 문화콘텐츠를 다양하게 활용(multi use)하는 것을 가리키는 말이다. 즉, 하나의 문화콘텐츠를 다양한 장르로 변환시켜 판매하는 것을 말한다. 예를 들어 한 편의 영화(one source)를 이용해 영화의 OST 음반 발매, 영화의 세트장을 활용한 관광 상품을 개발, 영화 캐릭터를 활용한 이모티콘 제작, 영화의 내용을 바탕으로 출판, 만화 등의 또 다른 장르에서 2차적 저작물을 만드는데 활용하는 등 매체와 장르를 넘나드는 다각적이고 다양한 활용을 전개하는 것이다. 하나의 원천콘텐츠가 다매체, 다장르에 접목되어 다양한 상품 개발로 이어지면서 적은 비용으로 부가가치의 극대화를 추구하는 마케팅 수단인 OSMU는 디지털시대의 도래로 문화콘텐츠의 장르 간 경계가 모호해지고 매체 간 이동이 자유로워지면서 나타났다.

OSMU와 자주 혼동되어 사용되는 개념으로 창구효과(window effect)가 있다. 문화산업은 생산을 위한 초기 투자비용이 많이 필요하지만 일단 생산된 이후 이를 재생산 하는 경우에는 한계비용이 극히 낮아지는 특성을 가진다. 이러한 특성을 잘 활용해서 하나의 콘텐츠를 생산하면 이를 재생산해서 판매함으로써 최소 비용으로 최대의 이익을 얻으려 한다. 예를 들어 한 편의 영화가 제작되어 극장에서 개봉된 뒤 또 다른 수익을 창출하기 위해 지상파TV, 위성·케이블방송, 인터넷의 영화전문 사이트 등에 영화를 판매하여 TV나 PC를 통해 시청할 수 있게 하거나 DVD로 만들어 판매하는 방식이다. 창구효과는 이러한 문화산업의 기존 유통전략을 가리킨다.

기존에는 원천콘텐츠의 성공 이후에 다양한 콘텐츠가 생산되는 방식으로 OSMU 전략이 사용되었지만 근래에는 OSMU의 개념이 일반화되면서 기획단계에서부터 영화, 애니메이션, 게임, 캐릭터 등의 다양한 콘텐츠 개발이 이루어지고 있다. 기획 단계부터 진행되는 OSMU를 가리켜 미국에서는 미디어 프랜차이즈, 일본에서는 미디어 믹스라는 용어를 사용하고 있다.

최근 기획 단계부터 OSMU 전략이 사용되면서 종종 트랜스미디어와 구분 없이 사용되고 있는데, 두 개념은 변별점을 가지고 있다. 변별점은 크게 스토리텔링과 관점의 차이로 정리해볼 수 있다. OSMU의 스토리텔링은 원천콘텐츠를 바탕으로 미디어의 특성에 맞는 약간의 변주(각색)를 거치지만, 트랜스미디어의 스토리텔링은 각각의 미디어에서 전개되는 여러 스토리를 하나로 모았을 때 통합적인 세계관을 가진 하나의 거대한 이야기로 수렴된다. 즉, OSMU의 스토리는 약간의 변형만 있을 뿐 원천콘텐츠와 같거나 유사한 스토리가 다른 미디어에서 활용되는데 비해, 트랜스미디어의 스토리는 어벤져스의 사례처럼 서로 다른 미디어에서 등장인물, 시대, 사건, 배경 등이 각각 다른 이야기가 펼쳐지지만 이 이야기들을 한 데 모았을 때 거대한 세계관을 구축하는 하나의 이야기가 될 수 있다는 것이다.

또한 OSMU를 바라보는 관점이 하나의 성공한 원천콘텐츠를 효과적으로 활용하는 마케팅의 관점이라면, 트랜스미디어는 창작의 과정에서 여러 미디어와 다양한 인물들을 전체적으로 활용한다는 창작의 관점에서 바라본 것이라 할 수 있다.

참고문헌

김다혜, 「미디어 팬 소설의 문화상품 활용 방식과 기술적 생산 수단에 대한 연구: 영화 인셉션을 중심으로」, 연세대학교 대학원 석사학위논문, 2011.

김봉채, 「K리그 팬 팟캐스트 사례를 통해 본 팬덤 콘텐츠의 가능성 연구」, 건국대학교 대학원 석사학위논문, 2015.

김세훈, 「콘텐츠의 핵심 스토리로서 만화 원작의 확장 가능성」, 『애니메이션 연구』 통권 제23호, 2012.

김영한, 『감성트랜드』, 해냄출판사, 2006.

김예란, 「디지털 아비투스: 플랫폼을 넘나드는 콘텐츠 소비문화」, 『방송문화연구』 제17권 제2호, 2005.

김옥란, 「'원소스 멀티유스'의 문화시대와 '각색'의 상황」, 『공연과 이론』 제21집, 2006.

김용태, 「ARG(대체현실게임)를 아십니까」, 『마케팅』 제47권 제7호, 2013.

김평수, 『문화산업의 기초이론』, 커뮤니케이션북스, 2014.

김형택, 『게이미피케이션 마케팅』, 영진닷컴, 2013.

김희경, 「컨버전스와 트랜스미디어 프랜차이즈의 세계」, 『철학과 문화』 제26집, 2013.

김희경·신동희, 「트랜스미디어 콘텐츠 연구: 스토리텔링과 개념화」, 『한국콘텐츠학회논문지』 제10권 제10호, 2010.
______, 「영상콘텐츠에서 테마 공간으로의 전환 양상: 각색을 통한 재현을 중심으로」, 『한국콘텐츠학회논문지』 제12권 제4호, 2011.
______, 「게이미피케이션과 대체현실게임 개념을 적용한 지식정보콘텐츠 사례 연구」, 『한국디지털콘텐츠학회논문지』 제14권 제2호, 2013.
______, 「N스크린 서비스를 이용한 크로스미디어 스토리텔링 전략: ASMD를 중심으로」, 『한국콘텐츠학회논문지』 제14권 제3호, 2014.
김희진, 『캐릭터마케팅의 이론과 전략』, 케이에이디디, 1999.
류철균·한혜원 외, 『트랜스미디어 스토리텔링의 이해』, 이화여자대학교 출판부, 2015.
박기수, 「One Source Multi Use 활성화를 위한 문화콘텐츠 스토리텔링 전환 연구」, 『한국언어문화』 제44집, 2011.
박치완 외, 『키워드 100으로 읽는 문화콘텐츠 입문사전』, 꿈꿀권리, 2013.
삼성경제연구소, 『게임화의 확산과 선진기업의 대응』, SERI, 2012.
서성은, 「트랜스미디어 스토리텔링의 온라인 구전 양상」, 『한국콘텐츠학회논문지』 제11권 제1호, 한국콘텐츠학회, 2011.
______, 「매체전환 스토리텔링」, 이화여자대학교 대학원 박사학위논문, 2015.
신광철, 「트랜스미디어와 콘텐츠」, 『2011 세계한국어문학회 추계학술대회』, 2011.

유지은, 「소셜 네트워크 팬덤의 참여 구조 연구: 페이스북(Facebook)을 중심으로」, 이화여자대학교 대학원 석사학위논문, 2013.
윤장우·전승현 외, 「N스크린 서비스 분류와 표준화 기술」, 『정보과학회 논문지』 제29권 제7호, 2011.
이용관, 『콘텐츠 산업의 융합 양상과 정책 과제』, 한국문화관광연구원, 2013.
이재현, 「모바일 미디어와 모바일 콘텐츠: 멀티플랫포밍 이론의 구성과 적용」, 『방송문화연구』 제18권 제2호, 2006.
이정은, 「소설과 각색된 텔레비전 드라마의 비교연구: 하성란의 〈곰팡이 꽃〉을 중심으로」, 단국대학교 대학원 석사학위논문, 2005.
이준희, 「확장형 트랜스미디어 스토리텔링 기반 생태계 모델」, 『한국영상학회논문집』 제11권 제3호, 한국영상학회, 2013.
이종근, 「스마트기기 대중화 시대 N스크린 개념이 현실화되고 있다」, LG경제연구원, 2011.
전경란, 「트랜스미디어 콘텐츠의 텍스트 및 이용 특징」, 『한국콘텐츠학회논문지』 제10권 제9호, 2010.
정석규, 「엔터테인먼트 콘텐츠의 미디어 믹스 전개에 관한 연구」, 『애니메이션 연구』 제5권 제2호, 2009.
주경희 외, 「사회 자본으로서의 온라인 팬덤 문화」, 『문화산업연구』 제13권 제4호, 2013.
차태호, 「애니메이션에 있어서 미디어믹스에 관한 연구」, 『정보디자인학연구』 제7집, 2004.
천혜숙, 「창의적 프로젝트와 후원형 크라우드 펀딩」, 『한국콘텐츠학회논문지』 제15권 제5호, 2015.

한순호, 「영화 〈해리포터〉 시리즈 사례로 살펴본 문화콘텐츠 브랜드 마케팅전략」, 중앙대학교 예술대학원 석사학위논문, 2013.

한혜원, 「가상세계의 집단지성과 창작 주체 연구」, 『한국문학이론과 비평』 제44집, 2009.

______, 「온라인 팬픽에 나타난 스토리텔링 연구」, 『인문콘텐츠』 제27호, 2012.

헨리 젠킨스, 『컨버전스 컬처: 올드 미디어와 뉴 미디어의 충돌』, 김정희원·김동신 옮김, 비즈앤비즈, 2008.

______, 『팬, 블로거, 게이머: 참여문화에 대한 탐색』, 정현진 옮김, 비즈앤비즈, 2008.

홍종윤, 『팬덤문화』, 커뮤니케이션북스, 2014.

Christy Pretty, "Gartner Says By 2015, More Than 50 Percent of Organizations That Manage Innovation Processes Will Gamify Those Processes", Gartner, 2011.

Gave Zichermann, "Christopher Cunningham, Gamification by Design", O'Reilly Media, 2011.

Mark Long, "Transmedia Designing IP for Games", Movies and Comics, 2009.

M. Deuze, "Participation, Remediation, Bricolage: Considering Principal Components of a Digital Culture", *The Information Society*, Vol. 22, 2006.

S. Dinehart, "Transmedial Play: Cognitive and Cross-Platform Narrative", 2008.

The IGDA Alternative Reality Games, "Alternate Reality

Games White Paper", International Game Developers Association, 2006.

인터넷 자료

대체현실게임 (ko.wikipedia.org/wiki/%EB%8C%80%EC%B2%B4_%ED%98%84%EC%8B%A4_%EA%B2%8C%EC%9E%84)
댄 팬크라츠 (danpankraz.wordpress.com)
매일경제용어사전 (dic.mk.co.kr)
트랜스미디어 익스피리언스 (transmediaexperience.com)
트랜스미디어 저널리즘 (transmediajournalism.org)
한국정보통신기술협회 (word.tta.of.kr/terms/terms.jsp)
헨리젠킨스 블로그 (henryjenkins.org)

문화콘텐츠와
트랜스미디어

2

수록 콘텐츠 소개

다음에 소개하는 콘텐츠들은 본문에서 구체적인 작품 분석을 하지 않고 제목만 간략히 언급한 콘텐츠들에 대한 기본정보를 제공하는 데 목적이 있다. 콘텐츠 소개 순서는 해당 콘텐츠의 최초 등장 시기를 기준으로 한다.

오즈의 마법사(The Wizard of Oz)

1900 | 어린이 소설 | 뮤지컬, 영화, 드라마, 애니메이션 등

〈오즈의 마법사〉는 도로시라는 캔자스 농장에 살던 소녀 도로시가 어느 날 회오리에 휩쓸려 신비한 나라 오즈를 여행하면서 겪는 모험담을 그린 판타지 여행 소설이다. 원작자 바움(Lyman Frank Baum)이 죽은 후에도 다른 작가들에 의해 비공식적으로 꾸준히 발간되며 현대적인 관점에서 재해석되고 있다. 그 중에서 1939년 개봉한 뮤지컬 영화가 큰 성공을 거두며 뮤지컬이 흥행에 성공함에 따라 이후 영화나 드라마, 애니메이션 등 다양한 후속작들이 등장하였다.

조로(Zorro)

1919 | 판타지 소설 | 영화, 드라마, 애니메이션, 뮤지컬, 만화 등

〈조로〉는 작가 맥컬리(Johnston McCulley)의 5부작 모험 소설 〈카피스트라노의 재앙(The Curse of Capistrano)〉에서 처음 등장했다. 주인공 조로는 검은 복면과 망토를 두른 모습으로 나타나 서민들을 괴롭히는 악당들을 구해주는 캐릭터이다. 정체를 숨기기 위해 유약한 귀족 자제와 강인한 민중 영웅이라는 상반된 모습을 연기한다는 설정은 현대 슈퍼히어로 캐릭터에 영향을 주었다.

반지의 제왕(The Lord of the Rings)

1955 | 판타지 소설 | 영화, 애니메이션, 게임 등

〈반지의 제왕〉은 톨킨(J. R. R. Tolkien)의 3부작 판타지 소설로, 영화로 제작되어 큰 인기를 끌었다. 절대 반지로 인해 호빗인 프로도 배긴스와 여러 종족이, 사우론이 이끄는 악의 세력과 벌이는 투쟁을 다룬 이야기이다. 영화를 비롯해 드라마, 게임 등으로 제작되었고 영화가 3부작으로 완결된 이후에도 절대 반지를 처음 발견한 빌보 배긴스의 이야기를 담은 프리퀄 〈호빗〉 시리즈가 개봉되었다.

스파이더맨(Spider-Man)

1962 | 만화 | 영화, 애니메이션, 드라마, 뮤지컬, 테마파크 등

〈스파이더맨〉은 마블코믹스의 〈어메이징 판타지 15호(Amazing Fantasy #15)〉에 처음 등장한 슈퍼히어로이다. 유전자 조작 거미에 물려 거미인간이 된 주인공이 악과 맞서 싸우는 내용을 그리고 있다. 1967년 마블의 TV 애니메이션 시리즈에 처음 등장했고, 2002년 샘 레이미(Sam Raimi) 감독의 〈스파이더맨〉 트릴로지(3부작)가 개봉하여 대표적인 슈퍼히어로 영화로 인기를 모았다. 미국, 일본에서 유니버셜 스튜디오의 테마파크로 제작되어 체험형 캐릭터로 진화했다.

닥터 후(Doctor Who)

1963 | TV 드라마 | 영화, 라디오 드라마, 잡지, 게임, 전시회 등

〈닥터 후〉는 영국의 BBC 방송국에서 제작, 방영되고 있는 SF 드라마이다. 1963년 11월 23일 첫 방송 후 지금까지 방송되고 있어 기네스북에 '세계에서 가장 오랫동안 방영되고 있는 드라마'로 기록되기도 했다. 닥터라 알려진 신비한 외계인 타임로드가 옛 영국의 경찰 전화박스를 본 딴 타임머신, 타디스를 타고 여행하면서 겪는 일을 그리고 있다. 높은 시청률에 힘입어 DVD, OST, TV 영화 등이 성공했고, 게임, 피규어, 전시회 등으로 기획되면서 전 세계에 걸쳐 다양한 팬덤을 확보하고 있다.

스타트렉(Star Trek)

1966 | SF TV 시리즈 | 영화, 웹사이트, 게임 등

〈스타트렉〉은 로덴베리(Gene Roddenberry)에 의해 제작된 TV SF 시리즈로, 우주세계에서 미지의 별과 생명체를 찾아 모험하는 엔터프라이즈호의 이야기를 담고 있다. TV 방영 이후, 드라마 후속작, 영화, 컴퓨터 및 비디오 게임, 소설 등으로 제작되었다. 오랜 시간 동안 수많은 팬덤이 형성되었고 그들을 중심으로 스타트렉 위키백과, 온라인 팬클럽, 스타트렉 사이트도 등장했다.

루팡 3세(ルパン三世)

1967 | 만화 | 애니메이션, 영화, 게임 등

〈루팡 3세〉는 일본의 유명 만화가 펀치(Monkey Punch)의 작품으로 현재까지 연재는 물론 애니메이션, 영화, 게임 등 다양한 작품으로 제작되고 있다. 아르센 루팡의 손자라 주장하는 주인공 루팡 3세가 동료들과 함께 악당의 음모를 저지하기 위해 사건에 휘말리고, 이들을 쫓는 형사와 옥신각신하며 악당들을 막아낸다. 슬랩스틱 등의 개그가 작품 전반적인 부분을 차지하고 있는 유쾌한 작품이다.

스타워즈(Star Wars)

1977 | SF영화 | 애니메이션, TV 시리즈, 도서, 게임, 웹사이트 등

〈스타워즈〉는 〈스타워즈 에피소드4: 새로운 희망〉을 시작으로 〈스타워즈 에피소드5: 제국의 역습〉(1980), 〈스타워즈 에피소드6: 제다이의 귀환〉(1983), 〈스타워즈 에피소드1: 보이지 않는 위험〉(1999), 〈스타워즈 에피소드2: 클론의 습격〉(2002), 최종회인 〈스타워즈 에피소드3: 시스의 복수〉(2005) 순서로 상영됐다. 〈스타워즈〉 시리즈는 다양한 매체로 제작되면서 세계관이 확장되었는데, 대표적인 파생콘텐츠로 티모시 잰이 쓴 『스론의 손』 시리즈, 슈팅 게임 〈X-wing〉 시리즈, FPS 게임 〈리퍼블릭 코만도〉, RPG 게임 〈제다이 기사〉 등이 있다.

기동전사 건담(機動戦士ガンダム)

1979 | 애니메이션 | 만화, 게임, 실사영화 등

〈기동전사 건담〉은 지구를 떠난 인류는 각각의 이익과 사상에 따라 우주에서 연방과 지온으로 나뉘게 되고, 이들이 일으킨 전쟁에 모빌슈츠라 불리는 로봇(건담)을 이용하여 싸우게 되는 이야기다. 동시에 건담에 탑승한 소년이 전쟁을 겪으며 성장하는 이야기이기도 하다. 일본에서 흥행에 크게 성공한 뒤, 다른 SF장르 작품들의 세계관에도 큰 영향을 미쳤다. 스타워즈만큼이나 방대한 세계관을 가지고 있으며 현재까지 약 50여 편의 작품이 제작되면서 그 모습도 계속 변화하고 있다.

은하영웅전설(銀河英雄伝説)

1982 | 소설 | 애니메이션, 만화, 게임 등

〈은하영웅전설〉은 인류가 태양계를 벗어나 은하계를 가로지르며 전란의 역사를 쌓아올리는, 서력으로 치면 대략 3600년 무렵에 해당하는 시기를 담고 있다. 은하를 양분하는 골덴바움 왕조의 은하제국과 민주공화체제의 자유행성동맹, 그리고 제국 속령이지만 거대한 경제력을 갖춘 실질적 독립 자치세력인 페잔 자치령간의 오랜 전쟁과 음모를 마무리 짓고 우주가 통일된다는 설정이다. 극장판 애니메이션을 시작으로 다수의 애니메이션 시리즈가 제작되었으며, 이후 만화와 게임으로 제작되어 큰 인기를 얻은 바 있다.

트랜스포머(Transformer)

1984 | 변신로봇 애니메이션 | TV 애니메이션, 영화, 만화책, 그래픽 노블 등

〈트랜스포머〉는 완구에서 시작하여 만화, TV 애니메이션, 영화, 게임, 그래픽 노블 등 다양한 미디어로 분기된 트랜스미디어 콘텐츠이다. 타행성인들과 공존하려는 오토봇 군단과 우주 정복을 꿈꾸는 디셉티콘 군단 사이의 내전 이야기에 변신 코드를 적용하여 미디어마다 다양한 내용을 담았다. 영화에서는 샘 윗윅키를 비롯한 다양한 인간 주인공이 등장하고, 그래픽 노블에는 스토리의 공간적 배경을 소개하여 트랜스포머 세계를 이해하는 데 도움을 주었다.

매직 카이토(MAGIC KAITO)

1987 | 만화 | 애니메이션 등

〈매직 카이토〉는 명탐정 코난의 작가 아오야마 고쇼가 코난 이전에 그린 추리 만화이며 비정기적으로 연재한다. 마술사였던 아버지의 숨겨진 방에서 괴도 키드의 의상을 발견한 고교생 소년 카이토가 아버지가 진짜 괴도 키드였으며 사고로 돌아가신 게 아니라 살해당했음을 알게 되고, 범인을 찾기 위해 자신이 괴도키드가 되어 사건을 추적하는 이야기이다. 카이토는 신출귀몰하고 대담한 변장으로 신분을 바꾸기도 하고, 다양한 음성 변조가 가능해 사람들을 속이는 능력을 가졌다.

소년탐정 김전일(金田一少年の事件簿)

1992 | 만화 | 애니메이션, 실사드라마, 게임 등

원제는 〈킨다이치 소년의 사건부(金田一少年の事件簿)〉로, 한국어판에서 주인공 이름을 한자 그대로 발음한 김전일을 사용하면서 제목이 변경됐다. 유명 탐정의 손자인 주인공이 할아버지에게서 물려받은 뛰어난 추리력으로 다양한 사건을 해결하는 활약상을 그린 작품이다. 〈소년탐정 김전일〉은 김전일과 소꿉친구 미유키가 가는 곳마다 미스터리한 살인사건이 일어난다는 이야기 구조를 갖고 있다.

명탐정 코난(名探偵コナン)

1994 | 만화 | 애니메이션, 게임, 실사영화 등

〈명탐정 코난〉은 일본의 인기 추리 만화로 1994년부터 현재까지 연재 중인 작품이다. 유명 학생탐정 쿠도 신이치가 범죄조직의 음모에 휘말려 먹게 된 약의 부작용으로 8살 아이의 모습으로 변하자, 자신의 정체를 숨기고 어린 아이의 모습으로 사건을 해결해 나가는 내용이다. 그는 자신과 주변 사람들의 안전을 위해 '코난' 이란 이름을 사용하며, 자신을 어린아이로 만들어 버린 검은 조직의 실체를 파헤친다.

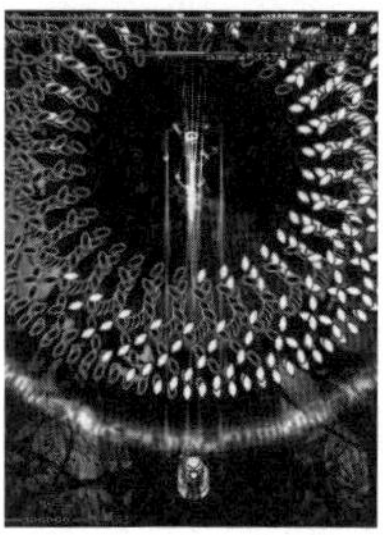

동방 프로젝트(東方 Project)

1996 | 슈팅 게임 | 만화, 애니메이션, 소설, 음반 등

〈동방 프로젝트〉는 일본의 동인서클 상하이앨리스환악단에서 제작한 슈팅게임을 중심으로 한 동인게임 시리즈의 총칭이다. 최초의 작품인 〈동방영이전〉을 시작으로 시리즈 최신작인 〈동방감주전〉에 이르기까지 총 24편의 게임이 제작되었으며, 이를 기반으로 한 만화, 소설, 음악 CD 등이 발매되었다. 〈동방 프로젝트〉는 관련 콘텐츠 구성에 다수의 팬이 관여하고 있으며, 특히 게임 음악을 재구성한 앨범 발매가 활발하다.

포켓몬스터(Pokémon)

1996 | 게임 | 만화, 애니메이션, 카드게임 등

〈포켓몬스터〉는 1996년 일본의 게임회사 닌텐도가 발매한 동명의 게임으로 현재까지도 꾸준히 발매되고 있다. 각 시리즈는 주인공 소년, 소녀가 포켓몬스터라는 몬스터볼에 넣어 데리고 다닐 수 있는 가상의 생물을 데리고 여행과 모험을 떠나는 이야기를 핵심으로 삼는다. 게임의 홍보를 위해 소년 만화잡지에 만화를 연재한 것을 계기로 크게 성공하여 만화, 애니메이션은 물론 캐릭터를 활용한 완구, 문구류의 파생상품까지도 큰 인기를 누린 미디어믹스의 대표적 사례이기도 하다.

해리포터(Harry Potter)

1997 | 판타지 소설 | 영화, 게임, 테마파크, 웹사이트, 블로그, 팬 픽션 등

〈해리포터〉는 〈해리포터와 마법사의 돌〉이라는 제목으로 시작된 7부작 판타지 소설이다. 주인공 해리가 마법 학교 호그와트에 입학하여 수업을 받으며 사악한 마법사에 맞서 강한 마법사가 되는 이야기를 담고 있다. 소설의 큰 인기에 힘입어 영화, 게임 등이 제작되고 테마파크가 건립되었다. 또한 〈포터모어〉라는 웹사이트를 통해 작가뿐만 아니라 사용자가 기존 콘텐츠에 나오지 않았던 이야기 및 캐릭터 정보를 구축해 나가고 있다. 이러한 다양한 콘텐츠를 통해 〈해리포터〉의 세계는 계속해서 이어지고 있다.

매트릭스(Matrix)

1999 | SF 액션 영화 | 만화, 애니메이션, 게임, 플래시몹, UCC 등

〈매트릭스〉는 인간의 뇌를 지배하는 컴퓨터 프로그램이자 가상현실인 매트릭스를 태어나자마자 입력 당한 인간들 중 가상현실의 꿈에서 깨어난 인간들이 AI와 맞서 싸우는 이야기를 담고 있다. 매트릭스는 3편의 영화를 비롯하여 애니메이션, 게임, 만화 등 다양한 미디어를 통해 매트릭스 세계를 확장시켰다. 영화 1편과 2편 사이에는 애니메이션 〈애니메트릭스〉와 게임 〈엔터 더 매트릭스〉를 제작하여 이야기를 연결시켰으며 플래시몹이나 UCC를 통해 사용자 참여 콘텐츠를 생산하기도 하였다.

쉬리

1999 | 영화

〈쉬리〉는 남북 분단현실을 배경으로 한 영화로 한국에 침투한 북한 특수부대에 맞서 한국 정보기관 요원인 유중원과 이장길의 활약상을 담은 영화이다. 한국이 개발한 신소재 액체폭판 CTX를 확보한 특수부대 요원 박무영이 축구장에 폭탄을 설치하여 남북의 지도자 암살을 계획하지만 암살 계획은 발각되어 실패로 돌아가고 남한의 내부 정보 유출자였던 북한 특수요원 이방희의 존재도 밝혀진다. 〈쉬리〉는 관객 600만 명을 넘기며 당시 한국 영화사상 최다 관객을 동원한 영화로 평가받는다.

헤일로(HALO)
2001 | SF 게임 | 소설, 만화책, 단편 애니메이션, 웹사이트 등
〈헤일로〉는 먼 미래 외계 종족들의 연합체인 코버넌트가 수단과 방법을 가리지 않고 인류를 전멸시키려는 위험에 맞서 초인적인 슈퍼 솔저로 거듭나 지구를 구하는 이야기를 담고 있다. 〈헤일로〉는 게임뿐만 아니라 소설, 만화책, 단편 애니메이션 등으로 제작되었다. 이와 더불어 사용자들은 게임과 관련된 사이트 헤일로피디아, 헤일로 위키 등을 제작함으로써 〈헤일로〉의 세계 확장에 기여하였다.

데스노트(デスノート)
2003 | 만화 | 애니메이션, 게임, 드라마, 영화, 뮤지컬 등
〈데스노트〉는 사람의 이름을 적으면 그 사람이 죽는 능력을 가진 사신의 노트인 데스노트를 고등학생 주인공이 갖게 되면서, 서로 다른 정의관을 가진 주인공과 수사진의 치열한 머리싸움을 그린 만화이다. 2006년 완결 후에도 꾸준히 애니메이션, 게임, 드라마, 영화, 뮤지컬 등으로 제작되었으며, 주인공 외 다른 캐릭터에 대한 외전이 계속해서 나오면서 꾸준히 인기를 얻고 있다.

해를 품은 달
2005 | 퓨전사극 소설 | 드라마, 뮤지컬 등
〈해를 품은 달〉은 역사 로맨스 장편 소설로 조선시대의 젊은 왕 이훤(해)과 비밀에 싸인 무녀 월(달)의 이루어질 수 없는 애절한 사랑 이야기를 그리고 있다. 소설을 원작으로 한 동명의 드라마와 뮤지컬이 제작되었다. 드라마는 아름다운 영상미와 탄탄한 스토리를 바탕으로 42%의 경이적인 시청률로 화제가 되었으며 뮤지컬은 창작뮤지컬의 방향성을 제시하였다는 평가를 받았다.

마리카에 관한 진실(The Truth About Marika)

2007 | 인터랙티브 TV 드라마 | TV토론, 블로그, 홈페이지, 트위터, 온라인 게임, 모바일 등

〈마리카에 관한 진실〉은 스웨덴 공영방송(SVT)과 게임 회사(The company P)가 공동 제작한 트랜스미디어 콘텐츠이다. 마리카라는 여인의 실종 사건을 소재로 매회 가상의 마리카를 찾는 드라마 및 현실의 마리카를 찾는 토론 프로그램과 더불어 휴대폰, 블로그, 홈페이지, 트위터, 온라인 게임 등을 넘나들며 실종 사건을 해결해나가는 이야기를 완성하였다.

석유 없는 세상(World Without Oil)

2007 | 예측 게임 | 웹사이트, 소셜 미디어 등

〈석유 없는 세상〉은 2007년 4월 30일부터 6주 동안 석유 위기 상황이 지역, 산업 및 일상생활에 끼치는 영향을 상상하고 온라인 소셜 미디어를 이용해 지극히 개인적인 예측 자료를 만들어 내는 게임이다. 사용자는 날마다 업데이트되는 가상의 뉴스, 보도 영상, 경제 지표 등의 새로운 정보로 예측 자료를 보충하면서 웹영상, 이미지, 일기 등의 자료를 제작하였다.

글리(Glee)

2009 | 뮤지컬 코미디 TV 드라마 | 순회공연, 영화, 음원, 앱 등

〈글리〉는 미국 오하이오의 맥킨리 고등학교 합창 클럽(Glee Club)을 배경으로 펼쳐지는 고등학생들의 성장 스토리가 주요 내용이다. 글리는 인기에 힘입어 2011년 순회공연을 열었으며 공연 성공을 바탕으로 'Glee: the 3D Concert Movie'라는 영화가 제작되기도 하였다. 또한 커버곡을 음원으로 내어 비틀즈의 기록을 깨기도 했다.

아이리스(IRIS)

2009 | 드라마

〈아이리스〉는 2009년 10월 14일부터 2009년 12월 17일까지 KBS 2TV에서 20부작으로 방송된 대한민국 최초의 블록버스터 첩보액션 드라마이다. 대한민국과 조선민주주의인민공화국 간의 제2차 한국 전쟁을 막기 위해 목숨을 걸고 임무를 수행하는 첩보원들의 이야기를 다루었다. 이후 2013년 후속작이 방영되었으나, 전작만큼의 반향은 이끌어내지 못했다.

선(善)을 위한 음모(Conspiracy For Good)

2010 | 웹사이트, 트위터, 온라인 게임, 웹비소드, 영상, 라이브 이벤트 등

〈선을 위한 음모〉는 잠비아에 도서관 건립을 결심한 나디라X가 기업의 이윤만을 위해 부당하게 도서관 설립을 무산시키고자 하는 악덕 기업에 맞서기 위해 사람들에게 도움을 요청하면서 이야기가 시작된다. 사용자는 웹사이트에서 비밀 결사 단체 회원으로 가입한 후 퍼즐, 트위터, 문자 메시지, 게임, 라이브 이벤트 등에 참여하였다. 공익 캠페인과 게임 등을 접목시킨 새로운 형태의 프로젝트에 사람들의 적극적인 참여함으로써 실제 잠비아 차타이카 마을에는 어린이를 위한 도서관이 건립되었다.

아테나(ATHENA)

2010 | 드라마

〈아테나〉는 2010년 12월 13일부터 2011년 2월 21일까지 SBS에서 20부작으로 방송된 〈아이리스〉 시리즈의 스핀오프 드라마이다. 〈아테나〉 1회의 시간적 배경은 〈아이리스〉 3회 및 4회와 연결되어 이야기가 진행된다. 국제 석유시장의 고유가로 에너지 시장이 일부 세력에 의해 장악 당하고, 한국에서 대체 에너지로 신형 원자로를 개발하려하자 이를 방해하는 국제 테러리스트들과 한국 첩보원들의 대결을 그린 작품이다.

더파이브(The Five)

2011 | 웹툰 | 영화

〈더파이브〉는 영화화를 위해 사전기획된 웹툰 작품으로, 원작자가 직접 영화를 감독하기도 했다. 주인공 고은아는 사랑하는 남편과 딸을 살해하고 자신도 불구로 만든 범인을 잡기 위해, 불구의 몸을 대신해 움직여줄 사람들을 찾게 된다. 주인공은 자신의 장기를 필요로 하는 사람 4명을 모아 복수조직 '더 파이브'를 만들어 복수를 돕는 대가로 장기 제공을 약속하며, 이들의 도움을 받아 범인에게 복수를 하는 내용이다.

	라스트(LAST) 2011 | 웹툰 | 드라마 라스트는 영화 시나리오로 개발되어 원작을 웹툰으로 먼저 연재를 하고 영화 대신 드라마로 장르를 바꾸어 제작한 작품이다. 잘 나가는 펀드매니저였던 주인공이 주식작전 실패로 생명의 위협을 느끼며 쫓기게 되고 빈털터리가 되어 노숙자 신세로 전락한다. 노숙을 시작하게 된 서울역에서 노숙자들 사이에 존재하는 지하경제의 막대한 규모를 알게 되고, 지하경제의 우두머리 자리를 놓고 시작된 싸움에 동참하게 되며 일어나는 일들을 그린 작품이다.
	미생 2012 | 웹툰 | 드라마, 만화 등 윤태호 작가의 웹툰으로 2012년 1월 처음 연재가 되었다. 2014년 TV 드라마로 제작되면서 전국적인 미생 신드롬을 일으켰다. 어릴 때부터 바둑만을 바라본 주인공 장그래가 프로 입단에 실패한 후 대기업 계약직원으로 입사해 사회와 조직을 배워나가는 과정과 애환을 담아냈다. 평범한 직장인의 삶과 조직 내에서의 관계를 담아내어 많은 샐러리맨들의 지지를 얻었다. 드라마는 케이블 채널 프로그램으로는 이례적으로 시청률 8%에 돌파하며 그 인기를 입증하였다.
	요괴워치(妖怪ウォッチ) 2013 | 만화 | 게임, 애니메이션 등 〈요괴워치〉는 요괴를 보는 능력을 가진 시계를 갖게 된 평범한 초등학생이 자신을 돕는 요괴들의 도움을 받아 다른 요괴들이 일으키는 사건을 해결하는 내용이다. '제2의 포켓몬스터'로 불릴 만큼 많은 인기를 얻었다. 게임 회사, 만화 출판사, 완구 회사가 철저한 미디어믹스 전략에 따라 2013년 1월 만화를 시작으로 게임, TV 애니메이션, 극장용 애니메이션까지 다양한 작품이 제작되었다. 특히 주인공의 요괴워치를 재현한 완구는 발매일 전날 구매를 위해 부모와 아이들이 줄을 서는 모습이 소개되면서 화제를 모으기도 했다.

찾아보기

ㄹ

ㅁ

ㅂ

ㅅ

ㅇ

ㅈ

ㅍ

U

W

저자 소개

김기홍

한국외국어대학교 외래교수. 애니메이션 시나리오 작가로 활동하며 만화, 애니메이션, 시각예술 관련 다수의 논고와 기고문을 집필하였다. 논문으로는 「몰입에 관한 고찰: 미메시스 프로시니엄 개념을 중심으로」, 「한국형 '창조경제' 담론의 논의사 고찰」 등이 있다.

김신엽

대한 A&C 트랜스미디어 랩 연구소장, 경희대학교 경영대학원 경영컨설팅학과를 졸업하고 디지털과 브랜드 마케팅 부분에서 다양한 프로젝트를 진행하고 있다. 디지털 마케팅에 관한 기술 특허(발명자)와 함께 주요 논문으로 「브랜드 마케팅의 트랜스미디어 스토리텔링에 관한 연구」 등이 있으며 디지털 미디어 효과 측정에 관한 연구로 국제 컨버전스 콘텐츠 컨퍼런스(ICCC 2014)에서 베스트페이퍼 상을 수상하였다.

김희경

한국외국어대학교 미네르바교양대학 교양학부 외래교수. 재미창작소 소장. 동아대학교 법과대학 법학과를 졸업하고 한국외국어대학교 글로벌문화콘텐츠학과에서 「어린이과학관의 테마파크적 기획설계에 관한 연구」로 문화콘텐츠학 박사학위를 받았다. 저서로 『판타지, 현대도시를 걷다』, 『문화콘텐츠 기획론』(공저) 등이 있다.

남정은

한국과학기술원 문화기술대학원 박사과정 재학. 한국외국어대학교 이란어과를 졸업하고 동 대학원에서 「방송시장 확대를 위한 콘텐츠 기획 방안에 관한 연구」로 석사학위를 받았다. 트랜스미디어 관련 논문으로 「트랜스미디어 콘텐츠 유형에 관한 연구」가 있다.

박치완

한국외국어대학교 철학과/글로벌문화콘텐츠학과 교수. 글로컬창의산업연구센터(GCIC) 소장. 한국외대 세계민속박물관 관장. 2001년 프랑스 부르고뉴대학교에서 베르그송의 방법론 연구로 박사 학위를 받았다. 저서로는 『키워드 100으로 읽는 문화콘텐츠 입문사전』(공저) 등 문화콘텐츠이론 분야의 다양한 글을 집필하였다.

신광철

한신대학교 디지털문화콘텐츠학과 교수. 한신대학교 종교와문화연구소장, 한국기독교역사학회장, 인문콘텐츠학회 부회장, 경기학회 부회장 등으로 활동하고 있다. 서울대학교에서 종교학을 공부했다. 저서로 『문화콘텐츠학입문』, 『한국인의 문화 유전자』(공저), 『한국인의 일상과 문화유전자』 등이 있다.

신정아

한국외대 문화콘텐츠 연계전공 겸임교수. 1998년부터 TV 방송작가로 활동 중이며, 150여 편의 TV 다큐멘터리를 기획·집필했다. 주요 논문으로 「통합적 상상력과 디지털미디어의 만남을 통한 문화콘텐츠 기획」, 「구성다큐 방송작가의 저작권 인식과 제도 정착에 대한 연구」 등이 있고, 저서로는 『내 마음의 여행 1, 2』가 있다.

유제상

한신대학교 외래교수. 한국외대 불어과를 졸업하고 동 대학원에서 「원형이론을 활용한 콘텐츠 구성요소 분석틀에 관한 연구」로 문화콘텐츠학 박사학위를 받았다. 저서로 『문화연구와 문화콘텐츠』(공저)가 있고, 논문으로 「글로컬문화콘텐츠의 원형 분석」, 「글로컬문화콘텐츠의 세계관 기획에 관한 연구」 등이 있다.

임동욱

한국외국어대학교 글로벌문화콘텐츠학과 BK+ 연구교수. 한국외국어대학교 글로벌문화콘텐츠학과에서 스토리텔링을 통한 지역정체성과 역사콘텐츠의 결합을 소재로 박사학위를 받았다. 2009년부터 과학기술 전문일간지 '사이언스타임즈' 기자 겸 한국과학기술정보원(KISTI) 전문 칼럼리스트로 활동하며 과학과 문화의 분야 간 융합 사례를 발굴해왔다. 현재 웹툰전문기업 (주)BCC컴퍼니에서 전략기획이사로 활동 중이며 MCN 방송국 '제다이'에서 토크콘텐츠 '나빠쇼'를 진행하고 있다.

조소연

한신대학교 외래교수. 한국외대 글로벌문화콘텐츠학과에서 「한중일 문화콘텐츠 핵심인력양성 및 지원프로그램 지원연구」로 문화콘텐츠학 박사학위를 받았다. 저서로는 『키워드 100으로 읽는 문화콘텐츠 입문사전』(공저)과 『한·중·일 문화콘텐츠 정책과 미래』 등이 있다.

〈집필보조〉

강효정

한국외국어대학교에서 독일어와 문화콘텐츠를 전공하였으며, 현재는 동 대학원 글로벌문화콘텐츠학과에서 석사과정을 밟고 있다. 글로벌문화콘텐츠학회 학술대회에서 「성수동 구두거리를 활용한 지역활성화 방안」 등을 발표하였으며, 인문콘텐츠학회 포스터 발표 부문에서 우수상을 수상했다.

오형승

한신대학교 디지털문화콘텐츠학과를 졸업하고 동 대학원에서 디지털문화콘텐츠학(협) 석사과정을 밟고 있다. 제6회 서울국제초단편영화제(2014)에서 〈에스프레소 더블샷〉(촬영·편집) 입선, 한국관광장학재단 제안서 공모전(2013), 정조대왕 문화콘텐츠 공모전(2013)등 문화콘텐츠 관련 공모전에서 입상하였다.

이시향

경성대학교 공예디자인학과 금속공예를 졸업했으며 예술과 인문학, 콘텐츠의 만남을 탐구하기 위하여 현재 한국외국어대학교 글로벌문화콘텐츠 석사과정에 재학 중이다. 최근에는 박물관을 통한 문화콘텐츠의 활용에 관심을 가지고 있으며, 주요 논문으로 「음식을 통한 타문화의 공존가능성 모색」 등이 있다.

정민채

한신대학교 디지털문화콘텐츠학과를 졸업했으며, 2013 정조 문화콘텐츠 공모전에서 「정조·정조시대의 문화콘텐츠적 가치와 위상에 대한 연구: 정조 문화콘텐츠의 현황 분석 및 전망을 통하여」로 논문 부문 동상을 수상한 바 있다. 이밖에도 성남시의 「시립박물관(도시개발역사관 등) 테마별 콘텐츠 확보를 위한 연구 용역」을 수행하였다.

문화콘텐츠와 트랜스미디어
: 어벤져스에서 오즈의 마법사까지

문화콘텐츠학 총서 014

초판 1쇄 발행 2016년 7월 29일
초판 2쇄 발행 2019년 10월 30일

지은이 김기홍 · 김신엽 · 김희경 · 남정은 · 박치완
신광철 · 신정아 · 유제상 · 임동욱 · 조소연
발행인 김인철
총괄 · 기획 가정준 Director, University Knowledge Press
편집장 신선호 Executive Knowledge Contents Creator
기획 · 물류 이현진 Planning Expert
사전 · 도서편집 정준희 Contents Creator
전자책 · 도서편집 장혜린 Contents Creator
도서편집 이병철 Contents Creator
이근영 Contents Creator
재무관리 강현주 Managing Creator
발행처 한국외국어대학교 지식출판콘텐츠원
02450 서울특별시 동대문구 이문로 107
전화 02)2173-2493~7
팩스 02)2173-3363
홈페이지 http://press.hufs.ac.kr
전자우편 press@hufs.ac.kr
출판등록 제6-6호(1969. 4. 30)
디자인 · 편집 (주)이환디앤비 02)2254-4301
인쇄 · 제본 네오프린텍 02)718-3111

ISBN 979-11-5901-091-0 14000 정가 15,000원
ISBN 978-89-7464-566-3 (세트)

*잘못된 책은 교환하여 드립니다.

HU:NE 은 한국외국어대학교 지식출판콘텐츠원의 어학도서, 사회과학도서, 지역학 도서 Sub Brand이다. 한국외대의 영문명인 HUFS, 현명한 국제전문가 양성(International +Intelligent)의 의미를 담고 있으며, 휴인(携引)의 뜻인 '이끌다, 끌고 나가다'라는 의미처럼 출판계를 이끄는 리더로서, 혁신의 이미지를 담고 있다.